张祥伟 著

RENZUIRENFACONGKUAN
ZHIDU YANJIU

认罪认罚从宽
制度研究

中国政法大学出版社

2020·北京

图书在版编目（ＣＩＰ）数据

认罪认罚从宽制度研究/张祥伟著. —北京：中国政法大学出版社, 2020.12
ISBN 978-7-5620-9781-5

Ⅰ.①认…　　Ⅱ.①张…　　Ⅲ.①刑事诉讼－司法制度－研究－中国
Ⅳ.①D925.210.4

中国版本图书馆 CIP 数据核字(2020)第 241224 号

出 版 者	中国政法大学出版社
地　　　址	北京市海淀区西土城路 25 号
邮寄地址	北京 100088 信箱 8034 分箱　邮编 100088
网　　　址	http://www.cuplpress.com (网络实名：中国政法大学出版社)
电　　　话	010-58908586(编辑部) 58908334(邮购部)
编辑邮箱	zhengfadch@126.com
承　　　印	固安华明印业有限公司
开　　　本	880mm×1230mm　1/32
印　　　张	7.625
字　　　数	200 千字
版　　　次	2020 年 12 月第 1 版
印　　　次	2020 年 12 月第 1 次印刷
定　　　价	49.00 元

目　录　CONTENTS

Preface 绪 论

　　不同时代不同国家面临相似之问题，其解决问题之方式自然会存在差异，但并不否认相互之间可以借鉴，此结论同样适用于刑事司法领域。达马斯卡教授曾对各国刑事司法之融合趋势作过如下精彩的论述。"匆匆一瞥当代的刑事司法，便可以发现正在发生着多极化的变革。由于国家之间正在发生着制度上的融合和分野，那些传统的观点已经不再适用。许多我们曾经习惯于用来给各国的程序进行分类的概念已经开始崩溃，甚至连古老的英美和欧洲大陆刑事程序之间的界限也日益变得模糊和开放，逐渐被逾越。"[1]界限的模糊、开放进而被逾越恰恰是各国刑事司法领域融合趋势之外显，而结果则是各国刑事司法程序在很大程度上呈现出相互借鉴之后的"融合"，而这一"融合"的趋势和效果在刑事诉讼程序之协商性方面体现得尤为突出。

　　随着刑事案件数量的不断攀升，加之正当程序原则对于诉讼程序之要求，使得检察官与法官在刑事司法实践中面临着越来越大的压力。[2]与此同时，面对不断增多的刑事诉讼案件，

---

　　[1]　[美]米尔建·达马斯卡："国际刑事法院中的协商性司法"，载徐静村主编：《刑事诉讼前沿研究》（第6卷），张吉喜译，中国检察出版社2007年版，第420页。

　　[2]　Stephen C. Thaman, "Plea-Bargaining, Negotiating Confessions and Consensual Resolution of Criminal Cases", *Electronic Journal of Comparative Law*, 2007（11）：1.

旷日持久的诉讼给整个刑事司法所带来的运行成本问题同样变成了一个不得不考虑之问题。[1]因为从国家权力运行的角度出发，"诉讼最终无法脱离司法成本与现实收益之间的平衡考量"。[2]因此，国家在整个刑事诉讼程序中的权力主张往往更在于在完成犯罪追诉任务的同时，实现权力运行成本的最小化，进而实现诉讼效益的最大化。据此，刑事诉讼程序设计追求的是最大限度地保障国家权力运行流畅，因而必然将适当减少对公民权利保障的投入，以避免精致程序带来的过多负担。而作为被追诉人，其权利诉求在于平等参与刑事诉讼程序，并确保其自身主体地位受到充分尊重。这就必然要求国家加大对诉讼制度的投入，并推进诉讼程序设计不断趋于精致和完善。[3]而案件数量之大和诉讼成本之高是世界各国刑事司法所面临的共性之问题，对此，各国虽采用不同之制度予以应对，但整体在趋势上仍呈现出一种借鉴之后的融合。起源于19世纪的美国的辩诉交易制度，被认为是为政府提供了一个以合理的代价为社会提供更多安全、更多安宁的手段，已然"成为当代美国解决刑事诉讼案件的主要方式"。[4]而认罪协商程序的确立则使大陆法系国家在"司法改革的问题上迈出了前所未有的步伐"。[5]两种制度均是为应对前述两大问题而创设和实施的。而无论是

---

〔1〕 M. Damaska, "Negotiated Justice in International Criminal Courts", *Journal of International Criminal Justice*, 2004（2）：1035.

〔2〕 郑重："禁忌到理性：戒讼的社会变迁"，载《人民法院报》2014年1月3日。

〔3〕 叶青、吴思远："认罪认罚从宽制度的逻辑展开"，载《国家检察官学院学报》2017年第1期。

〔4〕 ［美］艾伦·德肖维茨：《最好的辩护》，唐交东译，法律出版社2016年版，第6页。

〔5〕 高一飞：《刑事简易程序研究》，方正出版社2002年版，第240页。

辩诉交易制度还是认罪协商程序，两者均暗含一种刑事司法之"协商性"特征，只是"协商性"在两种制度中所展现的程度存在不同。除此之外，大陆法系国家的认罪协商程序除了借鉴辩诉交易制度的合理因素之外，更注重与本国传统和刑事司法实践的有机结合。而正是这一刑事司法领域的"融合之趋势"，为我国认罪认罚从宽制度的构建和实践提供了范本。

就认罪认罚案件的从宽模式来看，典型国家的相关制度类型大致分为法定从宽和交易从宽。其中，法定从宽是指被追诉人认罪所带来的处罚优待是基于较为明确、刚性的法律规定，而交易从宽则是指刑罚优待是控辩双方在一定证据基础上讨价还价的结果。[1]二者从宽的产生方式不同，限度也不同，而这种不同又是基于两种制度所处之社会环境及背景不同。处于我国独特之国家环境和背景，认罪认罚从宽制度既要坚守法定从宽之原则，又要采撷交易从宽之优势，如此便难以避免地会在制度构建和实践中出现异向之观点。就实践而言，认罪认罚从宽制度自试点开始直至法律的最终确认进而更多地应用于刑事司法之实践，整个过程针对其各个环节都充斥着异向甚至矛盾的主张。但观点之多样化、异向化恰恰能够代表其是一种"新生"之物，[2]更凸显其本身具有可争论性。争论无所谓胜败，但希望最终导向愈辩愈明之结果。因此，本书将采用一种论争性的视角对认罪认罚从宽制度予以异向化分析，其目的并非是

----

〔1〕　左卫民："认罪认罚何以从宽：误区与正解——反思效率优先的改革主张"，载《法学研究》2017 年第 3 期。

〔2〕　当然，这种说法同样是存在争议的，有学者主张从更为广阔的视角来看待认罪认罚从宽制度，并将其与原有的"自首""立功"甚至是"坦白从宽"等共同建构出一种框架性的制度。但笔者认为既然将其称为一项独立的制度，则必然与原有制度存在差异，从一种独立性的视角进行研究或许更易把握制度之实质。

阐明一种关于该制度之明确主张进而说服读者予以接受，而是将多样化异向化之观点予以呈现，进而由读者自己进行评判和反思，以获得自己之独特见解。

第一章 认罪认罚从宽制度推进之法律依据及实施效果

通常而言，任何一项法律制度在我国的确立，既要归功于我国理论法学界所提供之理论基础，又要归功于我国司法实务界之实践推动，二者相辅相成，缺一不可。但具体到认罪认罚从宽制度本身，从制度试点到制度之确立无不暗含司法实务界之积极推动，尤其是高层对制度价值之认可，进而为制度得以法律确认提供了充实的法律依据这一动力因素。法律依据动力因素的推进必然有利于制度之实施。然而，实施之效果却是成绩与问题并存，这一现象的出现在于刑事司法机关对于制度实施之态度的差异性和矛盾性，而导致这一差异性和矛盾性的主要原因则在于认罪认罚从宽制度之理论的多元化和异向性。

一、认罪认罚从宽制度推进之"法律依据"

党的十八届四中全会通过的《中共中央关于全面推进依法治国若干重大问题的决定》提出："完善刑事诉讼中认罪认罚从宽制度。"据此，2015年2月26日，最高人民法院正式发布了《最高人民法院关于全面深化人民法院改革的意见——人民法院第四个五年改革纲要（2014-2018）》（法发〔2015〕3号）。该纲要要求："完善刑事诉讼中认罪认罚从宽制度。明确被告人自愿认罪、自愿接受处罚、积极退赃退赔案件的诉讼程序、处罚标准和处理方式，构建被告人认罪案件和不认罪案件的分流机制，优化配置司法资源。"党的文件决议和最高人民法院的改革意见成了诱发我国认罪认罚从宽制度从理论走向构建与设计实践的直接动因。

2016 年 7 月 22 日，十八届中央全面深化改革领导小组第二十六次会议审议通过《关于认罪认罚从宽制度改革试点方案》（以下简称《试点方案》），选择部分地区推进试点。9 月 3 日，全国人大常委会表决通过《关于授权最高人民法院、最高人民检察院在部分地区开展刑事案件认罪认罚从宽制度试点工作的决定》，授权最高人民法院、最高人民检察院在北京、天津、上海、重庆、沈阳、大连、南京、杭州、福州、厦门、济南、青岛、郑州、武汉、长沙、广州、深圳、西安等 18 个城市开展认罪认罚从宽制度的试点。11 月 16 日，最高人民法院、最高人民检察院、公安部、国家安全部、司法部联合出台《关于在部分地区开展刑事案件认罪认罚从宽制度试点工作的办法》（以下简称《试点办法》），开始在这 18 个城市实施试点。其中，《试点办法》第 1 条就开宗明义地规定："犯罪嫌疑人、被告人自愿如实供述自己的罪行，对指控的犯罪事实没有异议，同意量刑建议，签署具结书的，可以依法从宽处理。"同时，《试点办法》还全面规定了适用的原则、阶段、程序及值班律师的参与等内容。《试点方案》得到全面深化改革领导小组和全国人大常委会的通过，使其既具备了政策优越性又具备了法律合法性，随后多部门联合出台的《试点办法》则更是为其具体实施提供了可操作性指引。

2018 年 10 月 26 日，第十三届全国人民代表大会常务委员会第六次会议通过了修订后的《中华人民共和国刑事诉讼法》（以下简称《刑事诉讼法》）。认罪认罚从宽制度正式入法，第 15 条、第 81 条、第 120 条等近十个条文对其作了较为详尽的规定。2019年10月24日，最高人民法院、最高人民检察院、公安部、国家安全部、司法部又印发了《关于适用认罪认罚从宽制度的指导意见》（以下简称《指导意见》），对认罪认罚从宽制度的原则、范围、条件、程序、权利保障等问题作出了更为具体的规定，为进一步贯彻落实认罪认罚从宽制度提供了更为细致的操作依据。《指导意见》指出，适用认罪认罚从宽制度，对准确及时惩罚犯罪、强化基本权利司法保障、推动刑事案件繁简分流、节约司法资源、化解社会矛盾、推动国家治理体系和治理能力现代化具有重要意义。试点工作结束之后，修订后的《刑事诉讼法》将认罪认罚从宽制度明确纳入其中，使其法律地位得以确认；随后颁布的《指导意见》则更为详细、具体地为制度实施提供了操作依据，从而使认罪认罚从宽制度趋于常规化。以上这些"决定""方案""法律""意见"的相继出台和实施，恰恰为认罪认罚从宽制度在我国的实践提供了直接、明确的"法律依据"，为司法实务界之刑事司法提供了操作规程，为理论法学界提供了明确的研究指向，更为整个刑事司法制度之改革探索提供了一个新的视域。

二、刑事司法机关对制度适用所持态度具有差异性、矛盾性

上述政策文件的密集实施及法律的针对性修改为认罪认罚从宽制度的积极推进提供了"法律依据"，而且，试点阶段与实践运行的数据似乎也给出了积极的回应。2018年，全国各级检察机关适用该制度审查的案件占比达到98.3%，量刑建议采纳率高达96%。[1]2019年1月至4月，全国检察机关办理刑事案件认罪认罚从宽制度平均适用率为27.33%；1月至6月为

---

[1] "在认罪认罚从宽制度中发挥主导作用"，载《检察日报》2019年5月20日。

29.67%；1月至8月为36.5%；1月至9月为40.1%；9月，重庆、天津、江苏等省份平均适用率已经超过70%。[1]2020年1月召开的全国检察长会议透露，检察机关认罪认罚从宽制度适用率持续上升，2019年12月，适用率已达82.9%，量刑建议采纳率超过80%。[2]但实践数据的高比例回应：第一，不代表认罪认罚从宽制度的适用不存在问题。有学者调研发现，某些地区认罪认罚从宽制度在很大程度上还停留在纸面上，在实践中并未得到常态化地启动和运行。认罪认罚从宽制度适用的困境反映出司法机关对该制度的理解不够深入，同时也暴露出了这一制度自身存在的理论难题。[3]第二，不代表刑事诉讼过程中各实务部门对该制度持有统一的支持态度。现实是各刑事司法机关对认罪认罚从宽的适用基于种种不同的考虑而存在差异化、矛盾化的态度。

一方面，检察机关对认罪认罚从宽制度持有一种比较青睐的态度。之所以如此，主要是基于以下考虑：第一，提升刑事案件办理速度和增进检察工作绩效之现实需要。认罪认罚从宽制度的实施以及刑事速裁程序的增设能够在一定程度上为检察机关实现司法资源更为合理的分配提供可能，使其能够对案件进行一定程度的分流，以做到"简案快办、繁案精办"，进而实现检察整体工作提速增效之效果。对于适用认罪认罚从宽制度之刑事速裁程序的案件，检察官在整个流程中的工作得以简化，

---

〔1〕 郭璐璐："《人民检察院刑事诉讼规则》修订：完善认罪认罚从宽制度加强被害人权益保障"，载《检察日报》2019年12月30日。

〔2〕 "检察认罪认罚适用率持续上升达82.9%"，载《法制日报》2020年1月20日。

〔3〕 闵春雷："认罪认罚从宽制度的适用困境及理论反思"，载《法学杂志》2019年第12期。

使整个操作流程的表面时间成本得以降低。如在制作案件审查报告时可以对证据部分进行精简，在制作诉讼文书时可将量刑建议的内容直接写在起诉书中，从而避免单独制作量刑建议书进而节约时间，并且案件在适用刑事速裁程序时一般不进行普通程序中的法庭调查、法庭辩论，从而可以节省检察官制作讯问提纲、举质证提纲、答辩提纲、公诉意见书的时间。除此之外，在庭审时检察官也只是对起诉书进行简要宣读，进而对公诉意见予以发表，与普通程序相比庭审时间得以大幅缩短。总而言之，在认罪认罚案件中，检察机关的整体办案时间得以压缩，而这有助于检察官在司法资源有限、案多人少的压力下把更多的时间与精力放在疑难、复杂、新型、不认罪的案件之上，进而实现司法资源在不同类型案件之间的优化分配，最终使整体的办案质效得以提升。以刑事速裁程序的运行效果为例，在审查起诉阶段，对于被追诉人认罪认罚且同意适用刑事速裁程序审理的，可以不用制作审查报告，检察官可以直接制作起诉书，审查起诉案件的办理，节约了 1/3 左右的时间。在审判阶段省略了法庭调查环节和法庭辩论环节，节约了诉讼时间，提高了诉讼效率。庭审时间短则 4 分钟，长则 7 分钟，庭审效率是刑事简易程序案件的 3 倍左右。从刑事速裁程序的适用情况来看，试点地方刑事速裁程序的适用率一般都在 50% 以上。可见，刑事速裁程序（以认罪认罚为前提）在提高诉讼效率方面发挥着积极作用，在实践运用中具有强大的生命力。[1]第二，满足检察官力求降低办案风险之心理需要。在办理刑事诉讼案件的过程中，存在一个基本的事实，即检察官办理认罪的案件比办理不认罪案件的风险要低。因为被追诉人"口供"的提供

----

[1] 宋宝莲、李永航："公正和效率维度下的认罪认罚从宽制度"，载《江苏警官学院学报》2019 年第 1 期。

对于某些案件的办理是至关重要的，尤其是针对一些具有隐秘性的犯罪，其证据的获取本身就存在极大的困难，如强奸罪、贩卖毒品罪、诈骗罪等，在办理案件过程中能否获取被追诉人的口供，对于整个案件的推进和审理甚至结论的获得可以说具有决定性影响。在缺失口供并且其他证据无法形成证据链时，基于疑罪从无之原则的规定，法院对案件只能作出无罪之判决，而这将可能导致在某些情况下影响到个案之公平正义，此时有可能会导致法、检在对案件的把握上存在分歧而致使一方让步作出一定程度的"错判"。而认罪认罚案件中被追诉人一旦认罪认罚，法院则可以基于由此而形成的证据链作出相应的有罪判决，基于自愿之口供产生错判之情形也会相应降低，进而可以降低由此可能引发的检察官和法官的司法责任追究之风险，[1]从而减轻检察官这一心理负担。第三，符合解决矛盾稳定关系之社会需要。刑事案件种类繁杂，在存在被害人或者被害单位的刑事案件（如故意伤害罪、盗窃罪、诈骗罪、职务侵占罪、挪用资金罪等）中，被追诉人认罪认罚的表现形式往往是赔偿损失、赔礼道歉、退赃、退赔等。而这些形式能够在一定程度上满足被害人或被害单位之经济和精神诉求，进而可能会在一定程度上平复被害人或被害单位之"复仇和惩罚心态"。由此可见，认罪认罚从宽制度的实施不仅有利于承办检察官依据法律条文的明确规定，与被追诉人、辩护人及其近亲属进行协商，以为其换取相对较轻之裁判结果，而且有利于减轻和弥补犯罪对被害方以及社会业已造成的损害，进而使得被破坏的社会关系在一定程度上得到修复。就整个社会关系的发展态势来看，这是具有积极作用的。

---

〔1〕 导致无罪判决的原因很多，目前实务界存在以结果论英雄，倒查司法责任的倾向。

认罪认罚从宽制度不仅获得了检察机关一定程度的青睐，还对侦查机关和审判机关具有一定的吸引力。就侦查机关而言，基于其与检察机关在侦查功能上存在一定范围的一致性，在某种程度上，其可以获得与检察机关侦查部门相同之"收益"。因为认罪认罚从宽制度的实施提高了被追诉人认罪认罚的比例，而被追诉人的认罪认罚则必然会降低侦查机关收集证据尤其是获取被追诉人有罪供述的难度和成本，进而有利于节省刑事司法侦查之整体成本，最终有利于侦查机关优化配置侦查资源，实现"难案重办"。就审判机关而言，随着以审判为中心的刑事诉讼制度改革的不断深化与推进，在普通程序操作中落实直接言词证据原则、集中审理原则和非法证据排除规则的要求更为严格，加之我国刑事立法的"犯罪圈"呈现出扩大之趋势，法院在员额制改革背景下"案多人少"矛盾更加突出。与此同时，由于被追诉人自愿作出认罪认罚之供述，我国刑事司法之法定的证明标准则相对更易达到，不仅可以使审前阶段的证据收集更加顺畅，而且可以简化法庭上的举证、质证以及审查、认定证据的程序，最终使整体诉讼效率有所提高。上述因素共同导致审判机关适用认罪认罚从宽制度的积极性不断提高。

另一方面，刑事司法机关对适用认罪认罚从宽制度仍持有一定的排斥和忧虑，呈现出一定的消极性。就检察机关而言，经过上述分析可知，检察机关可能从认罪认罚从宽制度中获取的"利益"通常包括：第一，对于拒绝供述悔罪的犯罪嫌疑人，可以通过控辩协商，促使其如实供述、积极悔罪、履行赔付义务等，以降低指控犯罪和安抚被害人（方）的难度，同时降低自身办案风险。第二，通过控辩双方进行协商，可以促使符合条件的被追诉人选择放弃普通程序的适用，而选择速裁程序或简易程序，以提高诉讼效率和减轻工作负担。[1]然而，就第一个方面而言，检察机关能够从认罪认罚从宽制度中获利的大小及其适用该制度的积极性的大小，是与获取犯罪嫌疑人有罪供述的难度成正比的：获取犯罪嫌疑人有罪供述的难度越大，检察机关通过适用认罪认罚从宽制度来促使犯罪嫌疑人如实供述的积极性也就越大。但是，就目前的刑事司法现实而言，侦查人员在司法实践中获取犯罪嫌疑人有罪供述的难度相对不大，大量的犯罪嫌疑人在控辩协商之前便已经供述悔罪，通过控辩协商去促使其供述悔罪显得不再必要。因此，在这种情况下，检察机关通过适用认罪认罚从宽制度来获取有罪供述的必要性和积极性也都不是很大。但是，将来随着非法证据排除规则的严格化和律师在场制度的更为广泛的适用等，可能会导致侦查人员获取有罪供述的难度随之增加，进而可能会导致检察机关通过适用认罪认罚从宽制度来获取有罪供述的积极性相应提高。[2]

就第二个方面而言，检察官能够从认罪认罚从宽制度中获利的大小及其适用该制度的积极性大小，往往取决于以下三个条件：一是认罪认罚从宽制度有无促使被追诉人放弃普通程序的功能及该功能的大小。认罪认罚中的"从宽"只是针对被追诉人如实供述、真诚悔罪，往往与程序的选择并无太大关系。尽管众多学者也提出了程序从宽之要求，但根据目前法律之规定，被追诉人不会因为放弃选用普通程序而获得量刑减让。而且，在当前实践中，如果被追诉人选择认罪认罚且符合简易程

---

〔1〕 孙锐、张剑："认罪认罚从宽与辩诉交易制度的本质区别及其对检察官角色的影响"，载《中国检察官》2020年第6期。

〔2〕 孙锐、张剑："认罪认罚从宽与辩诉交易制度的本质区别及其对检察官角色的影响"，载《中国检察官》2020年第6期。

序或速裁程序的适用,其自身也一般不会再坚持选用普通程序,因为选择何种程序对案件实际审理结果影响不大。[1]就此而言,至少目前被追诉人是否放弃普通程序对检察机关而言意义差别不大。二是审判阶段因不适用普通程序而减少的工作负担和审前阶段因适用认罪认罚从宽制度而增加的工作负担的差值大小。差值越大,检察机关适用认罪认罚从宽制度的积极性就越高。[2]在审判阶段适用认罪认罚从宽制度虽然表面上可以在很大程度上减轻公诉人在法庭上的举证负担。但在审查起诉阶段,与以往能够适用简易程序的案件相比,认罪认罚从宽程序却增加了诉讼权利告知、与被追诉人认罪认罚协商、值班或辩护律师见证具结书签署等多个环节。基于各个环节实施之合法性保障之考虑,需要对其进行辅助性制度设计及程序的加入,如保障被追诉人认罪认罚之自愿性等制度或程序的加入。基于此,检察机关的实际工作效率是否真正能够得到提升还是个未知数,这是检察机关对认罪认罚从宽制度所抱有的一种忧虑。以认罪认罚案件具结书的签署为例,必须以值班律师或辩护律师在场为前提,同时为了保证其自愿性和真实性辅之以录音录像,繁琐的事务无疑加重了检察官的工作量,进而可能导致诉讼效率下降,实施动力不足。[3]三是普通程序与简易程序、速裁程序的区分度。区分度越高,被告人放弃普通程序在节约司法资源和提高诉讼效率方面的意义就越大,检察官从中获得的"利益"

---

〔1〕　孙锐、张剑:"认罪认罚从宽与辩诉交易制度的本质区别及其对检察官角色的影响",载《中国检察官》2020年第6期。

〔2〕　孙锐、张剑:"认罪认罚从宽与辩诉交易制度的本质区别及其对检察官角色的影响",载《中国检察官》2020年第6期。

〔3〕　韩旭:"认罪认罚从宽制度实施检察机关应注意避免的几种倾向",载《法治研究》2020年第3期。

及其推动制度适用的积极性也就越高。[1]而它们之间的区别往往体现在证人、鉴定人出庭制度的落实方面。但是，证人、鉴定人出庭的落实将会导致一个问题：对于认罪认罚却选择适用普通程序的，证人、鉴定人要不要出庭？如果不出庭，其与简易程序或速裁程序并无太大差异？如果出庭，认罪认罚案件通常已不存在争议，其出庭的必要性何在？基于此，需要在认罪认罚从宽与程序选择之间寻找必要的契合点。[2]基于上述分析可知，认罪认罚从宽制度的实施是否能够真正有助于提升检察机关之司法效率尚存争议，即使在某种程度上有助于司法效率之提升，提升的空间到底有多大也尚无法衡量。与此同时，认罪认罚从宽制度的实施是否还会与其他制度的适用之间产生"矛盾"也尚未探明。因此，检察机关对于认罪认罚从宽制度的实施仍存在一定的忧虑，进而呈现出了一定的消极性。

就侦查机关而言，目前的刑事侦查实践仍坚持一种强制取供机制，被追诉人仍存在一种"如实回答"之法定义务。基于此，侦查机关通过传统的侦查方法与讯问技巧也可相对较为轻松地获得被追诉人的有罪供述，并且"坦白从宽"这一原则早已习惯性地融入了侦查人员的讯问策略。因而在试点之前，侦查阶段被追诉人不同程度上的认罪比例可以说已相对较高。由此可知，从宽的激励机制未必使用便可促成被追诉人认罪，基于此种考虑，侦查人员再通过认罪认罚从宽的激励机制促成被追诉人认罪的动力便不足。除此之外，在开展试点以后，一些地方的实施细则对认罪认罚案件侦查破案或者移送起诉的时间

---

〔1〕 孙锐、张剑："认罪认罚从宽与辩诉交易制度的本质区别及其对检察官角色的影响"，载《中国检察官》2020年第6期。

〔2〕 孙锐、张剑："认罪认罚从宽与辩诉交易制度的本质区别及其对检察官角色的影响"，载《中国检察官》2020年第6期。

作了较为严格的要求，这非但没有使侦查机关的工作压力得以减轻，反而加大了侦查机关的工作负担，为侦查工作带上了"时间紧箍咒"。因而，在试点过程中由侦查机关建议适用认罪认罚从宽制度的比例并不高。就审判机关而言，刑事司法审判普通程序虽完整但并不复杂且审判人员已对其相对熟悉，惯性或惰性思维可能致使审判人员对于新制度之适用保持固有的排斥。如对于只有一个被告人的案件往往在 2 个小时之内便可以完成庭审；适用简易程序的案件如果不涉及附带民事赔偿则更加简单，涉及附带民事赔偿的案件如果能够在庭前达成和解或调解协议，即使被告人只认罪不认罚，适用简易程序审理同样不会需要太长时间；而适用速裁程序的唯一便利就是开庭时间得以大大压缩，裁判文书得以简化，但是目前的证明标准并未降低，这便对庭前阅卷和庭外审查提出了更高的要求。因此，除极少数案件数量特别多的基层法院，一审法院对适用认罪认罚从宽制度并不积极。从总体上看，法院、检察院和侦查机关等刑事司法机关对于认罪认罚从宽制度的适用并非统一地、毫无保留地积极支持，而是在某种程度上对适用认罪认罚从宽制度存在一种忧虑与排斥，呈现出一定的消极性。综合而言，刑事司法机关对认罪认罚从宽制度适用所持态度具有差异性、矛盾性。

三、实践态度之异向性源于理论之多元化

司法实践中刑事司法机关对于认罪认罚从宽制度所持的态度存在异向，之所以出现如此状况，其根源在于刑事司法机关等实务部门对于该制度的认知存在差异，也在于理论界对于该制度的观点众说纷纭。目前学界所广泛探讨的认罪认罚从宽制度之试点、立法、实施均是基于前述政策及法律文件之规定。

与此同时，由于相关规定过于原则化、缺乏明确性，理论界对于该制度的理解和实务界对于该制度之适用呈现差异化。由此可见，对于刑事诉讼法中的认罪认罚从宽之规定，我国虽在法律上已经予以明确，但是无论是理论界还是实务界，对此均存在众多分歧。对于其究竟应该是一个原则还是一种制度乃至一个制度体系，目前尚存在不同理解。

首先，具体到对其概念的把握，则多将其作为一种制度予以界定。学者汪海燕将认罪认罚从宽制度界定为"被追诉人自愿承认自己的罪行并接受相应的处罚，进而案件得以适用简化、快速的诉讼程序，被追诉人获得实体上宽大处理的制度"。[1]此界定凸显了被追诉人认罪认罚之后所产生的程序和实体后果，而在动因以及"所认之内容"方面则更倾向于被追诉人之主动性。学者陈明将认罪认罚从宽制度界定为"在刑事诉讼中，犯罪嫌疑人、被告人承认对其所提起的指控并愿意接受刑事处罚，进而与国家追诉力量达成一致，最终获得相对较轻惩罚的一种制度安排"，并将其特征归纳为：一是认罪认罚从宽制度的前提是犯罪嫌疑人、被告人自愿认罪；二是认罪认罚从宽制度是一种融认罪确认、快速办理、激励机制等要件于一体的制度；三是认罪认罚从宽制度是合作型司法在我国刑事司法中的重要体现；四是认罪认罚从宽制度应该体现一定的经济性。[2]此界定在动因与"所认之内容"方面倾向于采取国家之视角，在后果方面则更强调实体层面，但是其注意到了被追诉人与国家之间"合意"的问题。学者顾永忠则将认罪认罚从宽制度界定为"在

〔1〕 汪海燕、付奇艺："认罪认罚从宽制度的理论研究"，载《人民检察》2016年第15期。

〔2〕 陈明："认罪认罚从宽制度的理论探究"，载《犯罪研究》2016年第4期。

刑事诉讼中从实体上和程序上鼓励、引导、保障确实有罪的犯罪嫌疑人、被告人自愿认罪认罚并予以从宽处理、处罚的由一系列具体法律制度、诉讼程序组成的法律制度的总称"。[1]并将其特征归纳为：其一，认罪认罚从宽制度是一个集合性的法律制度。其二，认罪认罚从宽制度是一个集实体与程序于一体的综合性法律制度。其三，认罪认罚从宽制度是一项旨在鼓励、引导、保障确实有罪的犯罪嫌疑人、被告人自愿认罪认罚，因而获得从宽处理和处罚的法律制度，而不是一项无条件地追求犯罪嫌疑人、被告人认罪认罚的法律制度。[2]此界定同样关注到了认罪认罚从宽实体与程序价值，并在动因方面凸显国家视角之积极引导性，但是对其最终的把握却视为一个集合性的法律制度——法律制度体系，这就为把握认罪认罚从宽提供了一个更广层面的视角。

其次，关于制度之目的价值定位的把握存在差异。对于认罪认罚从宽制度之目的价值的理解，"优化司法资源配置、实现案件繁简分流、提高刑事诉讼效率、降低刑事诉讼成本、缓解案多人少现实"这一目的价值似乎已成为学界和实务界之共识。学者陈卫东认为，从试点前文件的表述上看，完善认罪认罚从宽制度偏重于从刑事诉讼法的角度考虑问题，其目的主要是优化司法资源配置，而优化的基本方式是构建被告人认罪案件和不认罪案件的分流机制，通过构建多元化的诉讼程序和诉讼体系，让认罪认罚案件按照简化程序加速处理，"不认罪案件精雕

---

[1]　顾永忠、肖沛权："'完善认罪认罚从宽制度'的亲历观察与思考、建议——基于福清市等地刑事速裁程序中认罪认罚从宽制度的调研"，载《法治研究》2017年第1期。

[2]　顾永忠："关于'完善认罪认罚从宽制度'的几个理论问题"，载《当代法学》2016年第6期。

细琢",实现刑事司法资源配置上的"二八规则"。[1]他进一步认为作为一项司法体制改革举措,其出台的原因包括:落实宽严相济的刑事政策、实现犯罪的轻刑化、与员额制改革相配套等。[2]而对于制度出台之原因,学者魏晓娜认为,以审判为中心的诉讼制度改革要求庭审实质化,废除劳动教养制度以及醉驾入刑等导致犯罪圈扩大,均为该项改革举措的出台提供了必要性依据。从司法实践的现状来看,缓解"案多人少"带来的困境是该项改革举措出台的主要原因。[3]学者沈德咏同样认为,在刑事诉讼中构建认罪认罚从宽制度是为了实现案件的繁简分流,从而提高司法效率、优化资源配置。同时,该制度"充分体现了宽严相济刑事政策,是对公正与效率、惩罚与教育、打击与保护的统筹兼顾,也是当今各国的通行做法"。[4]而以上观点则统统是对制度之"效率价值"的认可。学者秦宗文更是将效率作为认罪认罚从宽制度的核心,认为该制度的本质是权力主导的程序加速机制。[5]

对此,学者张泽涛则认为,由于这项改革具有很强的政策导向性,大部分改革举措都是在实践中摸索并予以完善的,故而立

〔1〕 理想目标是 80% 的刑事案件依照认罪认罚从宽程序快速合意处理,20% 的刑事案件进入庭审实质化程序,使司法资源得以合理地调整和使用。

〔2〕 陈卫东:"认罪认罚从宽制度研究",载《中国法学》2016 年第 2 期。

〔3〕 魏晓娜:"完善认罪认罚从宽制度:中国语境下的关键词展开",载《法学研究》2016 年第 4 期。

〔4〕 沈德咏:"论以审判为中心的诉讼制度改革",载《中国法学》2015 年第 3 期。

〔5〕 秦宗文:"认罪认罚从宽制度的效率实质及其实现机制",载《华东政法大学学报》2017 年第 4 期。

法目的也存在波动，总体趋势是从注重效率转向兼顾实体。[1]其认为，认罪认罚从宽制度之价值并不局限于效率方面，并进一步谈到制度价值从注重效率进而兼顾实体发展之转向。学者董坤则直接将确立认罪认罚从宽制度的两个价值目标归纳为：一个是实现案件的繁简分流，提高诉讼效率、节约司法资源；另一个则是减少社会对抗，化解社会矛盾、提升社会治理能力。[2]而这一价值目标的归纳则实现了制度价值之效率和实体两个方面的关注。学者陈瑞华等则认为，认罪认罚从宽制度，其主要内容就是对于犯罪嫌疑人、被告人自愿认罪并接受处罚的案件，依法在实体上从宽处理和在程序上从简处理。完善刑事诉讼中的认罪认罚从宽制度，是我国刑事诉讼制度的进一步创新，其价值和意义主要体现在：第一，它强调"认罪认罚"能够得到实体上的从宽处理，有利于促使犯罪嫌疑人、被告人如实供述犯罪事实，配合司法机关依法处理好案件。第二，它强调"认罪认罚"能够得到程序上的从快处理，减少不必要的羁押和诉讼延迟，有利于节约司法成本、提高司法效率。第三，它强调诉辩双方协商和当事人双方和解，有利于减少社会对抗，修复社会关系。[3]而学者左卫民不仅将制度价值扩展到对于实体价值的关注，而且以实体价值为重，效率价值成为附属。其认为从宽处罚这一实体的权利供给才是该制度的核心关怀，至

---

〔1〕　张泽涛："认罪认罚从宽制度立法目的的波动化及其定位回归"，载《法学杂志》2019 年第 10 期。

〔2〕　董坤："审判阶段适用认罪认罚从宽制度相关问题研究"，载《苏州大学学报（哲学社会科学版）》2020 年第 3 期。

〔3〕　庄永廉等："检察环节认罪认罚从宽制度的适用与程序完善"，载《人民检察》2016 年第 9 期。

于效率只是改革的附随效果，至多是一个从属的目标。[1]

基于上述分析可知，对于制度之目的价值的把握主要包含了两个视角，即效率和实体。效率之核心关注是司法资源之高效利用，实体之核心是社会关系之修复与稳定，而这种效率与实体价值的理解则更多地倾向于国家层面的考虑，对于个人层面显然存在一定的忽视。即使学者会强调这一价值理解自身内含对于个人层面利益之考量，但毕竟未像国家层面利益那样予以明显昭示。而目的价值的确定则直接影响到了整个制度实施之正当性，这就要求必须对制度之目的价值有一种全面综合之考量。与此同时，目的价值的确定未必能够与实践价值保持完全一致，而实践价值则是衡量制度价值之最终依据。因此，目的价值的确定在某种程度上带有一定的"前瞻性"，最终必须依据实践价值予以修正。总而言之，无论是目的价值之确定还是实践价值之终显，都会成为制度存在之正当性的核心。

---

[1] 左卫民："认罪认罚何以从宽：误区与正解——反思效率优先的改革主张"，载《法学研究》2017年第3期。

第二章 认罪认罚从宽正当性之辩

面对一项新制度的产生与推广，或者一项旧制度之变革与深化，一旦被赋予政策导向，法学研究往往会或明或暗地出现（或可以被划分为）主要的三派：激进派与保守派以及反对派。激进派通常会从国内外之横向、古今之纵向以及中国本土之国情三个维度寻找制度"存活"与"生长"之有力证据，以服务于政策导向。保守派同样会选择前述三个维度帮助挖掘制度"存活"与"生长"之可能性并进行利弊分析，进而提出针对性之建议。至于反对派的声音则往往会被淹没在激进派与保守派的论争之中。派别间之不同主张必然会带来理论之多元，而理论之多元则恰恰证明制度产生与推广之可辩性。具体到认罪认罚从宽制度，理论的多元化诠释与演绎恰恰反映出了制度之高可辩性，同时也反映出了学界在认罪认罚从宽制度的理解和把握上未能形成较高程度的共识，而争辩之焦点则是认罪认罚从宽制度之正当性。正当性的论辩通常涉及制度之必要性与可行性两个方面的论争，而对于该制度之可行性的论争，基于政策导向之考虑，其所涉内容既不广也不深。因此论争之重点主要集中在必要性方面，进而转为制度目的价值与实践价值之论争。

一、认罪认罚从宽制度目的价值与实践价值之积极性表现

根据刑事法律科学与刑法学之基本原理，刑罚之基本认罪

认罚从宽制度之目的价值主要体现在其预防功能的实现，而预防功能又分为特殊预防和一般预防两种。认罪认罚从宽制度既可以很好地实现特殊预防之功能，又可以通过积极和消极两个视角实现一般预防之功能。与此同时，认罪认罚从宽制度的实施还有助于社会关系的修复和刑法宽恕精神的彰显，而最为本次试点和实践所重视的价值则是对于刑事司法诉讼效率的提升。

（一）认罪认罚从宽制度之实践有助于刑罚预防功能之实现

基于刑事法律科学严肃性及司法公正性要求之考虑，我们需要对"认罪"以及"认罪从宽"进行严格把握，进而聚焦于"认罪"何以"从宽"及如何"从宽"的问题。现有研究从刑法学视角给出的认罪从宽的理由，一般被认为是整合了报应论和预防论的并合主义，并合主义将报应和预防均作为刑罚之依据，而在进行刑罚裁量时，并合主义则体现为责任主义。责任主义主张，在报应和预防作为刑罚依据的基础上，以报应刑为刑罚裁量的基础，用报应刑限制预防刑。[1]换言之，刑罚的正当化根据是报应的正当性与预防犯罪目的的合理性，基于报应所裁量的刑罚是责任刑，基于预防犯罪目的所裁量的刑罚是预防刑。著名刑法学家贝卡利亚曾指出："刑罚的目的既不是要摧残折磨一个感知者，也不是要消除已犯下的罪行……刑罚的目的仅仅在于：阻止罪犯再重新侵害公民，并规诫其他人不要重蹈覆辙。"[2]阻止罪犯重新犯罪体现的正是刑罚之特殊预防功能，而规诫其他人不重蹈覆辙则是刑罚之一般预防功能的体现。正如学者所言："刑罚理论可以作这样的小结：刑罚是为特殊预

---

[1] ［德］克劳斯·罗克辛：《德国刑法学 总论1》，王世洲译，法律出版社2005年版，第50页。

[2] ［意］贝卡利亚：《论犯罪与刑罚》，黄风译，中国法制出版社2002年版，第49页。

防和一般预防服务的。刑罚在其严厉程度上是由罪责的程度限制的，并且，只要根据特殊预防的考虑认为是必要的，同时，根据一般预防的考虑也不反对，那么，就可以不达到罪责的程度。"[1]基于此，刑罚之功能可以从特殊预防和一般预防两个视角进行把握，认罪认罚从宽制度之刑罚功能同样在这两个方面得以体现。

第一，有助于实现刑罚特殊预防之功能。菲利曾经指出："对刑事司法程序中的认罪者给予刑罚轻缓化之本质理由并不在于诱使其尽快认罪，而在于这种协商正体现出了犯罪嫌疑人的悔罪表现和改造可能性，从而其人身危险性相对于未认罪者相对较低，从而应当给予刑罚轻缓化的处遇措施，以有利于对犯罪人的教育改造，达到刑罚特殊预防之效果。"[2]这一观点将认罪从宽之理由主要限定在刑罚之特殊预防功能。正如英美法系学者所言："刑罚的核心关注在于，阐明行为人所犯罪行，使犯罪人认识到其罪行并非以赔偿被害人的方式即可了结，而是应当接受社会的否定，刑罚要求犯罪人赎罪并不得重复实施犯罪行为。"[3]特殊预防功能的实现需基于犯罪人之主观能动性，而贝卡利亚前面所言之"感知者"一词恰恰点明了犯罪人在整个犯罪过程乃至刑事司法过程中之能动性。其既可以基于其错误能动性而实施犯罪行为，也可以基于正确能动性而进行主动认罪悔罪。而犯罪人能否真正主动认罪悔罪，便是刑罚之特殊预防功能价值大小之体现。基于此，犯罪人之主动真诚悔罪是刑

---

〔1〕 张明楷："论预防刑的裁量"，载《现代法学》2015年第1期。

〔2〕 ［意］恩里科·菲利：《实证派犯罪学》，郭建安译，中国人民公安大学出版社2004年版，第311页。

〔3〕 ［英］威廉姆·威尔逊：《刑法理论的核心问题》，谢望原等译，中国人民大学出版社2015年版，第66页。

罚特殊预防功能实现之保证。而"感知者"到了功利主义大师边沁这里则成了精于算计之"理性人",即犯罪者之所以犯罪以及犯罪之后进而认罪悔罪都是基于其在犯罪的成本和收益之间进行权衡的结果。基于此功利主义思想之预设,边沁并不将刑罚作为遏制犯罪的最主要措施,但可以作为促使犯罪者重返社会避免重犯之手段。他认为,对犯罪者科处刑罚不以使犯罪者遭受痛苦为目的,而是为了使犯罪者通过刑罚惩罚改过迁善,适应社会生活,不致将来再犯。[1]由此可见,无论是将刑罚作为一种主要措施还是必要手段,也不管是将犯罪人视为"感知者"或是"理性人",特殊预防功能之目标都是实现犯罪人的人性复归。人性复归是罪犯重新回归社会的前提,但是理想和现实之间往往存在很大差距。由于形形色色的犯罪人之认罪认罚的动机多种多样,因此在判断犯罪人社会危害性以及预防必要性是否真正降低时,需要对其进行实质性判断——悔罪之真实性判断,特别是不能仅从犯罪者之语言和行为的外在表现来判断,应当透过其言行之表象挖掘其主观认识或意愿是否真正愿意悔罪,最终实现针对特定犯罪者之特殊预防功能。

第二,有助于实现刑罚一般预防之目的。邱兴隆教授曾经说过:"坦白认罪构成完全减轻预防需要的因素。这是因为,坦白认罪一方面是一种受社会欢迎的行为,构成阻却以一般预防需要为由对犯罪人予以力度大的刑罚惩罚,因而减轻了一般预防对刑罚的需要,另一方面又表明犯罪人已有知罪乃至悔罪心理,易于接受教育、改造,其人身危险性相对减轻,个别预防

---

〔1〕 卢建平主编:《刑事政策学》(第2版),中国人民大学出版社2013年版,第33页。

对刑罚的需要减少。"[1]基于此可知，认罪认罚作为一种广义层面的"坦白认罪"之所以得以从宽，主要是基于其可以在一定程度上满足刑罚预防功能之特殊预防和一般预防的需要，而理论预设和司法实践也展现出认罪认罚从宽不仅能够有助于刑罚特殊预防功能的实现，而且还有助于刑罚之一般预防功能的实现。

刑罚之一般预防又可被分为消极一般预防和积极一般预防。以费尔巴哈的心理强制说为代表，消极一般预防之核心是充分依靠和凭借刑罚所能产生之威慑作用，能够使得潜在犯罪者产生心理强制进而因惧怕刑罚而不敢犯罪。此消极一般预防之策略自刑罚产生之初便被广为采用，并且刑罚最初之一般预防的价值也是基于此而产生的。然而，学者周光权经研究得出了一个相反的结论："消极预防理论利用人的恐惧心理和对利害得失的计算进行心理强制，收效甚微。"[2]虽然这一结论在接受度方面仍存在重大争议，但其至少为刑罚之积极预防理论得以关注提供了舆论指向。并且，随着社会的发展变化、刑法观念和刑法学研究模式的转变，一种主张通过强化国民对法的忠诚感、对法秩序的信赖感的方式来预防犯罪，而非仅仅通过产生心理强制而预防犯罪的刑罚理论由幕后被推向前台，甚至被视为"刑罚正当化的救命稻草与牢靠根基"。[3]由此开始，积极一般预防模式开始得到挖掘并受到前所未有的重视。对此，德国联邦宪法法院在 1997 年 6 月 1 日的判决中，也明显区分了一般预防的积极和消极两个侧面，认为一般预防的积极侧面在于"维持、

---

〔1〕　邱兴隆：《刑罚理性导论——刑罚的正当性原论》，中国政法大学出版社 1998 年版，第 310 页。

〔2〕　周光权：《刑法总论》（第 2 版），中国人民大学出版社 2011 年版，第 272 页。

〔3〕　陈金林：《积极一般预防理论研究》，武汉大学出版社 2014 年版，第 36 页。

强化对法秩序的持续力与贯彻力的依赖"，亦即"在法共同体面前宣示法秩序的不可侵犯性，据此强化国民对法的忠诚"。[1]当然，积极一般预防与消极一般预防并非完全对立，积极一般预防也并非完全否定刑罚之威慑，而是将其作为一种"维护法规范的威吓手段"。[2]积极一般预防理论更关注从根本上来预防犯罪。毕竟，和基于威慑而不敢犯罪相比，基于对规则的信赖和法秩序的尊重而不愿犯罪的预防成效更为稳定。"将刑罚的一般预防功能仅仅归结于威慑而忽视刑罚的道德强化功能……不是对刑罚功能所应有的正确的理性认识。"[3]可以说，积极一般预防和消极一般预防是一般预防手段这枚硬币的两个面，缺一不可。

刑罚一般预防的对象不仅包括普通的守法民众，而且还包括法律层面上潜在的犯罪人。认罪认罚从宽制度对于这类潜在的犯罪人可以从两个方面发挥效用：一是消极一般预防之手段——刑罚威慑。认罪认罚只是法定的从宽处罚，而并非完全不予处罚，在大多数情况下处罚并不是可以免除的，因此只要犯罪通常便会以遭受刑罚之苦为代价。二是积极一般预防之手段——激励犯罪人认罪悔罪。一旦潜在之犯罪人未能坚守法律底线进而实施了犯罪行为，认罪认罚从宽制度的实施无疑将鼓励犯罪人积极同司法机关配合以减少对抗。而这种激励作用将极大地增强刑罚的预防效果。[4]犯罪人的认罪认罚不仅表明其

---

〔1〕 张明楷：《责任刑与预防刑》，北京大学出版社2015年版，第349页。

〔2〕 曾粤兴：《刑罚伦理》，北京大学出版社2015年版，第92页。

〔3〕 邱兴隆：《关于惩罚的哲学——刑罚根据论》，法律出版社2000年版，第216页。

〔4〕 参见李冠煜：《量刑基准的研究——以责任和预防的关系为中心》，中国社会科学出版社2014年版，第148页。

自身具有可教育感化进而改恶迁善的可能性。与此同时，还为一般的社会公众进行了一次很好的普法教育。它全面、真实地向社会公众展示何种行为属于犯罪行为，并应该受到相应的法律制裁，转而又通过对犯罪人的认罪认罚行为及其悔罪态度予以充分肯定，对社会公众乃至其他犯罪人产生某种引导积极守法、尊法、重法的积极效应，最终以区别于刑罚威慑所代表的强制性机制。这种积极效应的表现既可能使普通公众对犯罪行为心生怨恨进而不愿从事犯罪行为，也可能使其对认罪悔罪的犯罪人产生同情之心进而表示接纳，并由此认识到犯罪之恶、刑罚之严，认识到法律秩序的不容侵犯，从而逐步由此形成规则意识以避免犯罪。还可能是对认罪认罚犯罪人之悔罪行为的学习效仿，从而使认罪认罚从宽制度一般预防的效用得以放大。从这个意义上来说，认罪认罚从宽有利于培养社会公众的法治意识，有利于发挥刑罚的积极一般预防功能。[1]总而言之，认罪认罚从宽制度的实施对于刑罚之一般预防功能的实现具有重大的积极意义，其不仅能够从消极一般预防层面发挥刑罚之固有预防价值，而且更能够从积极一般预防的视角为整个社会提供一种价值导向，进而充分发挥其一般预防之价值。

（二）认罪认罚从宽制度之实践有助于社会关系的修复

根据传统之刑法理论，犯罪行为之所以要受到法律制裁，是因为其侵害了国家法律所保护的国家、社会或者个人的合法权益以及国家法律所保护的社会关系，而这种权益受到侵害和社会关系遭受破坏的严重程度，则会直接影响到法律对犯罪者的定罪量刑。但从刑罚实施之应然角度来说，认定是否构成犯罪的时间节点通常只能限于行为时，而对于犯罪行为实施之后

---

[1] 卢建平：“刑事政策视野中的认罪认罚从宽”，载《中外法学》2017年第4期。

的行为，只能够影响具体刑罚之轻重，而绝不可对是否入罪产生影响。而随着协商性理念的发展和渗入，我国的刑法理论也在一定程度上发生了"变化"，对于刑事司法中的定罪量刑开始出现法定前提下的"协商可能"。在刑事司法过程中，以控辩双方合意共同决定案件结果的合作性司法理念应运而生，而它被视为是与对抗性司法理念呈现互补态势的，是人类社会在演进过程中所形成的一种新型司法理念。刑事诉讼体系随之发生系统性的改变，这种改变涉及从浅层次的程序机制到深层次的权力关系。[1]协商司法制度不仅有助于减少诉讼成本进而提高诉讼效率，而且更为重要的是体现了对被追诉人主体地位的一种尊重。正如学者所言，在认罪协商程序中，国家开始以相对平等的姿态坐下来与被告人协商，以某种特定的实体上或程序上的利益换取被告人的认罪，双方的关系趋于平等化。[2]由此可见，合作性司法理念的渗入以及协商司法制度的施行，不仅可以从程序层面上实现提升效率之价值，而且还可以从实体层面上实现公正平等之价值。正如学者所言，允许乃至支持以合作、协商的方式处理刑事犯罪案件，是刑事司法制度在现代社会获得正当性的必然选择。[3]协商性司法允许被追诉人与国家公权力机关以相对平等的姿态展开协商与合作，暗含一种基于契约精神的正义。它突破了传统的对抗式司法模式，使控辩双方的关系从对抗转为合作，以在诉讼利益方面实现互惠，同时也有

---

〔1〕 赵恒："量刑建议精准化的理论透视"，载《法制与社会发展》2020 年第 2 期。

〔2〕 魏晓娜："完善认罪认罚从宽制度：中国语境下的关键词展开"，载《法学研究》2016 年第 4 期。

〔3〕 马明亮：《协商性司法——一种新程序主义理念》，法律出版社 2007 年版，第 65 页。

助于尽快修复被犯罪破坏的社会关系。[1]

根据刑事司法实践可知，在认罪认罚从宽制度的实施过程中，对被追诉人可以从宽的前提包括三个方面，即认罪、认罚与认赔。其中，"认罪"往往可以对定罪起到至关重要的作用，而这往往更多的是基于"法定"，可协商之可能很小。而"认罚"与"认赔"则对量刑起到重要作用，所讲之协商可能往往更多地集中在此。从深层来讲，这三者对于社会关系的修复都存在积极的促进作用，因为它们共同反映出被追诉人对自身行为之破坏性的认知，乃至对可罚性的接受。然而，在这三者之中，对社会关系修复起到最为直接作用的则是"认赔"，即被追诉人通过犯罪之后的积极退赃、退赔以尽量弥补因为自己的犯罪行为给被害人（方）所造成的损失。当然，这种损失通常可以包括因犯罪行为所导致的直接物质损失，也可以是由其犯罪行为所导致的间接损失。与此同时，基于认罪认罚之自愿原则，在被追诉人事后的赔偿中，还可能体现为对被害人的精神损害赔偿。由此可见，"认赔"所涉及的赔偿既涉及物质方面又涉及精神方面。如此一来，便可使得被害人（方）的利益得到最大限度的实现。因此，这种对赔偿的认可以及积极自愿的履行，能够极大地实现对犯罪损失的挽回，也能够最大限度地修复社会关系。对于被追诉人而言，"积极退赃、赔偿损失与挽回损失的行为，通过与结果不法相抵消，减少了损害结果，特别是在财产犯罪中，成为减少不法的情节"，[2]最终使其成为量刑之可协商情节。

当然，这种因认罪认罚之后的赔偿而带来的社会关系修复，之所以能够影响到量刑，还基于国家和社会公众对一种观念的

---

〔1〕 叶青、吴思远："认罪认罚从宽制度的逻辑展开"，载《国家检察官学院学报》2017 年第 1 期。

〔2〕 张明楷：《责任刑与预防刑》，北京大学出版社 2015 年版，第 354 页。

认可和接受，即刑事责任和民事责任在某种程度上并未完全独立。在传统观念中，民事责任和刑事责任的界限是泾渭分明的，对于犯罪行为，即便由于事后行为（损害赔偿）挽回了损失，也不会对刑事责任的大小产生影响。但事实上，"极其严格的分离刑罚和损害赔偿之间的影响关系，在事实上是根本不可能的"。[1]毕竟，进行刑罚和损害赔偿确定的基础——刑事不法和民事不法——之间的界分也未必非常清晰，进行区分更多的是一个程度问题而非性质问题。除此之外，无论是民事责任还是刑事责任，均是一种被动的、面向过去的责任，而并非面向未来之责任。而在犯罪行为已经发生、损害已经造成的情况下，被害人可能更为关注自己的损害是否可以得到弥补，而犯罪人最终会被处以何种刑罚，其针对的是国家所保护之法律关系，更加强调一种对国家权威的维护，而与被害人并无直接的利益关联。一种能动的、面向将来的责任观念更有利于实现对被害人权益的保障。这种调和了刑罚和损害赔偿的责任观念被称为"修复责任"，此时承担责任的手段未必是刑罚，[2]而可能是修复责任之履行方式——赔偿损失、赔礼道歉等。因此，对于认罚认赔之被追诉人，只要在主观上积极认罪、悔罪并在客观上积极退赃退赔，便可以视为承担了修复责任，在量刑上予以从宽处理则并无不可或理所应当。而对于修复责任的采用则是基于对认罪认罚从宽制度对社会关系修复功能之认可。

（三）认罪认罚从宽制度之实践有助于刑法宽恕精神的彰显

"刑法所规制的主要内容是人的行为，因此，任何一种刑法

---

〔1〕 [日] 高桥则夫：《规范论和刑法解释论》，戴波、李世阳译，中国人民大学出版社 2011 年版，第 23 页。

〔2〕 [日] 高桥则夫：《规范论和刑法解释论》，戴波、李世阳译，中国人民大学出版社 2011 年版，第 27 页。

规范只有建立在对人性科学假设的基础之上，其存在与适用才具有本质上的合理性。而对于刑法的本原性思考，必然将理论延伸到具有终局性的人性问题。"[1]犯罪行为作为一种法律的否定性评价，就其本质而言是人间的罪恶行为，犯罪行为之所以发生和存在与人的利己本性难以割裂，同时也反映出了人性的弱点。然而，人的利己之本性体现在生活中的方方面面，不仅仅限于犯罪等罪恶行为，即使是平时的一些中性行为甚至是从善行为，也可能是源于人的利己之本性。这恰恰是功利主义大师边沁眼中的"理性人"的行为。进而，以至于有学者认为："在我们温和地指责为自私的行为与我们称之为恶的犯罪行为之间并没有分界线，而只有程度的差别。"[2]二者之间只是程度问题，并且存在由量变引起质变之可能性。进而言之，既然人类实施犯罪行为是人性弱点的体现，有时甚至是出于一种不得已而为之的行为，那么当法律在对此行为进行刑法评价进而定罪量刑时就应当体现出对人性的适当宽恕，而对人性之脆弱性进行必要的妥协也便显得必要。与此相对，刑罚尽管能够在刑法层面上对被追诉人实现一定的法律报应，特别是在一定程度上也能够平复被害人（方）之报复情绪。但不可否认，"法律惩罚并不能完全消除受害人（方）的痛苦，更不能彻底清除人们因为利益冲突而在生活中产生的日积月累的怨恨……当惩罚不足以解除愤恨时，人们就只能诉诸正义逻辑范围之外的方法，譬如宽恕"。[3]而这种宽恕既可以来自于受害人（方），又可以来

---

〔1〕 陈兴良：《刑法的人性基础》（第3版），中国人民大学出版社2006年版，第1页。

〔2〕 ［美］库利：《人类本性与社会秩序》，包凡一等译，华夏出版社1999年版，第151页。

〔3〕 王立峰：《惩罚的哲理》，清华大学出版社2006年版，第291页。

自于国家法律及其司法制度，尤其是后者对于整个被破坏的社会关系的恢复至关重要。

对于宽恕如何对刑事司法之定罪量刑活动产生影响，需要明确的是其不仅仅限于"定罪"还涉及"量刑"。从刑法思想发展史来看，宽恕最初所影响的便是量刑而非定罪，宽恕可以成为刑法自由裁量权范围内对行为人从宽处罚的一种依据。然而，"随着现代自由行为选择理论和责任能力理论的出现，基督教法和罗马法开始强调错误行为中的精神因素，从对'引起的伤害'负责逐渐发展到对'有意识引起的伤害'负责，可谴责性在刑事责任中的地位日益凸显"。[1] 即不仅仅只关注其所造成的客观损害，还应该关注其自身之主观恶意以及担责之可能性。而这种可谴责性则不仅会影响到量刑层面刑罚力度之强弱，还会直接影响到是否定罪之问题。诸如精神疾病、胁迫等陆续成为不具有可谴责性的事由，从而阻却犯罪的成立；可宽恕事由和正当防卫、紧急避险等正当化事由构成了英美法系上的合法辩护事由，宽恕成了减轻责任甚至免责之要素。

正如前文所述，宽恕基于来源不同往往包含两种情形：一是被害人对加害人的宽恕；二是国家对被追诉人的宽恕。在这两种不同的宽恕中，后者可以直接对最终的量刑结果产生影响，前者则存在一个公权力机关确认的问题。①被害人对加害人的宽恕。被害人对加害人的宽恕主要体现在刑事司法之刑事和解程序中，绝大多数的刑事和解往往均以加害人给予被害方可以接受之物质赔偿作为宽恕之对价，而加害人之认赔和悔罪进而获得被害方之理解和体谅则加速了犯罪所破坏的社会关系的修

---

〔1〕 Donald L. Horowitz, "Justification and Excuse in the Program of the Criminal Law", *Law and Contemporary Problems*, Vol. 3, 1986, p. 11, 转引自魏汉涛：《刑法从宽事由共同本质的展开》，法律出版社 2012 年版，第 15 页。

复。事实上，"刑事和解弱化对责任归属的争执，在一个平和的环境条件中，通过被害人叙说以及犯罪人向被害人赔礼道歉、真诚地谢罪、悔悟、赠送礼物等行为，使被害人因犯罪所造成的精神损害得到较好的平复"。[1] 在认罪认罚从宽实施过程中，这种宽恕则体现在控辩协商过程中对于被害方之利益关照。而对于前述精神损害的平复，以及基于损害的平复而对加害人的宽恕，未必以获得物质赔偿为必要，有时可能只是被害方内心之一口"怨气"因获得加害方之真诚道歉而得以平复。②国家对加害人的宽恕。1970 年，美国法学家约翰·格里菲斯提出了刑事诉讼的第三种模式——家庭模式。在这一模式之下，国家和被告人之间不再是对立关系，国家对被告人的教育、宽恕成了一种必要。"刑事纠纷就像家里发生矛盾一样，被告人和被害人都是家庭里的两个孩子，他们都需要关心和爱护。"[2] 刑事程序最基本和最重要的功能不是实现惩罚，而是接受教育。"当父母惩罚孩子时，父母和孩子都知道，以后他们仍将像以前一样继续共同生活。"[3] 作为家长的国家，不得不面对同犯错的孩童（也即犯罪人）如何共存的问题。而这种共存的前提，乃是国家给予犯罪人的宽恕，是对一度误入歧途的犯罪人的再次接纳。司法心理学的研究表明："犯罪行为人作案后心理活动复杂，一般情况下逃避法律制裁的愿望强烈，但同时又伴随有对于犯罪的悔恨，特别是初犯，作案后恐惧、悔恨心理明显。初犯大多

---

〔1〕　孙勤：《刑事和解价值分析》，中国人民公安大学出版社 2009 年版，第 151 页。

〔2〕　郭云忠："刑事司法中的母爱主义"，载《法律科学》2009 年第 2 期。

〔3〕　[美] 约翰·格里菲斯："刑事程序中的理念或刑事诉讼的第二种模式"，吴啟铮译，载 [美] 虞平、郭志媛编译：《争鸣与思辨：刑事诉讼模式经典论文选译》，北京大学出版社 2013 年版，第 64 页。

还有一定的道德感和法律意识，在犯罪后，看到自己行为的危害，往往会产生悔恨心理。"[1]正是这种悔恨心理，以及后续的改恶迁善行为激起了国家对被追诉人的宽容之心，而长有一张"既严肃又慈祥的父亲般脸庞"[2]的刑法，则会对被追诉人网开一面，从而在处罚上予以从宽。但国家的这一宽恕不应仅仅考虑犯罪行为人一方之悔罪表现，还应该考虑被害方所受侵害之程度以及其对加害方宽恕之可能。总而言之，无论如何，认罪认罚从宽制度的实施都表现出了对于加害方宽恕之倾向，暗含对加害方实施宽恕之可能，使整个刑事政策区域轻缓化。

轻缓化刑事政策是对传统报应刑法观及重刑主义的扬弃，这恰恰说明刑法谦抑、刑罚轻缓及人道主义观念开始日渐深入人心。应当说，宽严相济刑事政策体现了"现代社会对付犯罪的反应方式在趋向多样化的同时更趋向人道、文明、经济"[3]的发展。而认罪认罚从宽制度与宽严相济刑事政策在价值取向上具有内在同一性，对不同案件实行区别对待，该宽则宽、当严则严、宽严相济。同时，认罪认罚从宽能提升诉讼效率，遏制押判倒挂现象。因此，认罪认罚从宽制度无疑体现了宽严相济刑事政策的人文关怀，也使得刑法之宽恕精神得以彰显，"让冷冰冰的法律抹上了更多人情的暖色"。[4]

---

[1] 罗大华主编：《刑事司法心理学的理论与实践》，群众出版社2002年版，第40页。

[2] ［日］西原春夫：《刑法的根基与哲学》，顾肖荣等译，法律出版社2004年版，第139~140页。

[3] 梁根生："非刑罚化——当代刑法改革的主体"，载《现代法学》2006年第6期。

[4] 李春雷：《中国近代刑事诉讼制度变革研究》，北京大学出版社2004年版，第110页。

（四）满足刑事司法诉讼效率之追求

实用主义哲学家杜威曾言："思想、概念和理论只不过是人为了达到目的的工具，只要它们对集体适应环境有用，它们就是真理。"[1]认罪认罚从宽制度之所以得以试点、确立和实施，其很重要的原因就在于它呈现出了很强的目的价值和实践价值，即有用性。认罪认罚从宽制度之有用性不仅体现在前述实现刑罚之预防功能、社会关系之修复、宽恕精神之彰显这些深层次的目的价值上，而且体现在其满足刑事司法诉讼效率之追求这一实践价值方面。

认罪认罚从宽制度之有用性（实践价值）往往体现在：在国家层面上优化了司法资源配置、实现了案件繁简分流、提高了刑事诉讼效率、降低了刑事诉讼成本、缓解了案多人少现实；在个人层面上实现了控辩双方及被害人利益之考量，实行程序从简、实体从宽以最大限度地维护被追诉人的利益。然而，无论是国家层面还是个人层面之有用性的考量均更倾向于对"效率"价值的评价。无论是从十八届四中全会提出"完善认罪认罚从宽制度"这一任务的背景来看，还是从域外类似制度的设计目的来看，抑或是从法院、检察院一线办案人员的需求来看，都应当将认罪认罚从宽制度的主要目的定位于简化诉讼程序、提高诉讼效率，即"程序从简"才是完善认罪认罚从宽制度的目的。"认罪认罚"是程序从简的条件，"实体从宽"是激励被追诉人选择简化诉讼程序的手段。[2]认罪认罚从宽制度体现了我国刑事司法改革对诉讼效益的追求，这也是迄今为止该制度改革必要性和正当性的最主要依据。制度支持者基于对认罪认

---

[1]　邱仁宗：《20世纪哲学名著导读》，湖南出版社1991年版，第59页。

[2]　宋宝莲、李永航："公正和效率维度下的认罪认罚从宽制度"，载《江苏警官学院学报》2019年第1期。

罚从宽制度之实体和程序两个维度的考量，认为案件量激增已成为世界各法治国家之共性问题，司法机关对于效率价值予以优先考虑已成为制度改革之必选项。

从世界范围来看，刑事程序繁简分立存在两种不同的模式选择：一种是以大陆法系国家为代表的以案件疑难与否和罪刑轻重作为区分标准；另一种是以英美法系国家为代表的以被告人认罪与否作为区分标准。前者将发现案件的事实真相作为刑事诉讼的核心价值，后者则更偏重于追求有效定罪。[1]具体到我国认罪认罚从宽制度实践方面，在被追诉人认罪认罚的情况下司法机关实体上从宽、程序上从简办理案件，能够在很大程度上提高刑事司法诉讼效率。这一诉讼效率提高的路径往往通过以下的步骤得以实现：以被追诉人是否认罪认罚为标准，刑事案件诉讼程序可以被分为不认罪案件诉讼程序和认罪认罚案件诉讼程序，而后者则可以通过控辩双方的交涉与选择对诉讼程序予以简化，进而实现案件的繁简分流以提高诉讼效率。正确适用认罪认罚制度可有效、合理地分流刑事案件，进而从整体上实现诉讼资源的优化，避免轻微刑事案件过多占用有限司法资源，让承办人能够将更多的精力投入到重大疑难复杂案件上。由此可见，对自愿如实供述主要犯罪事实的犯罪嫌疑人、被告人适用从宽制度，不仅是对坦白如实供述的犯罪嫌疑人、被告人的一种安抚和鼓励，同时也是节约司法资源、简化诉讼程序的一剂良药。当然，认罪认罚从宽之适用的一个重要前提便是，应充分认定犯罪事实及有关证据。

不仅如此，认罪认罚从宽制度不仅仅注重对于效率的追求，还体现出一种司法效益的均衡观，能够实现公正与效率的最佳

---

[1] 熊秋红：“认罪认罚从宽的理论审视与制度完善”，载《法学》2016年第10期。

均衡。早先之刑事司法理论并未给予诉讼之效益性以应有的重视，而是将其视为司法公平正义的附属价值。然而，随着刑事司法理论之发展变革，越来越多的法学家开始意识到：程序的经济效益和程序本身的内在价值及其外在价值一样，都是评价和重建一项刑事审判程序时所必须要考虑的重要标准。[1]因此，刑事司法程序之效益性越来越受到法学者的重视。而作为诉讼主体，一旦从司法成本和效益观出发，就必然追求以诉讼过程中投入成本的最小化来获得诉讼结果效益的最大化。[2]这一方面着重体现了对于诉讼效率之追求。但与此同时，司法效益观不能容忍人们对社会资源过度消耗的忽视，其所强调的公正是一种具有相对性的公正，是站在更高层次上所考虑的整个社会之公正。认罪认罚从宽制度充分体现了对于司法效益观的追求，公正是可以通过成本较小的协商获得的，而且有时候公正通过协商更易获得，它实现了效益的最优化。务实而有效率的正义或许是在司法资源有限以及犯罪案件激增条件下最有利于实现社会正义的方式。

"公正为本，效率优先"应当是认罪认罚从宽处罚制度的核心价值取向。"能否对效率进行充分的关注以及能否在公正与效益之间保持适当平衡也是衡量程序公正的一项重要标准。"[3]而效率要得以实现，在很大程度上依赖于程序的简化。建立程序性从宽处罚制度，一方面能鼓励和引导被追诉人积极认罪悔罪，通过退赔、退赃、赔偿损失、赔礼道歉等方式来弥补自己的犯

---

〔1〕　陈瑞华：《程序正义理论》，中国法制出版社 2010 年版，第 190~191 页。

〔2〕　项振华："美国司法价值观的新发展——评'辩诉交易'"，载《中外法学》1996 年第 2 期。

〔3〕　陈卫东："公正和效率——我国刑事审判程序改革的两个目标"，载《中国人民大学学报》2001 年第 5 期。

罪行为给被害人造成的损失，恢复被破坏的社会秩序，实现公平正义的回归；另一方面，即便被追诉人无力退赔、退赃、赔偿损失，但其认罪认罚为选择更为简单、快捷的案件处理方式来推进刑事诉讼的进程创造了条件，既降低了公安司法机关查办案件的成本，也使得正义得以尽早实现，达成了公正和效率的最佳结合。[1]

二、认罪认罚从宽制度目的价值与实践价值之消极性表现

虽然认罪认罚从宽制度对于整个刑事司法具有有用性，但其存在之正当性的关键不仅在于其有用性，更在于其有用性之程度的高低，即制度之目的价值与实践价值之实现程度的高低。恰恰是基于此才引发了学者对其有用性程度的不同主张，进而导致对其有用性产生分歧。又因目的价值带有预设性，单纯对此进行论争往往缺乏实践依据，容易陷入一种"空对空"之论争状态。因此，反对者将更多的论争集中到了实践价值之实现层面。

（一）认罪认罚从宽制度之实施并非必然有助于诉讼效率之
　　　提高

反对者认为，单纯的办案效率之功利化需求不能够独自支撑认罪认罚从宽制度的确立与推进。因为无论是选择速裁程序还是选择其他简易程序，被追诉人一旦进行认罪认罚，便意味着其在很大程度上放弃了辩护权，将无罪辩护的机会拱手让出，也将失去法律所提供的严密的正当程序保护。为防止被追诉人的认罪认罚在被胁迫或受利诱的情况下作出，也为了避免冤假错案的发生，必须保证被追诉人的认罪认罚是基于自愿而作出的，这是整个认罪认罚从宽制度能够合法、顺利实施之重要前

---

〔1〕 白月涛、陈艳飞："论程序性从宽处罚——认罪认罚从宽处罚的第三条路径探索"，载《法律适用》2016年第11期。

提，而这要求建立一种保障被追诉人认罪认罚自愿性的制度机制。唯有切实保证被追诉人认罪认罚的自愿性，才能减少被追诉人出现诉讼反悔的概率，进而大大降低案件的上诉率，最终从整体上提高诉讼的效率。正如学者们所建议的，要建立权利告知书制度、获得律师帮助的机制、自愿性的核查机制、被告人反悔后的程序回转机制等。[1]不仅如此，对于认罪认罚从宽制度的三个核心词汇——"认罪""认罚"与"从宽"，理论界和实务界对三者之理解和适用均尚未达成共识，而未来的完善过程必然会根据不同之观点出现不同的适用和完善建议以及相关的判定标准。如"认罪"的界定是仅仅涉及对于自身犯罪事实的如实供述，还是涉及对检察机关所指控罪名的承认，抑或是对审判机关对犯罪行为所作出的最终判决之罪名的接受？"认罚"不仅存在类似于"认罪"之界定困境——究竟是针对检察机关之量刑建议还是法院判定之罪抑或其他，而且还存在另一认定困境——究竟是限于主观悔罪之要求还是必须同时具备客观退赔之行为。"从宽"之"应当"究竟是"必须从宽"还是"可以从宽"？又应该从何种程度上进行从宽——能否超越法定刑之范围？从宽之确定性的量刑建议所依存的区别化和层次化的制度设计又是一项巨大的工程……而要对前述所面临之理解与适用困境予以明确，就必须通过出台相关司法解释予以统一，这就不可避免地会增加立法成本。不仅如此，认罪认罚从宽制度的具体实施还需要更多的制度与机制做后盾以保障其顺利实施。而所有这些辅助性制度、机制和措施的建立和实施何尝不需要投入很大的时间成本。这便给认罪认罚从宽制度之效率价值的提升造成了阻碍，进而有损其效率价值的体现。

---

[1] 陈瑞华："'认罪认罚从宽'改革的理论反思——基于刑事速裁程序运行经验的考察"，载《当代法学》2016年第4期。

如果认罪认罚从宽制度的实施过程总是按照被告人接受检察机关提出的量刑建议，进而签署认罪认罚具结书，最终导致之后的刑事诉讼程序尤其是审判程序速裁化、简易化。从这个角度上看，其能够节约司法成本、提高司法效率。因为这将把整个庭审程序、审判的期限、裁判文书的制作过程大幅度缩短，更多的司法资源可以集中到重大、疑难案件中。但是，实践中并非完全按照这种程序模式运转，从而可能导致认罪认罚从宽制度在简化诉讼程序方面的效果有限。一是审前程序没有得到简化。在审判阶段启动速裁程序，羁押期限无法缩短；在法庭上补充量刑建议和证据开示，无论是退回补充还是在庭上举证、辩论，都会降低认罪认罚程序的效率，从而达不到制度改革的目标。二是诉讼文书简化的成效不理想。从审查起诉环节来看，适用认罪认罚从宽制度的案件，其原有的诉讼文书（诸如审查报告、起诉书、送达文书等诉讼文书）不仅没有相应的简化或省略，而且有关认罪认罚从宽制度适用的新文书也还在不断地增添进来。三是庭审简化与律师参与存在张力关系。其一，辩护人可能要求延期开庭。大量辩护人是在审查起诉阶段结束后才被委托参与诉讼程序的，若庭审适用速裁程序，辩护人自然会认为辩护空间被压缩，辩护人发挥作用的空间将十分有限。其二，辩护策略导致终止适用速裁程序。刑事速裁案件以被告人认罪且认同公诉机关的量刑建议为前提，一些辩护人的无罪辩护或调查取证的申请可能导致速裁程序的终止。[1]

除此之外，制度能够得以顺利实施必然需要检察官、法官等参与人员的密切配合，这必然要求他们经过一定时间的锻炼，进而熟悉新程序之运转需求，而这从人员层面又增加了成本进

---

[1] 周新："认罪认罚从宽制度试点的实践性反思"，载《当代法学》2018年第2期。

而降低了效率。具体包括以下方面：第一，精准性量刑建议给检察官提出了更高的要求，所以检察官需要投入大量的时间和精力学习有关的量刑知识和法院判例，而这必然占用检察官既定的工作时间，占用一定的检察资源。第二，认罪协商程序的运行必然需要检察官进行频繁的协调沟通。他们既要与被告人沟通，也要与法官沟通，甚至还要与值班律师、辩护人沟通。毫无疑问，如果要达到切实保证协商之自愿性和合意性的目的，这些沟通必然需要大量的时间作为保障。第三，如果要保证量刑建议被法院接受进而避免因法院"改判"而引发上诉和抗诉，法官难免要与检察官进行充分的沟通，但其对案件进行实质审查的要求和工作量并未因此而降低和减少，这实际上额外增加了法官的工作负担。而以上种种情形的存在，必然会在某种程度上影响到认罪认罚从宽制度在提高诉讼效率方面的质效。

当然，在承认认罪协商程序绝非一种完美的制度，而是法律现实主义指引下的不得已选择[1]之时，我们并不能据此便否认其具有的独特价值。一般认为，认罪协商以实用主义哲学为基础，强调刑事司法的目的和效果。其在实践中的独特价值在于：首先，能迅速处理大部分刑事案件，被认为是解决"案多人少"问题的一种有效途径。"美国最高法院首席大法官伯格说，若认罪协商的案件减少个10%，则法院需增两倍的人力及设备才足以应付。"[2]其次，降低诉讼成本的功能是显著的。如果控辩双方能够通过协商达成认罪认罚协议，则诉讼所花费用显然将大大减少。再次，对于被追诉人的改造作用不可磨灭。通过认罪认罚协商，进而使被追诉人认识到自己的行为是犯罪

---

[1] 胡铭：《超越法律现实主义——转型中国刑事司法的程序逻辑》，法律出版社2016年版，第1页。

[2] 王兆鹏：《美国刑事诉讼法》，北京大学出版社2005年版，第535~536页。

并愿意接受惩罚，如此可以避免由正式审判带来的焦虑与羞愧感，从而有利于被追诉人回归社会。最后，有助于案件的分流和类型化处理，缓解控方举证压力，为审判中心及庭审实质化提供配套支持。[1]西方学者曾指出："辩诉交易没有什么值得称赞的地方……然而尽管不值得炫耀，辩诉交易毕竟胜利了。它以非暴力的方式悄无声息地夺取了刑罚的领地，并征服了仍有抵触情绪的陪审团。正如有些历史的记录者所指出的，辩诉交易可能是一个外来的入侵者，但是她还是赢得了胜利。"[2]基于此，同是基于协商性司法理念而产生的认罪认罚从宽制度，必然会面临类似辩诉交易制度的固有缺陷，而其顺利实施也必然需要相关辅助性制度的完善，这些均需要耗费一定的立法成本、司法成本及时间成本。但我们不能据此便否认其固有的提升诉讼效率之价值，其在追求诉讼效率方面的价值仍不可低估。

（二）认罪认罚协商程序之固有缺陷有损公平正义

在刑事司法过程中，获得公正审判是赋予被追诉人的诉讼权利，但作为权利主体，被追诉人可以选择放弃或减少相关的诉讼权利，自愿认罪认罚并借此获得从宽处理或处罚。[3]由此可见，被追诉人在某种程度上享有一定的程序选择权。"刑事程序选择权是指在刑事诉讼中，被追诉者对于重大的程序与程序性事项进行选择适用的权利。"[4]被追诉人作为刑事诉讼中的核心人物，整个诉讼过程和最终的诉讼结果都关涉其核心利益，

---

〔1〕 叶青："以审判为中心的诉讼制度改革之若干思考"，载《法学》2015年第7期。

〔2〕 ［美］乔治·费希尔：《辩诉交易的胜利——美国辩诉交易史》，郭志媛译，中国政法大学出版社2012年版，第6页。

〔3〕 陈卫东："认罪认罚从宽制度研究"，载《中国法学》2016年第2期。

〔4〕 刘少军："被追诉者刑事程序选择权初探"，载《政法论丛》2004年第5期。

因此赋予其程序选择权具有重要意义。认罪认罚从宽制度的构建包含实体性从宽与程序性从宽两个方面，而构建程序性从宽处罚制度的前提便是赋予被追诉人程序选择权。"被告人不仅应享有能够维护其实体利益的辩护权，而且应享有关乎其程序利益的选择权，赋予被追诉人程序选择权，使其'能够通过自主判断选择最富有意义的方式推进诉讼进程从而影响诉讼结果'。[1]只有刑事被告人程序选择权得到强化，诉讼中的程序正义才能得到体现。"[2]而认罪认罚从宽制度中程序选择权的最重要体现便是认罪认罚协商程序。正是基于被追诉人行使自己的程序选择权而放弃自己本应拥有的接受完整的、严格的刑事诉讼程序审判之权利，进而能够促使被追诉人与刑事司法机关双方之间协商程序的启动。在认罪认罚从宽制度下建立"认罪认罚协商"机制，如在刑事速裁程序中引入"认罪协商"机制，应该说这一方面可以落实"宽严相济"的刑事政策，可以使那些自愿认罪的被告人真正获得量刑上的"优惠"；另一方面也可对那些在认罪方面犹豫不决的被告人产生一定的激励效果，促使其放弃无罪辩护或其他诉讼对抗立场，进而做出对自己最为有利的诉讼选择。[3]

然而，认罪认罚协商之过程必然要遵循一定的"交易哲学"，而这与刑事司法之公平正义之间存在"天然"的"隔阂"。并且，认罪认罚从宽制度量刑建议的提出过程也往往无法

---

〔1〕　陈卫东、胡之芳："关于刑事诉讼当事人处分权的思考"，载《政治与法律》2004 年第 4 期。

〔2〕　刘政："刑事被告人程序选择权的缺失分析与制度构建"，载《法学杂志》2010 年第 4 期。

〔3〕　参见最高人民法院司法改革领导小组办公室：《〈最高人民法院关于全面深化人民法院改革的意见〉读本》，人民法院出版社 2015 年版，第 76 页以下。

保证公平正义的实现。因为：第一，就目前现实而言，检察官对相关量刑知识的掌握从整体上来讲可能不如法官深刻、全面。这可能是由于量刑本来并不是检察官的工作，突然间因认罪认罚从宽制度的实施而进行量刑协商进而提出量刑建议使其难以与法官相比肩。并且，法院系统内部基于以往审判经验制定有很多量刑制度规范，这是检察官难以在短时间内学习、掌握并熟练运用的。而为避免量刑建议不被法官接受，检察官的量刑建议可能倾向于偏重，进而获得调整空间。第二，量刑建议在某些情况下可能会加深法官和检察官在如何量刑上的认知差异。以前针对案件的量刑差异只存在于法官与法官之间，因为检察官获得量刑建议权，现在扩展到法官与检察官之间。量刑认知差异的存在必然会造成量刑结果的差异，而这种差异的直接承受者便是被追诉人。第三，在司法实践中，因为作为维护被追诉人一方利益的值班律师参与度并不高，协商的不充分难以保证结果之合意性，致使量刑建议的提出过程呈现出了一种单方决定性。

因此，我们必须正视认罪认罚协商程序可能存在的缺陷。以美国的辩诉交易为例，学者对此已经从诸多方面提出了批判，具体包括：有损司法权威；有违平等原则；有害公共利益；极易酿成错案；忽视了被害人的利益；没有考虑社会总成本；违背了无罪推定原则；助长了检察官的懒惰与擅权；使警察的努力归于无效；等等。[1] 认罪认罚从宽制度实践显示，在这种"认罪认罚协商"机制的运行过程中，被追诉人可能处于两种不同的境地。一方面，被追诉人可能处于一种较为被动的境地，尤其是在缺乏值班律师或辩护律师积极有效参与的情况下，被

---

〔1〕 冀祥德："域外辩诉交易的发展及其启示"，载《当代法学》2007 年第 3 期。

追诉人的协商自愿性以及协商平等性均难以得到保障。有些本来不构成犯罪的被追诉人甚至可能为了早日摆脱冗长的未决羁押而不得不选择与检察机关签署认罪协商协议书，从而导致无罪被告人被判有罪。而在这一认罪认罚协商过程中，"如在侦查阶段适用认罪认罚从宽制度，恐导致侦查人员将更多的精力放在获取有罪供述上，从而忽视其他证据的收集"。[1]这使得"口供为王"的理念在其侦查过程中更加根深蒂固。如果在检察机关审查起诉阶段适用，检察机关则可能基于"案多人少"之现实压力、降低司法责任奉献之心理需求而最大限度地追求达成认罪认罚协议，进而不惜在法定刑范围之内最大限度地使用自由裁量权，这在一定程度上可能造成对被害方意见的忽视，最终难以保证司法之公平正义。认罪认罚从宽制度实施推进到审判阶段，法院显然处于一种"坐收渔翁之利"的地位，对于检察机关与被追诉人所达成的协议往往是"照单全收"或者"乐见其成"。因为一旦法院通过判决或仲裁对具结书的内容（尤其是对量刑）进行变动时，可能引发被追诉人的上诉、检察机关的抗诉甚至是"上诉+抗诉"情形的发生。出于规避司法责任之考虑，判决往往会维持具结书所建议之内容，但如此一来，审判机关在维护司法公正方面的作用可能会失去。

另一方面，被追诉人可能处于较大获利的境地。在我国的认罪认罚从宽制度中，犯罪嫌疑人认罪认罚不一定要求实质性的付出，即便证据已经完全达到定罪证明标准，也可以通过形式上的认罪认罚获得从宽。鉴于实体交易的利益空间受限，采取契约模式这一建构逻辑的学者均将"权利放弃"理论作为核

---

[1] 韩旭："2018年刑诉法中认罪认罚从宽制度"，载《法治研究》2019年第1期。

心要义，[1]犯罪嫌疑人可以放弃诉讼权利以换取相应的利益。认罪认罚从宽实现的前提是控辩双方均认为被告人确系有罪，[2]在此情况下，程序性权利的放弃对案件的处理结果几乎不产生影响。对检察机关来说，法律没有授权其降低证明标准，不能如辩诉交易那般在事实和证据不完全清楚充分之时以此降低指控罪名的等级、罪数和量刑等利益以换取犯罪嫌疑人的有罪供述，并在未达到定罪证明标准的情况下定罪量刑。因此，控辩双方在认罪认罚从宽中的成本和收益是不平衡的，难以称得上对价。被告人是在用程序权利换取实体从宽，而检察机关虽然减少了法庭上的不确定性，但却增加了工作量和随之而来的责任，[3]从而致使在试点之初，检察机关适用该制度的动力相当有限。[4]在此种情况下，虽然控辩双方互有得失，但总体而言辩方所获利益会大于控方，并且各方的利益关联并不直接。但无论被追诉人处于何种境地，认罪认罚从宽制度运行均暗含一种与"公平正义"之间的"隔阂"，或是对被追诉人的不公平，或是对被害人（方）的不公平，而这共同表明应对制度运行之公平价值要求予以重视。

当然，用理想主义的公正观来评析认罪认罚从宽制度所能实现之公正本身便具有一定的挑剔性。罗尔斯称："正义是社会制度的首要价值，正像真理是思想体系的首要价值一样，作为

---

〔1〕 赵恒："论从宽的正当性基础"，载《政治与法律》2017 年第 11 期。

〔2〕 樊崇义："认罪认罚从宽与无罪辩护"，载《人民法治》2019 年第 23 期。

〔3〕 高童非："我国刑事司法制度中的卸责机制——以法院和法官为中心"，载《浙江工商大学学报》2019 年第 5 期。

〔4〕 国家检察官学院刑事检察教研部课题组、孙锐："检察机关认罪认罚从宽制度改革试点实施情况观察"，载《国家检察官学院学报》2018 年第 6 期。

人类活动的首要价值,真理和正义是绝不妥协的。"〔1〕具体到法的价值理念中,公平常常被人们视为法律的基本精神,"真正的和真实的意义上的'公平'乃是所有法律的精神和灵魂"。〔2〕罗尔斯提出了程序正义的三种形态:纯粹的程序正义、完善的程序正义以及不完善的程序正义,并着重对纯粹的程序正义进行了论述。〔3〕但与此同时,罗尔斯还进一步指出这种纯粹的程序正义不存在任何有关结果正当性的独立标准,但是存在着有关形成结果的过程或者程序正当性和合理性的独立标准。因此,只要这种正当的程序得到人们恰当的遵守和实际的执行,由它所产生的结果就应被视为是正确和正当的,无论它们可能会引发什么样的结果。〔4〕由此,司法程序这种独立价值被理解为:那些其权益可能会受到刑事裁判或者刑事审判结局直接影响的主体应有充分的机会并富有意义地参与法庭裁判的制作过程,从而对法庭裁判结果的形成发挥有效的影响和作用。其又被分解为:参与性、中立性、对等性、合理性、自治性和及时终结性。

认罪认罚从宽本不过是一种理想正义实现的方式,它的公正应从其程序的独立价值去评判——在它满足程序正义的各种要素时,你不能对它有过分的要求;它所实现的公正是一种现实的公正,更是一种偶然的公正——它实现的正义如果没有偏

---

〔1〕 [美]罗尔斯:《正义论》,何怀宏等译,中国社会科学出版社 1988 年版,第 3 页。

〔2〕 [美]金勇义:《中国与西方的法律观念》,陈国平等译,辽宁人民出版社 1989 年版,第 97 页。

〔3〕 [美]罗尔斯:《正义论》,何怀宏等译,中国社会科学出版社 1988 年版,第 80~83 页。

〔4〕 [美]罗尔斯:《正义论》,何怀宏等译,中国社会科学出版社 1988 年版,第 80~83 页。

离整个社会的价值观念，没有造成层出不穷的冤假错案，就不能对它的高效视而不见，不能将它称为对"公正"的背叛。[1]因为，公正是一种应然与实然层面的互动，是一种对立统一的辩证运动，但两者却经常处于矛盾之中。"……而人类的法的价值永远只是在追求理想的价值实现，当二者完全重合的时候，法本身就难以存在了。"[2]很明显的是，认罪认罚从宽程序几乎将这些程序正义的要素均考虑在内，它吸引了辩方的充分参与，将辩方视为平等的契约的订立者，尊重被告人的意思自治，依靠证据作为博弈的工具而不是随机、任意处理，最终在极为经济的时间内展开合作并接受中立的法官的审核。因此，认罪认罚从宽程序并不违背程序正义。[3]

三、何以从宽及评析

认罪认罚从宽制度一方面对刑事司法诉讼效率的提升具有不可磨灭的价值，但另一方面却在维持刑事司法公平正义方面遭受质疑。除此之外，学界和实务界对于认罪认罚何以从宽这一问题仍未达成共识。而要对这一问题予以分析则首先必须明确认罪认罚的性质和地位，即认罪认罚从宽究竟是被追诉人的一项权利还是司法机关的一项提升效率的措施？一旦将其作为一项权利，那么被追诉人在整个刑事诉讼过程中就应该理所当然地被视为主体而存在，应该获得与刑事司法机关相对等之公正地位。而如果仅将其视为一项提升效率之措施，则其只具有工具价值并且被追诉人往往被视为其适用客体。但就"认罪认罚从宽"之制度安排而言，其作为一项权利则更具正当性。

---

〔1〕 陈明："认罪认罚从宽制度的理论探究"，载《犯罪研究》2016年第4期。

〔2〕 卓泽渊：《法的价值总论》，人民出版社2001年版，第38页。

〔3〕 陈明："认罪认罚从宽制度的理论探究"，载《犯罪研究》2016年第4期。

　　首先，被追诉人在刑事诉讼过程中的诉讼主体地位决定了其有权决定参与诉讼的方式，并在一定程度上决定整个诉讼的走向。作为刑事诉讼的主体，一般而言，其对案件事实更为清楚，面对国家刑事司法追诉机关的刑事追诉，被追诉人既可以通过选择正当程序以证明自己无罪或罪轻，又可以通过选择认罪认罚及程序的简化求得案件的从宽处理，以实现自身利益最大化。一方面，从国际公约规定之基本要求来看，获得"公正审判权"是每一个被追诉人的基本权利，而作为放弃这一权利的对应面——"认罪认罚"的权利——同样应得到正视和强调。另一方面，我国《刑事诉讼法》第52条规定的"不得强迫任何人证实自己有罪"之要求亦包含被追诉人自愿认罪的权利内涵，因而"认罪认罚"的权利应得到明确和保障。作为刑事诉讼的主体，被追诉人在整个刑事诉讼过程中应该享有案件的知悉权、程序选择权及实体处断权，而不应当仅仅被视为有罪供述的来源，甚至沦为被办案机关随意支配的客体。因为，这不符合司法公正之要求。其次，控辩双方的诉讼合意之合法性决定了被追诉人"认罪认罚"权利属性的必要性。刑事诉讼中的协商合意指控辩双方观点的一致性，在"认罪认罚"中表现为被追诉人与追诉方就案件的实体处置及程序选择达成共识。在这一过程中，被追诉人的自愿性与自主性尤为重要，直接决定了诉讼合意之真实性与合法性。"认罪认罚"中的合意需要控辩双方在自愿的基础上进行协商达成，往往达成合意程度越高，程序得以简化的程度就越大，而被追诉人所获得的从宽幅度通常也就越大。同时，"认罪认罚"需要符合法律要求的特定形式，为了双方能够达成诉讼合意，二者之间的沟通和协商显得至关重要。因此，"认罪认罚"制度的运行不应只是办案机关单方面的权力运作过程，没有犯罪嫌疑人、被追诉人的权利行使或者缺乏保障权利正当行使的自愿性和真实性前提，该制度运行之公正性便不存在。再次，《刑事诉讼法》将"认罪认罚"与"权利告知"的规定放在一起，只是需要对"认罪认罚"的权利属性予以进一步的明确。我们从《刑事诉讼法》第120条第2款、第173条第2款、第190第2款等法律规范均可解读出"认罪认罚"的权利意蕴。因为义务的承担是以权利的拥有为前提的，如果不将"认罪认罚"作为一项权利加以规定，法律规定的制度后果便缺失了存在的理论前提，进而导致制度正当性存疑。最后，从反面视角分析，如果将"认罪认罚"的性质设定为刑事司法机关的诉讼工具，则必然会造成对被追诉人的强制或者轻慢，不利于该制度设置初衷的实现。一方面，为尽快实现刑事追诉之目的，追诉机关有可能采用暴力、威胁、引诱及欺骗等非法方法强迫被追诉人进行认罪认罚，这种极端做法会直接导致冤假错案的发生。另一方面，由于缺乏制度运行之内驱力，办案机关对被追诉人是否适用"认罪认罚"往往采取一种轻慢的态度，甚至会剥夺被追诉人获得"认罪认罚"的机会，以致制度的存在形同虚设。[1]基于此，如果仅仅将认罪认罚从宽视为一种刑事诉讼效率提升之工具，则其便丧失了制度本身之价值，也便无从谈起何以从宽。因此，认罪认罚从宽更应该被作为被追诉人之权利，并在此基础上探究何以从宽。而整合众多学者之观点，对认罪认罚和积极退赃退赔的被追诉人予以从宽处理，其基本依据可以从实体和程序两个层面予以把握。

实体层面上的理论逻辑主要有两方面的根据：一是客观上，在认罪认罚案件中，被追诉人往往会针对其犯罪行为采取事后补救行为，而这对犯罪所造成的损失以及所破坏的社会关系具

---

[1] 闵春雷："认罪认罚从宽制度的适用困境及理论反思"，载《法学杂志》2019年第12期。

有一定的挽回和修复作用，进而可以降低整个犯罪行为对社会所造成的危害。二是主观上，犯罪人在犯罪之后能够主动认罪并自愿接受处罚，或者实施积极退赃退赔的行为及态度，通常能够表明其已经认识到自己行为的不法性，在一定程度上能够反映出其尚存在法规范意识，并有配合刑事司法机关进行司法活动之意愿。综合而言，这些行为能够表明行为人已有悔罪表现，其人身危险性、再犯可能性以及通过严厉刑罚实现矫正效果之必要性都随之降低。而从量刑理论来看，报应的正当性和预防犯罪目的的合理性是刑罚的正当化根据，其中报应刑属于责任刑，其针对的是已经造成的社会危害，而基于预防犯罪目的所裁定的刑罚属于预防刑，其针对的是将来可能会造成的社会危害。而"犯罪后的态度，反映犯罪人人身危险性的大小和改造的难易程度，因此，从有利于刑罚目的的实现出发，这一事实情况应在量刑时予以考虑"。[1] "认罪从宽"的前提是犯罪人"认罪"。"认罪"是行为人犯罪后对所实施的犯罪行为的认识和态度，系犯罪后的表现，其影响量刑的根据即预防刑存在的合理性。进一步而言，这关系到对人身危险性及其程度的判断。犯罪人犯罪后"认罪"表明犯罪人认识到了自己行为的错误，已悔过自新，说明该犯罪人的再犯可能性有所减少，人身危险性降低，因而可以得到从宽处罚。但是，如果犯罪人恶意利用认罪从宽制度达到其不当的目的，那么，在实体法上是缺乏从宽的根据的，裁判者不·定要给予其从宽的处罚。[2]

　　程序法中的犯罪嫌疑人、被告人对于被指控犯罪的"承

---

〔1〕　张吉喜："被告人认罪案件处理程序的比较法考察"，载《时代法学》2009 年第 3 期。

〔2〕　张吉喜："被告人认罪案件处理程序的比较法考察"，载《时代法学》2009 年第 3 期。

认"，与实体法层面裁判者从轻处罚所基于的被告人"真心认罪"并不具有等同性。"承认"实施所指控的犯罪只代表对其行为不予否认，但并不能证明其有悔罪表现，裁判者仍可据此作出有罪判决，只是在某种程度上有利于简化程序、缩短办案时间。因为，其对犯罪行为承认与否均是正常反应，并不会据此而作出从轻或从重的判决。"真心认罪"则反映出了犯罪嫌疑人、被告人一种悔罪的认知和表现，而这才是裁判者从轻处罚的理由。换言之，犯罪嫌疑人、被告人对被指控犯罪的承认只是为程序简化提供了可能性，而其悔罪的态度则可能影响是否从宽处理及从宽的幅度，因为悔罪态度在某种程度上可以真正反映出一个人的人身危险性是否有所降低、特殊预防必要性是否应予减少。由此可见，如果仅仅出于提高办案效率的功利化需求就对犯罪人从宽处罚，显然是与刑法之公平正义的基本理念和价值追求相违背的，并且这等于是在一定程度上承认了辩诉交易。然而，我国法律并没有对辩诉交易予以承认。即使是司法实务中存在辩诉交易制度的国家（如英国），其在实体法层面的有关量刑的规定中，也对犯罪人是否真心悔罪给予重视，并对认罪从宽的适用有区别对待。[1] 由此可知，实体层面"从宽"的依据最终应该是"真诚悔罪"，并基于此而对社会关系之修复产生实际效果。

在程序层面上的理论逻辑主要是其带来诉讼效率之提升并且放弃其在程序上的正式审判，作为对价应该对其予以从宽之

----

〔1〕 在英国，依据该国的"有罪答辩"的量刑指南，"有罪答辩"是刑事审判的法定从宽量刑情节，"有罪答辩"从宽量刑的目的在于鼓励罪犯悔改、节约司法成本。为鼓励罪犯积极"有罪答辩"，英国刑法要求任何刑事判决都必须考虑罪犯是否"有罪答辩"。而"有罪答辩"是罪犯对其所犯罪行所表现出的内心悔改并承认被指控犯罪的行为。

回应。正如学者宋宝莲认为，之所以对被追诉人从宽处罚，既不是因为其认罪，也不是因为其认罚，而是基于其让渡质证、辩论等部分诉讼权利，同意适用较为简化的诉讼程序审理。对被追诉人从宽处罚的目的有二：一是激励，鼓励自愿认罪或者认罪认罚的被追诉人选择适用较为简化的诉讼程序，以降低司法诉讼成本；二是回报，因被追诉人让渡诉讼权利适用较为简化的诉讼程序，进而有利于提高整体的诉讼效率，司法人员基于此应该在量刑上给予回报。我国刑法将自首、坦白等犯罪后的表现作为可以从轻、减轻或者免除处罚的法定情节，而《量刑指导意见》又将"当庭自愿认罪"这一酌定情节规范化，并且对于自首、坦白、当庭自愿认罪规定了不同的量刑层级。原则上，自首可以减少基准刑的40%以上或者依法免除处罚，坦白可以减少基准刑的20%以下，当庭自愿认罪可以减少基准刑的10%以下。据此，"量刑折扣的主要原因是为了鼓励那些明知自己有罪的被告人作出有罪答辩，以此节省可能在对抗式审判中消耗的资源。另一个存在于某些特定类型案件中的次要原因是被告人通过有罪答辩分担了证人必须出庭作证的痛苦"。[1]在认罪认罚从宽制度中，对被追诉人从宽处罚是以诉讼权利的让渡和诉讼程序的简化为对价的，如果被追诉人不愿意适用较为简化的诉讼程序，或者依法不能简化诉讼程序的（如盲、聋、哑人犯罪的案件），则不能基于认罪认罚从宽制度对其从宽处罚。[2]但如此一来，便使得认罪认罚从宽制度之特殊预防功能的实现出现了差别化，进而导致某种程度的不公平。将其正当

---

〔1〕 张吉喜："被告人认罪案件处理程序的比较法考察"，载《时代法学》2009年第3期。

〔2〕 宋宝莲、李永航："公正和效率维度下的认罪认罚从宽制度"，载《江苏警官学院学报》2019年第1期。

性视为源于被告人对获得正式审判权的自愿放弃，以及"被告人认罪答辩是否构成刑事简化审理的正当性，仍然是法学界着力探讨和解释的谜题"。[1]对此，学术界提出了质疑和批评，认为在德国，"由成本效益考量及实用主义所引导"的对美国有罪答辩和辩诉交易制度的借鉴，体现出了对发现真相以及诉讼公正原则的忽视，导致了以被告人认罪为前提的量刑协商等程序与刑事诉讼程序基本标准之间难以调和的矛盾，造成了与实质真实、调查原则、平等原则、有罪性原则的冲突，也与司法机关所惯常保持的中立、客观、法治的印象格格不入。[2]因此，认罪认罚所带来的程序简化，以被告人放弃正式审判作为正当性来源。应当说，这一根基并不牢固，它与实质真实原则之间存在着冲突。以量刑折扣激励被告人选择简易、速裁程序，在司法实践中产生了明显的弊端。在英美法系国家，"许多无辜的被告人在答辩有罪后被定罪"，[3]"研究表明许多被告并没有把判决结果的不同看作是给作有罪答辩者减刑，而是看作强加给那些到法庭上去行使自己权利的人的一种惩罚。对于这些被告人，他们从结果中得到的不公正的感觉，只会导致很难感化和改过自新"。[4]应该认识到，"刑事被告人有权要求对指控以法定方式审判，无论认为有罪证据多么有力。不能将刑事审判看作不受欢迎的负担，而是程序的合乎逻辑的正当结果。因此，

---

〔1〕 李本森："法律中的二八定理——基于被告人认罪案件审理的定量分析"，载《中国社会科学》2013年第3期。

〔2〕 参见〔德〕汉斯·约格·阿尔布莱希特：《德国刑事诉讼法典》，岳礼玲、林静译，中国检察出版社2016年版，第12~15页。

〔3〕 See C. Ronald Huff, Arye Rattner and Edward Sagarin, *Convicted but Innocent: Wrongful Conviction and Public Policy*, Sage Publications, 1996, p. 73.

〔4〕 〔英〕麦高伟、杰弗里·威尔逊主编：《英国刑事司法程序》，姚永吉等译，法律出版社2003年版，第337页。

惩罚坚持审判的被告人，或者以坚持审判就会有不利后果相威胁，只会损害制度的目标"。[1]

然而，无论是实体上的认罪，还是简化程序的自主选择适用，对被追诉人而言都是利益自损行为。若从"理性经济人"的假设出发，非有额外的利益作为驱动力，否则我们难以期待犯罪嫌疑人、被告人在上述两个方面主动配合。如此则需要引入实体或程序上的从宽处理来作为动力机制，驱使犯罪嫌疑人、被告人在追求个人利益的过程中主动配合立法者的设计，在实践层面实现降低成本、加速程序进程的立法目标。因此，如果说简化程序需要被追诉人认罪来提供正当化机制，那么，被追诉人的认罪也需要实体或程序上的从宽处理提供动力机制。[2]认罪认罚从宽制度的基本逻辑是通过控方"让利"以激发被追诉人与国家合作。其以理性人为假设，以承认和尊重被追诉人之主体性为前提，以自愿性为核心。理性人假设相信被追诉人趋利避害之本能会致使其作出对自己有利之选择，主体性要求通过程序改革和辩护权之保障使其获得与控方平等的协商者地位，而自愿则为整个制度运行提供了可能性。[3]被追诉人之自愿为认罪认罚从宽制度之正当性提供了两个辩护理由：实体上，因被追诉人自愿供述使口供之真实性得以保障，[4]进而降低达至证明标准之"充分性提供"，也为削减司法人员之幕后工作之

---

〔1〕　[美]哈伯特·L.帕克：《刑事制裁的界限》，梁根林等译，法律出版社2008年版，第221页。

〔2〕　魏晓娜："完善认罪认罚从宽制度：中国语境下的关键词展开"，载《法学研究》2016年第4期。

〔3〕　秦宗文："认罪案件证明标准层次化研究——基于证明标准结构理论的分析"，载《当代法学》2019年第4期。

〔4〕　当然，这里应排除电影《全民目击》中的"替罪"现象，以及通过其他证据足以推翻之虚假口供，即虚假自愿。

投入提供了可能。程序上，自愿认罪使得某些程序显得不再必要，使程序之重点转向对于自愿性保障措施之设计。因此，自愿性在相当大程度上满足了传统刑事司法之实体公正与程序公正之要求。而自愿性与保障自愿性之程序公正共同成为认罪认罚从宽制度正当性之核心支柱。正当性基础的转换昭示了认罪认罚从宽制度对实体公正的追求，应着力于如何更好地保障认罪者的主体性和认罪的自愿性，这是破解认罪认罚从宽制度实施困境之密钥。[1]

然而，从国家利益视角来看，国家对其从宽主要是因为其真诚悔罪进而使整个社会受益，而非权利放弃。《刑事诉讼法》的修改将认罪认罚本身认定为一种实体法规定之外的宽恕事由，这展现了法律的仁慈和司法的宽容。从某种程度上说，这种规定对被追诉人而言是"纯获利"的，是国家对个人的"恩惠"。当然，这种获利是有条件的。在家长模式下，从宽不是被追诉人通过让渡利益换取的，而是国家为了增进共同体内部福祉而采取的政策。家长模式追求的是内部的和谐稳定和关系修复。从这个角度看，人身危险降低说是符合家长模式的逻辑的，但是对犯罪和刑罚的"认"只是降低了控方的证明难度，为司法机关带来了效率收益，但还不足以说明嫌疑人对社会的威胁降低。只有犯罪之人真诚悔过，国家才能真正实现社会控制等上述目标。家长模式下对认罪认罚给予从宽的正当性在于忏悔对社会的增益作用，国家通过量刑上的减让鼓励和奖励这种行为。[2]

---

〔1〕 秦宗文："认罪案件证明标准层次化研究——基于证明标准结构理论的分析"，载《当代法学》2019年第4期。

〔2〕 高童非："契约模式抑或家长模式？——认罪认罚何以从宽的再反思"，载《中国刑事法杂志》2020年第2期。

四、认罪认罚从宽制度设计之理论依据

认罪认罚从宽制度之设置存在其固有的目的价值和实践价值，而其实施及运行的核心步骤是认罪认罚从宽之协商，此协商依存于控辩双方之自愿性和真实性，而保障这一协商架构的制度设计则依据当事人主义诉讼结构理论和高度发达的契约自由观念。

（一）当事人主义诉讼结构理论[1]

当事人主义的特征在我国刑事诉讼模式中的体现越来越明显，其通过控辩双方之相互作用，进而实现制约公权力、查明案件真相之目的，而这恰恰为认罪认罚从宽制度的构建提供了条件。控辩平等为认罪认罚从宽制度提供了基本的前提。控辩双方主体地位的平等意味着每个被追诉人所拥有的尊严和权利都不存在国家施舍和等级差别，而控诉方也只是被视为平等的控方当事人，充分的辩护制度和平等武装的理念保证了被追诉人与控方之间的平等地位。权力的设计和控制保证了认罪认罚从宽的良好运转。控辩双方作用的发挥取决于各自所拥有的处分权。就控方而言，其拥有控诉权和起诉裁量权。就辩方而言，其拥有辩护权、有罪答辩之权利，而这成了控辩双方手里的协商筹码。而刑诉过程中的司法控制（如律师援助、非法证据排除等）则构成了一个控制公权滥用的体系，使被追诉人在参与刑事诉讼的过程中获得"平等武装"的保障。消极居中的法官为防止认罪认罚从宽制度的异化提供了监督保障。从法官角度而言，只要控辩双方达成一致意见，并且不损害他人或社会公众的利益，不违反法律公平正义之要求，最终都是在法官的裁

---

[1]　陈明："认罪认罚从宽制度的理论探究"，载《犯罪研究》2016年第4期。

判之下予以结束，并未使自身之裁判权受到侵蚀，这当然是法官最期望出现的结果。尊重并体现被追诉人的主体地位。协商性司法的"前提和核心是赋予被告人程序选择权等相当程度的诉讼处分权，即是选择快速结案以换取较轻的刑罚并尽早摆脱讼累，还是选择充分利用程序权利对抗控诉，主要取决于被告人的意愿"。[1]在被追诉人放弃部分程序性利益的情况下，应给予其一定的实体从宽利益。如此，才能保证案件在整体上的公正。"立法者及法官均应对于程序关系人，就关涉该人利益、地位责任或权利义务的程序利用及程序进行，赋予相当的程序参与权及程序选择权，并据以实现、保障程序关系人的实体利益和程序利益。"[2]可以说，离开了被追诉人的参与，程序性从宽处罚制度也就成了"无源之水、无本之木"。

（二）高度发达的契约自由观念[3]

契约本是私人领域内的法律关系，由于契约精神蕴含的平等、自由、合作、功利、理性等原则都与现代政治哲学十分契合，完全可以作为一种新的模式被用来构建国家和社会，因此契约理论也成了构建新型社会关系和制度的理论资源。[4]发达的契约观念是合作型司法得以生存和发展的一个很重要的因素，也是认罪认罚从宽制度得以确立的重要观念基础。当然，契约自由最初只是存在于市民社会的一种生活习惯，在私法领域起着至关重要的作用，但如果我们认为契约的意义仅在于私法领

〔1〕 谢秋红："被告人程序选择权的界定及其正当性探析"，载《重庆工商大学学报（社会科学版）》2007年第3期。

〔2〕 彭世忠："程序选择权及其法经济学思考"，载《西南政法大学学报》2003年第6期。

〔3〕 陈明："认罪认罚从宽制度的理论探究"，载《犯罪研究》2016年第4期。

〔4〕 苏力："从契约理论到社会契约理论——一种国家学说的知识考古学"，载《中国社会科学》1996年第3期。

域，那么就大错特错了。随着近代启蒙思想运动的发展，契约
理论逐渐渗入公法领域。事实上，卢梭在《社会契约论》中已
经对整个国家的统治秩序和权力构造进行了契约化的描述。而
赫费在其《政治的正当性》一书中也论及：契约不仅是私法的
法律形态，而且也是公法的法律形态。社会主义核心价值观中
的自由、平等、公正和诚信等也与契约精神相合。事实上，契
约精神为现代宪政国家、法治国家的建立及其法律制度的构建
提供了强有力的理论支撑——人们逐渐认识到契约在公法领域
同样具有不可思议的巨大作用。契约观念作为一种方法、理论，
其本身包含的平等、参与、对话、谈判、妥协及意思自治等理
念成了公法领域中合作型司法理论的支撑之一。契约观念所包
含的"合意"和"互利"的基本原则从根本上克服了传统对抗
式诉讼制度的非合意性、不确定性和不可预测性，满足了人们
追求未来生活确定性、避免冲突的欲望，避免了两败俱伤的结
果。实际上，认罪认罚从宽制度本身就包含着契约观念的诸多
内容：一是自治，认罪认罚从宽制度的自治强调犯罪嫌疑人或
被告人认罪认罚是出于自愿，是其出于权衡利害后的理性选
择。放弃自己愿意放弃的，选择自己愿意选择的，这才是意思
自治最本质的反映。二是协商，在认罪认罚从宽制度中，控辩
双方以各自掌握的证据、丰富的经验和高超的谈判技巧彼此之
间展开博弈和妥协，并在这一过程中寻觅双方的平衡点。当
然，控辩双方的合意并不是无条件的妥协，而是在平等自愿的
基础上进行的，它在本质上仍属于一种力量上的较量，也是一
种对抗，只不过这种对抗遵循特定的规则以协议的方式完成。
三是互利，互利是控辩双方进行合作的动力，双方都规避了风
险，（几乎）获得了庭审前的确定利益。四是诚信，认罪认罚
从宽制度并不要求诚实原则贯彻于程序始终，但要求达成一致

的控辩双方应该保证契约的履行。在这一程序中，控辩双方达成协议，被告人不得随意撤回有罪自白，检察官不得随意撤回承诺。

然而，对于契约理论之于认罪认罚从宽制度之适用，学界存在截然不同之观点。有学者认为，与为了解决私人纠纷而设立的民事程序等领域不同，刑事诉讼制度是国家动用公权力对犯罪人进行追诉的程序，契约理论的运用空间较为有限，主要集中在管辖、刑事和解、不起诉、证据等制度上。[1]而德国学者在批评"契约论"时将检察机关与被追诉人之间的关系比作猫和老鼠。由于双方力量对比悬殊，协商的结果不会是合意，只会是屈服，不存在真正的同意。因此将刑事协商建立在合意的基础上必然是错误的。[2]由此可见，持有反对观点的学者担心的更多的是协商之公平合理性，而现实中的司法实践也确实未能对此予以很好的保障。正如最高人民法院课题组所指出的，犯罪嫌疑人、被告人只是通过认罪认罚争取从宽，而不是就定罪量刑进行讨价还价。[3]更有学者提出，我国的认罪认罚从宽制度不是控辩双方通过一系列的博弈、妥协的结果，不是真正的控辩协商制度。[4]契约之主体平等性、协商充分性以及结果公平合理性无法在认罪认罚从宽制度实践中得到完美印证。

---

〔1〕 詹建红：《刑事诉讼契约研究》，中国社会科学出版社 2010 年版，第 32 页。

〔2〕 ［德］贝恩德·许乃曼："公正程序（公正审判）与刑事诉讼中的协商（辩诉交易）"，载陈光中主编：《公正审判与认罪协商》，法律出版社 2018 年版，第 33~34 页。

〔3〕 最高人民法院刑一庭课题组、沈亮："刑事诉讼中认罪认罚从宽制度的适用"，载《人民司法（应用）》2018 年第 34 期。

〔4〕 左卫民："认罪认罚何以从宽：误区与正解——反思效率优先的改革主张"，载《法学研究》2017 年第 3 期。

第三章 制度核心词汇

—— "认罪""认罚""从宽"之理解

目前，对于"认罪认罚从宽"的很多研究都将其定位在理念、原则、制度等不同层面，进而用其去包容现有之制度以及法律规则。从理论研究视角而言，此种定位取向无可厚非。但具体到认罪认罚从宽推进之本意可能只是将其定位为"认罪认罚从宽"之制度层面。认罪认罚从宽制度作为刑事司法之重要制度是由三个核心词汇——"认罪""认罚""从宽"——构成的。而对于该制度之理解必然需要从三个核心词汇开始着手，进而对整个制度适用予以深入、细致的把握。

认罪认罚从宽制度的实施是一个由公、检、法、司、犯罪嫌疑人、被告人、被害人、辩护人等众多诉讼主体共同参与的过程。因此，对于"认罪""认罚"以及"从宽"的理解，也应该放在整个过程中予以审视，而不能仅仅局限于审查起诉阶段和审判量刑阶段。又因为"认罪与认罚"可能发生于从立案侦查到审判中的各个阶段，并且涉及主体、对象、诉讼阶段、内容和形式等要素。因此，对于"认罪"与"认罚"的理解既要从整个刑事司法阶段进行，也要从不同要素视角进行。[1]另外，认罪认罚既是一种法律行为也是一种事实行为，具有程序法和实体

---

[1] 参见朱孝清："认罪认罚从宽制度的几个问题"，载《法治研究》2016 年第 5 期。

法的双重法律效果。[1]从程序法视阈来看，认罪认罚是一种法律行为，具有开启、变更和终结程序的效果。从实体法视阈来看，认罪认罚是一种事实行为，依法可以得到有利于被追诉人的实体处理。由此可见，"认罪"与"认罚"两个核心词汇既具有整体阶段性特征，又具有实体与程序双重价值。因此，对于认罪认罚从宽制度的理解和把握应该采取一种综合的视角，而对于"从宽"则同样需要在综合视角下予以回应才能体现制度之统一性。

一、核心词汇之"认罪"

认罪认罚从宽制度的第一个核心词汇是"认罪"，关于"认罪"的理解同样存在着不同的认知层次和认知深度。相关政策文件和法律对于"认罪"之对象内容、主观自愿、主客观相统一等方面作出了相关规定，进而对于刑事司法实践提供了必要的依据。而理论层面的研究同样对上述问题给出了相关理解，但其涉及问题更广、更深，对认罪之对象内容给出更进一步的分析，对于认罪之真实性提出更高的要求。

根据 2012 年《刑事诉讼法》之规定，"认罪"是犯罪嫌疑人适用刑事诉讼认罪认罚从宽制度的前提条件之一，在刑事诉讼程序中主要可以表述为"被告人承认自己所犯罪行，对指控的犯罪事实没有异议"。[2]这里凸显了认罪之对象这一核心点，即所认之内容是被告人所实施之犯罪行为和事实。当然，这其中暗含了对于认罪认罚从宽制度适用阶段的一种界定即诉讼阶段，因为根据我国刑事诉讼法之规定，不同阶段对于被追诉人的称谓存在差异，而这里将其称为"被告人"则存在将其限定为诉

---

〔1〕 程芳："认罪概念的刑事一体化思考"，载《刑法论丛》2014 年第 4 期。
〔2〕 参见 2012 年《刑事诉讼法》第 208 条。

讼阶段之嫌。而《全国人民代表大会常务委员会关于授权最高人民法院、最高人民检察院在部分地区开展刑事案件速裁程序试点工作的决定》之规定则凸显了对于被追诉人之认罪主观方面的要求。其规定"被告人自愿认罪",即认罪之主观要求必须是"自愿",否则无法适用认罪认罚从宽制度。基于此规定,对于"认罪"的把握应该包含着主观与客观两方面的要求:主观上,必须坦诚地述说自己的犯罪事实,是真心实意的,而不是被逼迫的、被动的承认;客观上,被告人须将所犯客观事实如实交代,主客观相结合才是认罪。[1]与此同时,这一规定还赋予核心词汇"认罪"之程序法价值,即具有启动特定程序——刑事速裁程序——之功能。根据《最高人民法院、最高人民检察院、公安部、国家安全部、司法部关于适用认罪认罚从宽制度的指导意见》(以下简称《指导意见》)之规定,认罪认罚从宽制度中的"认罪"被界定为犯罪嫌疑人、被告人自愿如实供述自己的罪行,对指控的犯罪事实没有异议。承认指控的主要犯罪事实,仅对个别事实情节提出异议,或者虽然对行为性质提出辩解但表示接受司法机关认定意见的,不影响"认罪"的认定。犯罪嫌疑人、被告人犯数罪,仅如实供述其中一罪或部分罪名事实的,全案不作"认罪"的认定,不适用认罪认罚从宽制度,但对如实供述的部分,人民检察院可以提出从宽处罚的建议,人民法院可以从宽处罚。《指导意见》对前述法律文件所规定之内容予以细化,对欠缺之内容予以补充。首先,其不再将"认罪"之适用阶段予以限制,而是将"犯罪嫌疑人"和"被告人"两种称谓全部纳入其规定,暗含其放宽认罪认罚从宽制度之适用阶段,与《指导意见》整体内容相吻合,即认罪认罚从宽制度贯

---

[1]　余胜:"认罪从宽制度刍议",湘潭大学 2009 年硕士学位论文。

穿于刑事诉讼全过程，适用于侦查、起诉、审判各个阶段。其次，其将认罪之对象解释为被追诉人自己的罪行及犯罪事实，并对被追诉人之辩解以及数罪情形之下的认罪之判定给出了方向。但这里需要注意的一点是"被追诉人自己所供述之罪行"与"刑事司法机关所指控之犯罪事实"在实践中并非完全一致，因为前者带有被追诉人对于自身行为是否属于犯罪之个人主观判断，而后者则基于刑事司法机关所掌控之证据之客观评价与主观评价。又因为被追诉人对于法律知识掌握和理解存在欠缺，因此，很难保证其所认罪之对象与刑事司法机关所指控之范围保持一致。难题便是对于"认罪"之评价究竟以被追诉人所供述之罪行为准还是以其对刑事司法机关所指控之犯罪事实的承认为准。这里应该是以后者为准，因为前者更应该被理解为是被追诉人之"坦白"行为。其并未直接涉及对于是否成罪以及可成何罪的判断，这也与整个认罪认罚从宽制度的协商一致之规定相吻合。最后，《指导意见》重申了对于"认罪"之主观方面的要求，即必须是"自愿"——"坦诚述说""真心实意"。任何非自愿情形下的"认罪"都不是认罪认罚从宽制度所讲之"认罪"。与此同时，《指导意见》还强调了对于"认罪"的把握应该是主客观相统一的。主观上的非自愿必然导致客观上法定的"不真实"，而客观上的不真实则可反推其主观上的非自愿。由此可知，主客观相统一对于"认罪"判断之重要性。

在理论层面，学者朱孝清指出，"认罪"是指犯罪嫌疑人、被告人自愿如实供述自己的犯罪事实，并承认自己的行为是犯罪。其要义一是自愿供述；二是认事，即如实供述犯罪事实；三是认罪，即承认自己行为的性质是犯罪。[1]此种理论认识既

---

〔1〕 朱孝清："认罪认罚从宽制度的几个问题"，载《法治研究》2016年第5期。

暗含承认了认罪认罚从宽制度所适用之阶段应不限于诉讼阶段，又将被追诉人之主观自愿性予以突出，同时还将认罪之对象进一步解释为犯罪事实及自身行为犯罪之性质。此种认知与刑事司法实践及法律等文件保持了一致性，只是在这里对被追诉人暗含了一种要求，即内心认可自身行为的犯罪属性，而这一认知对于被追诉人难免会有在一种"过高期望"之嫌。学者魏晓娜则对此作出了更深一步的探讨。其认为认罪认罚从宽制度下的"认罪"意味着对被指控犯罪事实的承认和叙述，并不当然包含对罪名的认同，因为罪名的认定归根结底属于法律适用问题。所以，如果供认了犯罪事实，但对认定的罪名不认同的，仍可构成"认罪"。这里便更进一步地对"认罪之对象"进行解释，即虽要求被追诉人对于被指控犯罪事实的承认，但并不排除其对所指控罪名的否认。与此同时，该学者还将认罪之形式化作为一个问题予以警示。其认为"认罪"是提供犯罪细节的"供述"，不能仅是形式化的宣布认罪，因为供述比形式性的认罪宣告更容易反映出犯罪人主观上的悔过态度。这既是追求查明案件真相所需，也可以避免认罪认罚从宽制度沦为应对案件压力的工具。[1]此警示对判断认罪之真实性提出了要求，而这恰恰又与被追诉人认罪之自愿性相关联，只有自愿性得到保证才能确保认罪之真实性。然而，认罪之自愿性并非其真实性的充分条件而只是必要条件，即认罪之真实性必然要求认罪之自愿性，而认罪之自愿性并不必然能够保证认罪之真实性。综合而言，这一探讨将对于"认罪"的理解和把握进一步推进到了对认罪之"自愿性"和"真实性"的判断层面。由此可见，无论是法律规定之层面还是理论研究之层面，对于"认罪"之

---

[1] 魏晓娜："完善认罪认罚从宽制度：中国语境下的关键词展开"，载《法学研究》2016 年第 4 期。

把握的核心共同指向了对于认罪之自愿性和真实性的判断问题，而司法实践也证明了保证自愿性与真实性对于整个认罪认罚从宽制度运行之重要性。

二、核心词汇之"认罚"

认罪认罚从宽制度的第二个核心词汇是"认罚"。《指导意见》中将认罪认罚从宽制度中的"认罚"，界定为犯罪嫌疑人、被告人真诚悔罪，愿意接受处罚。"认罚"，在侦查阶段表现为表示愿意接受处罚；在审查起诉阶段表现为接受人民检察院拟作出的起诉或不起诉决定，认可人民检察院的量刑建议，签署认罪认罚具结书；在审判阶段表现为当庭确认自愿签署具结书，愿意接受刑罚处罚。"认罚"考察的重点是犯罪嫌疑人、被告人的悔罪态度和悔罪表现，应当结合退赃退赔、赔偿损失、赔礼道歉等因素来考量。犯罪嫌疑人、被告人虽然表示"认罚"，却暗中串供、干扰证人作证、毁灭、伪造证据或者隐匿、转移财产，有赔偿能力而不赔偿损失，则不能适用认罪认罚从宽制度。犯罪嫌疑人、被告人享有程序选择权，不同意适用速裁程序、简易程序的，不影响"认罚"的认定。此规定首先将被追诉人之自愿性予以重申，进而将其作为"认罚"之要件，其次将"认罚"之表现形式依据刑事诉讼过程之不同阶段进行明确，最后对司法实务部门认定"认罚"时应当考虑的影响因素进行规定。

基于上述规定，我们可以对"认罚"进行如此把握和理解。"认罚"在不同的诉讼环节有不同的内容。易言之，"认罚"的内容是随着诉讼程序的推进而变化进而逐步具体、明晰的：在侦查和审查起诉环节，表现为自愿接受所认之罪带来的刑罚后果；在起诉阶段，表现为同意检察机关关于是否起诉以及量刑建议；在审判阶段，表现为服从法院所作出的判决。综合而言，"认罚"应该具有三个明显的特点：一是"认罚"必须以"自愿"为前提；二是"认罚"之内容的确定需要被追诉人与刑事司法机关之间经历一个互动的过程，并随着诉讼程序的推进而逐步具体、明晰，并最终落到实处；[1]三是对于"认罚"的把握同样也要从实体和程序两个层面进行。因为无论是起诉前依据法条或者先前判决可预测的量刑结果，还是起诉后公诉机关"就量刑种类和量刑幅度向法院提出的法律意见"，[2]均非通过审判程序得到的量刑结果，均非刑事司法部门所作出的最终实体裁判结果。由此，实体法中的"认罚"是随着诉讼阶段的推进而逐步具体、明确的，而程序法中的"认罚"并不是对最终量刑结果的认同，其实质是对公诉机关的量刑建议以及自己即将接受审判的事实不持异议的"意思表示"，而绝非是对于最终裁判结果的"接受"，这将对被追诉人是否行使上诉权产生直接影响。

基于上述分析可以推知，虽然《指导意见》对于目前的刑事司法实践起到重要的指导作用，但是理论界对于《指导意见》仍存在不一致的理解，而理论上的理解差异则导致了司法实践适用中的困境。

首先，从实体法层面而言，"认罚"应该表现为自愿接受所认之罪带来的刑罚后果。虽然可以根据刑事诉讼阶段的不同而逐步对其进行明确，但"认罚"最终必然要有一个明确的所指。至于是检察机关的"量刑建议"还是法院最终的"判决所定之刑"仍需深入探讨。如果是"量刑建议"，则存在法院判决与量

---

〔1〕　参见朱孝清："认罪认罚从宽制度的几个问题"，载《法治研究》2016年第5期。

〔2〕　陈瑞华："论量刑建议"，载《政法论坛》2011年第2期。

刑建议不一致之情形，一旦重于量刑建议，即使法定刑已存在从宽之考量，一方面被追诉人难免会对此难以接受而提起上诉，另一方面检察机关则可能据此而提出抗诉。如此非但没有实现认罪认罚从宽制度程序简化之目标，而且还可能增添法检矛盾，进而对审判中心之地位形成"威胁"。如果是"判决所定之刑"，则会对被追诉人之"承认程度"提出较高的要求，同时也会对检察机关之"量刑建议之能力"提出较高的要求，这必然导致在审判之前存在一种"沟通程序"，以便保证"认罚"与"判决之刑"的一致性。如此便会导致庭审之形式化，审判中心主义所倡导之"审判实质化"便会受到威胁。基于此，对于"认罚"之内容的把握绝非《指导意见》中按照不同诉讼阶段所进行的简单界定，因为如此界定对于实务中的适用仍欠缺可操作性或不统一性。据此，这是认罚所必须予以明确的，或者采取一种阶段化的视角对其进行细化，进而与"从宽"实现层次化的对应。而这又可能是一项非常繁琐的工程，先类型化再层次化最后还需结合具体案件之原则化才能真正完成这一界定。

其次，"认罚"是否必然包括退赃、退赔甚至是积极退赃、退赔这本身也存在一定的疑问。无赃可退、无钱可赔之情形的存在又是否必然否定对被追诉人"认罚"情形的认定？实践中，大量存在主观上愿意退赃退赔，但客观上却实在是无能为力之情形，对此究竟该如何认定？难道因此否定被追诉人主观认罚之积极性？这显然与认罪认罚从宽制度之本意相违背。因为一旦否定被追诉人之主观认罚，就必然会使其产生一种"客观认罚不能，则主观认罚无用"之"破罐子破摔"的消极状态。对于认罪认罚从宽制度的适用也会造成阻碍作用。面对此种困境，对认罚之主客观相统一的要求应该作一种更宽层面的理解，可以在认定其"认罚"的前提下将客观上能够退赃退赔之情形作为辅助性判断因素，即对两种不同情形予以区别对待。但如此一来，便需要承认"单纯之主观认罚"情形也属于"认罚"，而积极退赃、退赔并不能作为"认罚"认定之要件，只是其辅助性判断因素。虽然"客观认罚"不能作为认定要件而存在，但也要在区别对待时予以体现，即必然应该对"从宽"之幅度产生影响。而具体如何产生影响又是一个层次化或者区间化的划分过程，这又将转变为"认罚"与"从宽"之间衔接适用之难题。

再次，"认罚"中的处罚是仅仅局限于刑事司法过程中的刑事处罚，还是也应该包括其他性质的处罚措施也是一个值得深思的问题。如果将"认罪认罚从宽制度"作为一项刑事司法专属制度并只是应用于刑事司法过程中，最容易被人接受的一种观点便是这里的"所认之罚"只是刑事处罚。然而，有学者主张考虑到刑事司法过程中基于种种原因而导致案件发生程序转变之可能，这里的处罚应该包括行政甚至是民事方面的处罚，而这一观点有实体和程序两个方面的根据。第一，《刑法修正案（八）》和《刑法修正案（九）》将一些原本属于行政不法和民事不法的行为纳入刑法规范的范围。其立法本意并不在于对被追诉人的惩罚，而在于督促其履行相关义务和引导其社会行为进而解决社会问题。[1]第二，由于认罪认罚从宽的结果可能导致刑事诉讼程序的终止，此时对当事人的不法行为施加刑事处罚已无可能，为全面追究其法律责任，应当有其他性质的处罚

---

[1]　如《刑法》第 201 条第 4 款规定："经税务机关依法下达追缴通知后，补缴应纳税款，缴纳滞纳金，已受行政处罚的，不予追究刑事责任。而补缴应纳税款，缴纳滞纳金则是不追究刑事责任的条件。"

措施予以衔接。因此，认罚不应局限于刑事处罚。[1]但是，对于此种主张需要注意的一点是，在刑事司法过程中，刑事处罚可能存在与行政处罚、民事处罚相类似之手段，但此类手段在刑事司法过程中是否可以从性质上被直接界定为行政处罚和民事处罚则存在争议。更何况，既然刑法已经将其纳入刑事司法调整范围之内，根据罪刑法定之基本原则理念，其便不再是行政和民事两类领域调整之范围，又何谈对行政处罚和民事处罚之"认可或承认"？退一步讲，如果此种主张是恰当的，那么对于在什么情形下才会考虑到处罚性质之间的变化、如何实现处罚方式之间的衔接以及衔接对于认罪认罚从宽制度整体所产生的影响如何又是一系列值得深入探讨的问题。

最后，"认罪"与"认罚"是否必须成为"从宽"之共同前提，即在考虑"从宽"时是否要求"认罪"与"认罚"保持同步性，这仍然是一个适用难题。假如将"认罪认罚从宽"制度扩大适用到全部被告人认罪的案件，当然，这也是《指导意见》所给出的意见。那么，被追诉人能否保持"认罪"与"认罚"的同步性便可能存在问题。因为，从理论上讲，被追诉人"认罪"与"认罚"是两个性质截然不同的"供认"行为。通常而言，前者是指被追诉人对检察院指控的犯罪事实和罪名给予认可，后者则是指被告人对检察院提出的量刑建议不持异议。而经验表明，很多对指控罪名不持异议的被追诉人，对于自己可能受到的刑事处罚都是非常在意的，他们选择认罪本身就是为了追求最有利于自己的量刑裁决。更何况，那些被追诉人认罪的案件可能存在着多方面的量刑情节。尤其是在那些重大刑事案件中，被追诉人可能存在着自首、坦白、立功、主从犯、

---

〔1〕 魏晓娜："完善认罪认罚从宽制度：中国语境下的关键词展开"，载《法学研究》2016年第4期。

退赔、认罪悔罪、被害人过错、前科劣迹等多个法定或者酌定量刑情节，控辩双方很可能对是否认定这些情节都存在一定的争议。甚至是对于被告人自愿认罪这一事实本身究竟会对量刑造成多大程度的影响，控辩双方都可能存在一定程度的分歧。在此情况下，改革决策者如若非要将"认罪"与"认罚"强行联系在一起，在两者保持同步存在的情况下才给予从宽处理，这将大大限制这种制度适用的范围。[1]

不仅如此，改革者所设想的"认罪认罚从宽制度"，不仅将适用于审判程序，还将在审判前程序中加以贯彻，唯此方能吸引更多的嫌疑人、被告人尽早地选择自愿认罪，从而使案件进入简易程序的"快车道"。有鉴于此，在侦查、审查起诉阶段，被追诉人只能做出认罪或者不认罪的选择，而根本无法对"认罚"或者"不认罚"做出选择。[2]既然如此，再将"认罪"与"认罚"同时作为未来适用简易程序的前提条件就显得更加不合时宜。[3]而比较法的研究也足以说明，那种将"认罪"与"认罚"捆绑在一起的简易程序，在西方国家也是不存在的。根据大陆法国家的司法经验，除了那种适用于极轻微案件的处罚令程序以外，一般的简易程序往往都适用于被告人自愿认罪的案件，而不必建立在被告人认可检察院处罚意见的基础上。而在英美法国家，刑事审判程序本来就被区分为定罪裁判与量刑听证两个环节，被告人是否选择有罪答辩是进行审判程序分流

---

〔1〕 陈瑞华："'认罪认罚从宽'改革的理论反思——基于刑事速裁程序运行经验的考察"，载《当代法学》2016年第4期。

〔2〕 当然，这里可能排除了《指导意见》对侦查阶段认罚（即愿意接受处罚）之规定。

〔3〕 陈瑞华："'认罪认罚从宽'改革的理论反思——基于刑事速裁程序运行经验的考察"，载《当代法学》2016年第4期。

的唯一标准。[1]而一旦"认罪"与"认罚"之同步性并无强制性要求，那么"认罪认罚从宽制度"便可被简单地转变为"认罪从宽"和"认罚从宽"两种制度，但是单纯的"认罪"与"认罚"是否足可以担负起"从宽"之理由，"认罪从宽"与"坦白从宽"又将如何区别，这些都是需要考虑的问题。与此同时，由于"认罪"与"认罚"两个概念既相互独立又相互结合，又因为二者之间并不具有绝对一致性，即认罪不一定认罚，其存在"只认罪不认罚"和"既认罪又认罚"两种形式。对于"认罚但不认罪"之可能情形，其实质上是既不认罪又不认罚，与认罪认罚从宽制度之制度功能相违背，可以予以排除。但对于"只认罪不认罚"之情形，法律显然没有给出明确诠释，即使现实中存在制度分用之情形的实践，但是始终难以解决"认罪"与"认罚"不一致时的难题，而且还将面临如何对"只认罪不认罚"与"认罚从宽"进行区别对待，以及"认罪"与"认罚"何者对于刑事司法更为重要这两个难题。

三、核心词汇之"从宽"

认罪认罚从宽制度的第三个核心词汇是"从宽"。《指导意见》对于"从宽"同样作出了专门性规定，明确从宽处理既包括实体上的从宽处罚，也包括程序上的从简处理。"可以从宽"，是指一般应当体现法律规定和政策精神，予以从宽处理。但可以从宽不是一律从宽，对犯罪性质和危害后果特别严重、犯罪手段特别残忍、社会影响特别恶劣的犯罪嫌疑人、被告人，认罪认罚不足以从轻处罚的，依法不予从宽处罚。办理认罪认罚

---

[1] 陈瑞华："'认罪认罚从宽'改革的理论反思——基于刑事速裁程序运行经验的考察"，载《当代法学》2016 年第 4 期。

案件，应当依照刑法、刑事诉讼法的基本原则，根据犯罪的事实、性质、情节和对社会的危害程度，结合法定、酌定的量刑情节，综合考虑认罪认罚的具体情况，依法决定是否从宽、如何从宽。对于减轻、免除处罚，应当于法有据；不具备减轻处罚情节的，应当在法定刑幅度以内提出从轻处罚的量刑建议和量刑；对其中犯罪情节轻微不需要判处刑罚的，可以依法作出不起诉决定或者判决免予刑事处罚。

对于"从宽幅度"的把握，应明确办理认罪认罚案件，区别认罪认罚的不同诉讼阶段、对查明案件事实的价值和意义、是否确有悔罪表现，以及罪行严重程度等，综合考量确定从宽的限度和幅度。在刑罚评价上，主动认罪优于被动认罪，早认罪优于晚认罪，彻底认罪优于不彻底认罪，稳定认罪优于不稳定认罪。认罪认罚的从宽幅度一般应当大于仅有坦白，或者虽认罪但不认罚的从宽幅度。对犯罪嫌疑人、被告人具有自首、坦白情节，同时认罪认罚的，应当在法定刑幅度内给予相对更大的从宽幅度。认罪认罚与自首、坦白不作重复评价。对罪行较轻、人身危险性较小的，特别是初犯、偶犯，从宽幅度可以大一些；对罪行较重、人身危险性较大的，以及累犯、再犯，从宽幅度应当从严把握。

《指导意见》之规定明确了对于"从宽"的把握应该从实体与程序两个层面上进行，从宽不仅限于实体量刑上的"优惠"，还应该包括程序上的"简化"。这一规定也得到了理论界众多学者的支持。学者陈光中认为，认罪认罚从宽制度既是对我国宽严相济刑事政策的体现，又是对刑事诉讼程序的创新，其适用是一项系统工程，既有实体法和程序法的修改、完善，又有司法体制的建构、调整和发展。因此，其应"兼具实体从宽和程序从宽的法律效果"。[1]这一观点从制度构建层面阐述了制度自身之系统性，要求其兼具实体从宽与程序从宽两种法律效果。学者陈卫东则认为："司法改革顶层设计者提出完善认罪认罚从宽制度的改革举措，旨在推动刑事司法领域自上而下的体系化变革，建立和缓宽容、繁简分流的刑事司法制度，既有对刑事实体法的冲击和影响，也有对刑事诉讼程序多元化的更高要求。"[2]这一观点则从制度建设目的这一视角阐明要从实体法和程序法两个方面同时对"从宽"之要求予以回应。学者陈瑞华则认为，目前刑事程序法中的"从宽"除了兼有实体法中量刑从宽的内涵之外，主要是指刑事诉讼程序运行方式的从宽，即程序运行的迅速、不拖延，使被告人尽快脱离权利不稳定的状态。作为一种诉权制约裁判权模式的代表，被告人及其辩护人的简易程序选择权"对法院的裁判活动有决定性影响"。[3]这一观点则直接为程序从宽指明了含义，并且强调了简易程序选择权在程序从宽方面的价值和地位。法律赋予被追诉人以简易程序选择权，一旦被追诉人选择使用，并且经过形式审查，法院一般会按照简易程序展开庭审，以达到程序法中从宽的效果。但是，在此种意义上对于"程序从宽"方面的理解仍然仅仅是程序上的简化，而对于选择简化程序的被追诉人是否应从程序强制措施上和实体量刑上予以从宽回应却并未包含其中。学者李本森则对是否应予实体从宽回应给出了肯定回答。其认为："如果只从制度建构目的的角度分析，认罪认罚从宽制度至少应具有量刑减让的承诺，以区别于其他刑事简易程序。如果

---

〔1〕 陈光中、马康："认罪认罚从宽制度若干重要问题探讨"，载《法学》2016 年第 8 期。

〔2〕 陈卫东："认罪认罚从宽制度研究"，载《中国法学》2016 年第 2 期。

〔3〕 陈瑞华："辩护权制约裁判权的三种模式"，载《政法论坛》2014 年第 5 期。

从司法资源使用的角度分析，被告人因认罪而进入简易速裁程序，在客观上可以节省国家的司法资源，因此在量刑上得到优惠是正当的。"[1]

　　学者白月涛和陈艳飞则通过梳理司法实践中的从宽处罚发现，除刑法规定的实体从宽外，刑事诉讼法中涉及的从宽处罚均与被追诉人认罪、悔罪、赔偿、谅解等实体情节相挂钩，对于诉讼程序本身的简化能否给予被追诉人从宽利益，同样得出了"法律并未予以明确"的结论。[2]并进而认为，实体从宽处罚并不会带来诉讼程序的简化，而诉讼程序的简化并不必定带来处罚上的从宽。二者之间既不充分又不必要的相互关系，使诉讼程序简化的正当性基础遭受质疑，而这一质疑则凸显出了对于程序性从宽处罚探讨之必要性。现行从宽处罚司法实践中存在的问题也恰恰反映出，为实现实体从宽与程序从简的互补，我国刑事司法实践正呼唤一种于法有据的由程序简化带来的从宽处罚制度——程序性从宽处罚，即对于被追诉人认罪、认罚并选择或同意适用简化程序处理其所涉嫌犯罪的案件的，应当给予其更为宽缓的刑事处遇。此种从宽不仅包括裁判结果的从宽，还应包括强制措施的从宽和证据标准的从宽。换言之，程序性从宽处罚应作为认罪认罚从宽制度的规范化和法律化表现。具体而言，应表现为被追诉人在自愿认罪、认罚的基础上，通过让渡部分诉讼权利，选择与普通程序相比更为简单快捷的方式处理案件，以换取公安司法机关的从宽处罚。而公安司法机关基于对被追诉人认罪、认罚和选择或同意简化处理其案件的

---

　　[1] 李本森："法律中的二八定理——基于被告人认罪案件审理的定量分析"，载《中国社会科学》2013年第3期。

　　[2] 白月涛、陈艳飞："论程序性从宽处罚——认罪认罚从宽处罚的第三条路径探索"，载《法律适用》2016年第11期。

"奖励"，也应在强制措施、刑罚的确定上给予其更为宽缓的处遇，以充分体现实体上的从宽与程序上的从简。[1] 只有实体上的从宽往往会导致认罪认罚从宽与"坦白从宽"在从宽效果方面难以区分。认罪认罚从宽制度与其他从宽情形之特殊性就在于其所具有的程序性从宽。只有真正建立程序性从宽处罚，才能使其与实体性从宽相互结合，从而保证认罪认罚从宽制度之完整性，也才能真正吻合认罪认罚从宽制度改革目的的实现。基于此，认罪认罚从宽制度之"从宽"应该从实体从宽和程序从宽两个视角予以把握。

与此同时，《指导意见》还对"可以从宽"的理解进行了限定，即可以从宽并非一律从宽，并不具有必然性要求。一方面，《刑事诉讼法》第15条的认罪认罚"可以"从宽并不是可有可无、无关紧要的，而是带有明确倾向性的，即应当理解为一般应当从宽，即没有特殊理由的，都应当体现法律规定和政策精神，进而予以从宽。[2] 如果缺失这一倾向性的适用导向，认罪认罚从宽制度的实践性将被大大削弱。另一方面，必须根据犯罪的事实、性质、情节和对社会的危害程度，并结合法定、酌定的量刑情节，对认罪认罚的具体情况进行综合考虑，最终确定是否从宽。而这便为特殊性的适用提供了可能。其强调了"从宽"之适用的最终决定权在于对案件之特殊因素的综合考量，而绝不是单一因素可决定的。被追诉者认罪认罚的情形复杂多样，如有的被追诉者口头上认罪但在陈述案件事实时避重就轻，有的被追诉者表示认罪但屡犯不改，有的被追诉者口头

---

〔1〕 白月涛、陈艳飞："论程序性从宽处罚——认罪认罚从宽处罚的第三条路径探索"，载《法律适用》2016年第11期。

〔2〕 胡云腾：《认罪认罚从宽制度的理解与适用》，人民法院出版社2018年版，第79页。

上认罪但主观上的抗拒非常明显，有的被追诉者是否认罪认罚存在判断上的困难（如时供时翻等）、在可否因认罪认罚换来缓刑方面被追诉者的认罪认罚表现出明显的波动性，有的被追诉者认罪但不认罚等。[1]总体而言，被追诉者在认罪认罚的主动性、阶段性、充分性、稳定性等方面存在差异，难以确立认罪认罚的统一标准，并给予明确的规范评价。[2]正因为如此，《指导意见》对于"从宽幅度"在进行解释时指明，应当对认罪认罚的不同诉讼阶段、对查明案件事实的价值和意义、是否确有悔罪表现，以及罪行严重程度等予以区别，经综合考量进而确定从宽的限度和幅度，并对于一些特殊情形的从宽适用予以层次化和区别化的规定。"在许多情况下，机械地适用规则就意味着非正义。我们需要的是个别化的正义，也就好似说，正义的程度要适应单个案件的需要。只有通过裁量方能个别化正义目标。"[3]基于上述分析可知，"从宽"既要保持其理性化又要实现其层次化，即从宽处理既要被限制在合理的区间之内，又要根据认罪认罚的阶段、程度、态度、形式确定从宽的幅度，以实现区别化对待。

对于"从宽幅度"，虽然《指导意见》并未直接给出明确的适用建议，但我国的有关实体法内容的司法解释中也有相应的规定。如最高人民法院出台的《人民法院量刑指导意见（试行）》（2010年10月1日起试行）规定："对于当庭自愿认罪

---

〔1〕 王瑞君："'认罪从宽'实体法视角的解读及司法适用研究"，载《政治与法律》2016年第5期。

〔2〕 熊秋红："认罪认罚从宽的理论审视与制度完善"，载《法学》2016年第10期。

〔3〕 ［美］肯尼斯·卡尔普·戴维斯：《裁量正义》，毕洪海译，商务印书馆2009年版，第20页。

的，根据犯罪的性质、罪行的轻重、认罪程度以及悔罪表现等情况，可以减少基准刑的10%以下，依法认定自首、坦白的除外。"《最高人民法院关于常见犯罪的量刑指导意见》（2014年1月1日实施）规定："对于当庭自愿认罪的，根据犯罪的性质、罪行的轻重、认罪程度以及悔罪表现等情况，可以减少基准刑的10%以下。依法认定自首、坦白的除外。"与关于"自首""坦白""原则上自首可以减少基准刑的40%以上或者依法免除处罚，坦白可以减少基准刑的20%以下"的规定相比较，可以推知，犯罪嫌疑人、被告人认罪认罚的早晚成为影响量刑折扣高低的重要因素。然而，犯罪嫌疑人、被告人认罪认罚的早晚与其悔罪的程度以及再犯罪可能性的高低之间并不存在必然联系，量刑折扣的梯度规定更多的是从减轻公安司法机关负担的角度进行考虑的。显然，被追诉人越早认罪认罚，便越有利于公安司法机关处理案件，越有利于节省司法资源，进而也就越需要基于刑事政策给予其相应的奖励，即量刑折扣。[1]综合而言，"从宽幅度"的确定从理论上讲应该是认罪认罚早晚、悔罪程度、再犯可能性、形式以及罪行严重程度等因素综合作用的结果，但在刑事司法实务中司法机关可能更加注重其减轻负担这一价值。当然，这一价值的体现也往往是前述各种因素共同作用的结果，只是从这一价值予以评价更具直接性。

在英国，被告人在早期的一个合理时机答辩有罪，通常可获得1/3的量刑折扣，进入审判期后为1/4，在进入法庭时或在审判开始后为1/10。2010年10月，英国司法部建议将量刑折扣增至1/3~1/2，目的就是激励更多的被告人在更早的阶段答辩有罪，以便提高诉讼效率。但是，该建议却遭受了广泛的批评。

---

[1] 熊秋红："认罪认罚从宽的理论审视与制度完善"，载《法学》2016年第10期。

一个很重要的原因是一名严重的犯罪人可能因早早答辩有罪而获得低得多的量刑，而这却会损害公众对整个司法的信心。因此，2011 年 6 月英国政府便撤销了该建议。[1]除此之外，过大的量刑折扣对于被追诉人可能产生巨大的诱惑，甚至还可能刺激无辜者作出有罪答辩，同时还可能造成选择正式审判的被追诉人与答辩有罪的被追诉人在量刑上发生失衡，从而导致被追诉人在选择正式审判时便面临巨大的压力，最终因选择有罪答辩而错失正式审判之合法程序权利。因此，应当将从宽的幅度控制在合理的范围之内。从量刑理论和刑法基本理论来看，刑罚必须受到责任主义的约束，在量刑上差别对待的主要依据应该是犯罪人个人的有罪性和犯罪的严重性，过多地考虑认罪认罚在降低案件复杂程度和节约司法资源方面的价值，给予认罪认罚过大的量刑折扣刺激，将使裁判结果背离罪刑相适应的基本原则。简而言之，政策性的考量不应逾越刑事法治的基本原则，进而动摇刑罚正当性的根基。英国学者认为："尽管还没有一条普遍接受的标准来对判决进行衡量，但大部分司法审判还是期待着判决能够反映犯罪者的个性特征，即他到底做了什么。此外的目标可能是惩罚、改过自新或者威慑。"[2]"如果罪犯把减刑的裁决当作奖励，或者受害者或公众把它视为不公正的仁慈（似乎事实就是这样），那么审判所要实现的更广泛的目标就打了折扣。"[3]

---

〔1〕 See Sally Lipscombe and Jacqueline Beard, "Reduction in Sentence for a Guilty Plea", http://researchbriefings. files. parliament. uk/documents/SN05974/…, last visit on July 9, 2016.

〔2〕 ［英］麦高伟、杰弗里·威尔逊主编：《英国刑事司法程序》，姚永吉等译，法律出版社 2003 年版，第 336~337 页。

〔3〕 ［英］麦高伟、杰弗里·威尔逊主编：《英国刑事司法程序》，姚永吉等译，法律出版社 2003 年版，第 338 页。

综上所述，"从宽"在认罪认罚从宽制度适用过程中通常而言应该被视为一种原则，但对于"从宽幅度"则是既要有但又不要太大，以免制度适用招致"不公正"的广泛评价，进而有损整个认罪认罚从宽制度之实践价值，最终影响到制度推进之正当性。

第四章 认罪认罚从宽制度之实践问题与理论误区

认罪认罚从宽制度之试点及运行，依托于国家政策、法律之规定，融合众多理论之主张，使其在整个过程中呈现出一种理论与实践较为完美的结合——目的价值与实践价值的统一——节省司法资源、降低诉讼成本、提升诉讼效率。但与此同时，基于理论之多元化进而导致司法实践之异向性，最终也使得整个认罪认罚从宽制度实践问题丛生，而这些问题的症结却在于制度设置偏重于效率提升这一理论误区。

一、认罪认罚从宽制度实践问题丛生

认罪认罚从宽制度虽然有最新的《指导意见》作为实施依据，但是由于《指导意见》对于某些问题的规定仍过于原则甚至存在缺失的情形，实践中仍是问题丛生。这些问题贯穿于整个实施过程，涉及被害人（方）合法权益保障问题、律师参与问题、检察权与审判权关系问题、适用阶段问题、具结书效力问题、自愿性与真实性判断问题、定罪协商问题以及证明标准问题。这些问题共同导致认罪认罚从宽制度之适用困境，也必然会对整个制度的进展产生阻碍。

（一）被害人（方）合法权益保障之权衡与设计

在很长一段时期内，谈及刑事司法，很多学者所关注的焦点都是如何保护被告人，却忽略了在绝大多数犯罪案件中〔排

除那些没有直接被害人（方）的犯罪案件〕必然存在犯罪人、被害人（方）及其之相互关系，而对于被害人（方）及被害人（方）与犯罪人之间关系的忽视，则必然会影响到对于被告人刑事责任的设计与判定。而随着西方刑罚民粹主义思潮在世界范围内兴起，理论界开始重新考虑和审视被害人在整个刑事司法架构中的重要地位。[1]在刑事案件中所谓的被害人问题，至少需要考虑三个层面的内容：一是被害人（方）在整个国家刑事诉讼权力结构中的相对位置安排，即刑事诉讼权力结构中被害人（方）的地位；二是被害人（方）之于犯罪人刑事责任的影响，即被害人（方）的意见对于犯罪人之定罪量刑发挥作用之强弱大小；三是被害人（方）的权利保护，即被害人（方）合法权利诉求的保护措施等的安排。但通过相关文献研究的梳理可知，目前关于认罪认罚从宽制度的研究中，被害人（方）在刑事诉讼权力结构中的位置安排与普通程序和制度并无太大差异，只是规定被追诉人认罪认罚及具结书的签署应听取被害人（方）的意见。并且，被害人（方）的意见并不会对认罪认罚从宽制度的适用产生决定性的影响。对于被害人（方）合法权利的保护也仅限于听取其意见而已。由此可见，在认罪认罚从宽制度安排上，对被害人（方）合法权益保障的重视程度存在不足甚至忽略的倾向。因为，认罪认罚从宽制度本身可能更倾向于对被追诉人利益保障之考虑，因此在探讨制度建设时更多的是从被追诉人权益保护这一视角展开，而对于被害人（方）合法权益的保障则存在一定程度的忽视。《指导意见》对被害方权益的保障问题也进行了规定，主要涉及听取被害方意见、促

---

〔1〕 参见冯卫国、张向东："被害人参与量刑程序：现状、困境与展望"，载《法律科学》2013年第4期；李奋飞："刑事被害人的权利保护——以复仇愿望的实现为中心"，载《政法论坛》2013年第5期。

进和解谅解以及对于被害方异议的处理等方面。

首先，规定要求听取被害方的意见。如果在认罪认罚从宽制度实践中完全不给予被害人适度的活动空间，可能会导致特定案件被害人的强烈反弹。[1]因为没有被害方参与的认罪认罚从宽制度的适用，其实质上是对被害方合法权益的剥夺，是一个将诉讼效率远重于公平正义的司法过程，其获得的裁判结论必然毫无公信力可言。因此，《指导意见》第16条规定，办理认罪认罚案件应当听取被害人及其诉讼代理人的意见，并将犯罪嫌疑人、被告人是否与被害方达成和解协议、调解协议或者赔偿被害方损失，取得被害方谅解，作为从宽处罚的重要考虑因素。人民检察院、公安机关听取意见情况应当记录在案并随案移送。在美国的辩诉交易过程中，"根据美国司法部的统计，29个州已经要求在辩诉交易阶段检察官必须与被害人进行协商并且获得他们对辩诉交易的看法"。[2]换言之，在美国这29个州进行辩诉交易必要征求被害人的意见，检察官与被害人的这种协商是带有强制性的，否则法院可能会对答辩协议作出不予接受的决定。《美国刑事诉讼法》第60条（a）对被害人的权利作出了一般规定，赋予了被害人通知程序进展的权利、参加诉讼权和发表意见权，即犯罪的庭审情况要通知被害人，保证被害人全程参与庭审以及在释放、答辩与量刑中发表意见的权利。[3]被害人能够在量刑阶段提交被害人影响陈述，向法庭表明其因犯罪

---

〔1〕　陈卫东："认罪认罚从宽制度试点中的几个问题"，载《国家检察官学院学报》2017年第1期。

〔2〕　卢莹："美国辩诉交易制度中被害人占有一席之地"，载《检察日报》2018年7月24日。

〔3〕　参见世界各国刑事诉讼法编辑委员会：《世界各国刑事诉讼法·美洲卷》，中国检察出版社2016页。

行为的侵害，被害人个人及其家庭所遭受的精神和物质上的损失。[1]这些权利的赋予能够保证被害人的合理要求能够得到充分反映，并获得整个辩诉交易过程和法院裁判结论的重视。根据《英国检察官守则》的规定，检察官在决定是否接受认罪答辩时，应当确保认罪答辩要考虑被害人的利益，以及在可能的情况下考虑受害人家属的意见，并适当考虑公共利益的需求，但最终的决定权还是在检察官手中。[2]此规定同样强调了对于被害人一方利益的重视，其考虑范围涉及被害人本人、被害人家属甚至公共利益。法国有关法律规定，被害人应当在第一时间通过各种途径获知庭前认罪答辩程序的启动，受邀与被告人同时到庭，必要时可有律师陪同。在此期间，可以就其损失提出赔偿要求，由法官作出裁决。[3]总而言之，美国辩诉交易制度中被害人享有知悉权、出庭权、参与诉讼程序权、快速终结诉讼权、财产请求权等广泛的权利，但无权阻止辩诉交易。被害人如果不满控方在辩诉协议中的承诺，有权向法官提出独立于检察官的量刑建议，法官在量刑时必须加以考虑。[4]

法国的这一法律规定则是在认罪答辩阶段赋予被害人合法参与权和申请赔偿权，允许其通过提出赔偿要求进而平衡和左右法官的最终裁判。德国则设立辅助起诉人制度，在已经提起的公诉程序中，刑法典中特别规定的违法行为的被害人或其家属有权在程序的任何阶段提起附诉，辅助起诉人参与的范围相

---

〔1〕 ［美］爱伦·豪切斯特勒·斯黛丽、南希·弗兰克：《美国刑事法院诉讼程序》，陈卫东、徐美君译，中国人民大学出版社 2002 年版，第 571 页。

〔2〕 "Code for Crown Prosecutors: Section 9.5", http://www.cps.gow.uk/publications/code_ for_ crown_ prosecutors/guiltypleas. html, last visit on 2019-03-05.

〔3〕 陈严法：《认罪认罚从宽制度研究》，法律出版社 2017 年版。

〔4〕 祁建建：《美国辩诉交易研究》，北京大学出版社 2007 年版，第 151~156 页。

当于检察院。[1]此项制度保证了被害人能够切实参与到公诉案件中，并且被害人作为起诉之辅助人无须承担较重的维持公诉责任之任务。由此可知，美、英、法、德等国家在其相关制度中均对被害人一方的合法权益予以重视和保护，均涉及被害人一方之协商程序的合法参与权以及合理诉求表达权，只是在是否影响法院之最终裁判结果方面可能存在一定的差异。但至少使被害人一方获得了相对公平的权利。而我国《指导意见》这一条款的规定则只是给刑事司法机关附加了听取被害人（方）意见的义务，但对于被害方意见的价值或效力究竟如何并未予以明确，而仅仅是将其作为重要考虑因素而已。

其次，《指导意见》还要求积极促进双方的和解与谅解。对符合当事人和解程序适用条件的公诉案件，犯罪嫌疑人、被告人认罪认罚的，人民法院、人民检察院、公安机关应当积极促进当事人自愿达成和解。对其他认罪认罚案件，人民法院、人民检察院、公安机关可以促进犯罪嫌疑人、被告人通过向被害方赔偿损失、赔礼道歉等方式获得谅解，被害人（方）出具的谅解意见应当随案移送。人民法院、人民检察院、公安机关在促进当事人和解谅解过程中，应当向被害人（方）释明认罪认罚从宽、公诉案件当事人和解适用程序等具体法律规定，充分听取被害方意见，符合司法救助条件的，应当积极协调办理。这一条款的规定同样是对刑事司法机关附加了义务，包括促进和解与谅解的义务、向被害人（方）释明法律的义务、协调办理司法救助的义务等，但对于被害人（方）利益的保护仍仅限于所受损失之恢复的考虑，而对其（尤其是未成年人受害人）

---

[1]　[德]魏根德：《德国刑事诉讼法典》，岳礼玲、林静译，中国检察出版社2016年版。

生理、心理、精神等方面的救济则考虑不足。这与对被追诉人（未成年人）生理、心理、精神等方面保护考虑之周到形成了鲜明对比。因此，有学者主张凡是对于有自然人被害人的案件，因犯罪行为造成被害人的人身伤害、财产损失的，在认罪协商时应当征得被害人的同意。其重要前提条件就是应当由被告人对被害人在精神、物质两个方面予以补偿，被害人同意并且愿意接受赔礼道歉和物质补偿。[1]应把被害人（方）谅解作为被追诉人认罪悔罪真实意思表示的附加条件。这不仅有益于修复社会关系，更是恢复性司法的应有之义，且该项条件的纳入不论是在制度设计的合理构建上，还是在实体正义的实现上，均有其必要性。一是应将既认罪又认罚与只认罪不认罚区分开来，而如何界定"认罚"则成了启动该制度的决定性因素。二是保证实体正义的相对平衡。如果对于被追诉人都实行值班律师强制辩护制度，那么对于被害人为何不能提供免费的法律服务。[2]只有将被害方同意作为认罪认罚从宽制度适用之前提，才能最大限度地保障其合法权益。当然，对此建议同样存在着截然相反之主张，因为一味地坚守"被害方同意"可能会导致认罪认罚从宽制度适用率大大降低。而有学者主张不反对被害人（方）的参与，但这种参与应该是受到严格限制的（限于谅解权、知情权和建议权），否则协商的过程很可能蜕变成纯粹的民事赔偿过程，而付出的代价将会是牺牲国家对犯罪的有效追诉和对被告人的权利保障。

最后，《指导意见》规定了刑事司法机关对于被害方异议的

---

〔1〕 陈国庆："试论构建中国式的认罪协商制度"，载《环球法律评论》2006年第5期。

〔2〕 黄艾婧："两岸比较视野下认罪认罚从宽制度中的被害人保护"，载《人民检察》2019年第14期。

处理，对上述问题予以回应。被害人（方）及其诉讼代理人不同意对认罪认罚的犯罪嫌疑人、被告人从宽处理的，不影响认罪认罚从宽制度的适用。犯罪嫌疑人、被告人认罪认罚，但没有退赃退赔、赔偿损失，未能与被害方达成调解或者和解协议的，从宽时应当予以酌减。犯罪嫌疑人、被告人自愿认罪并且愿意积极赔偿损失，但由于被害方赔偿请求明显不合理，未能达成调解或者和解协议的，一般不影响对犯罪嫌疑人、被告人从宽处理。这一条款的规定直接明确了被害方异议之地位，并非适用认罪认罚从宽制度的必要条件，并不能对认罪认罚从宽制度的适用起到决定性作用，其地位只是制度适用的考虑因素之一。正如学者卞建林所言，在犯罪嫌疑人、被告人的认罪认罚过程中，并不涉及被害人的处置权，因此被害人的因素不应当成为认罪认罚从宽制度的约束性因素，[1]并且现实司法实践中也确实如此。第一，听取被害人意见的程序规定较为原则，实践中甚至直接将听取变为告知，导致这一程序流于形式。第二，赔偿、谅解情节的量化标准缺失，从宽幅度也缺乏明确规定。第三，对有被害人的案件在适用认罪认罚从宽制度时出现尽量规避的情形。第四，制度适用时保护对象存在倾斜，以"激励性条款"鼓励被追诉人进行积极赔偿，进而保障符合条件的被追诉人获得从轻处罚的权利。第五，刚性效力仍略显不足。虽然未和解情形被列在适用速裁程序的负面清单中，但该项规定对被追诉人而言并非是一种"惩罚性措施"。因为办理未和解案件，检察机关或法院仍然可以依据刑事诉讼法的其他规定，建议或者决定适用简易程序进行审理，被追诉人"从快处理"的请求在某些情况下仍可得到实现。由此可见，被追诉人认罪

---

〔1〕 卞建林：《诉讼法学研究》（第22卷），中国检察出版社2018年版，第173页。

认罚便有可能获得从宽处理，被害人的同意并非适用认罪认罚从宽制度的必要条件，被追诉人向被害人（方）道歉、赔偿的积极行为也并非获得从宽优惠的必经之路。[1]

但在此之外，规定进一步将被追诉人自愿认罪并积极赔偿损失情形之下的不利点完全归咎于被害人（方），只要被害方赔偿要求明显不合理便不会对制度之适用产生任何阻碍。由此可推知，立法设置认罪认罚从宽制度的目的重点不在于实现个案正义，其根本目的是通过提高刑事诉讼效率，实现刑事诉讼的整体正义。但如果个案正义得不到应有的重视，个案之被害人基于"个体报复本能"很难接受对被追诉人适用认罪认罚获得从宽的结果。而对于何为"被害方要求明显不合理"，这又将转化为一个需要具体化明晰化的任务或者又将归于刑事司法机关自由裁量之范围。因为不同的受害方对于赔偿之诉求是完全不同的，对于同一罪名下所造成的相同层次的人身伤害，有的被害人（方）可能只需要进行物质赔偿即可，有的可能需要精神赔偿（赔礼道歉），有的则可能根本不要求任何赔偿而只是希望被追诉人获得法律应有的制裁。但如何能够判断哪一种要求是不合理的呢？如果法律无法予以明晰化，则始终是一个适用难题。在我国台湾地区的协商程序中，虽然认罪协商程序的启动不以被害人同意为前提，但是认罪协商的达成须以被害人（方）合意为必要条件。其认罪协商程序启动前需要开展协商工作，虽然协商工作是否开展不以被害人同意为前提，但协商程序能否达成却依赖于被害人谅解的意思表示。当检察官与被告人就与被害人（方）息息相关的问题进行协商时，应以三方合意为前提，此时被害人（方）处于主导地位，若其不接受被告人的

---

[1] 黄艾婧："两岸比较视野下认罪认罚从宽制度中的被害人保护"，载《人民检察》2019年第14期。

道歉或者对被告人能够先行支付的赔偿金额不满，则意味着协商程序无法进入审判阶段。[1]

与此同时，还必须注意被害人（方）对于被追诉人可能存在两种截然不同的态度，作为刑事司法机关应该理性分析。一种是被害人（方）要求严惩被追诉人的情形。具体到认罪认罚从宽制度的适用，对于被害人（方）反对从宽处理并要求严惩被追诉人等类似意见，法院要理性区分被害人（方）的表达是复仇意愿的宣泄，是理性的诉求，是对受害事实的控诉，还是为了加大与被追诉人谈判的筹码。对于被害人情感上的宣泄，法官可以予以理解、尊重，但是否听取、听取多少，要具体结合被告人的行为恶性、事后悔改态度等因素进行考量。被害人（方）的"愤怒"不应成为被追诉人加重刑事处罚的缘由。[2]一种是被害人（方）要求从宽处罚被追诉人的情形。尤其是在严重的刑事犯罪案件中，被害人（方）的追求与国家的追求可能存在较大差异，被害人往往会从自己的角度出发考虑自己的复仇愿望是否得到满足、经济损失是否得到弥补，而国家还要考虑法律规范的实施、法律尊严的维护以及法的一般预防功能的实现。但是，无论哪一种情形，作为刑事司法机关一定要注意区分被害人的谅解意见是建立在何种基础之上。被害人（方）是被犯罪嫌疑人、被告人的悔罪态度所打动，还是出于对犯罪嫌疑人、被告人身世、境遇的同情，抑或为了换取经济赔偿的无奈选择？实践中附带民事诉讼赔偿数额较低且经常难以执行到位，而国家对被害人（方）的救助也可能只是杯水车薪（有

---

〔1〕　黄艾婧："两岸比较视野下认罪认罚从宽制度中的被害人保护"，载《人民检察》2019 年第 14 期。

〔2〕　参见张明楷：《责任刑与预防刑》，北京大学出版社 2015 年版，第 306～307 页。

时甚至难以兑现），被害人（方）为了获得赔偿——很多时候获得赔偿意味着得到了救命钱——而不得不"谅解"被告人。在意识到被害人拥有决定犯罪人命运的大权后，加害人及其社会关系网络也会想方设法（如采取威胁、引诱、说情等手段）谋求与被害人达成协议。[1]面对现实，我们不能指责为了获得赔偿而提出谅解意见的被害人（方），但被害人（方）真诚的谅解与无奈的谅解对量刑幅度的影响应有区分，否则便容易导致被告人恃钱傲法、不思悔改，给社会民众造成"花钱买刑""司法不公"的印象，同时导致国家利益和社会利益受损。[2]

更进一步，认罪认罚从宽制度适用之协商主体是否应该仅限于代表国家权力之刑事司法机关与被追诉人两方？如果从传统的刑法理论分析，犯罪行为所触犯的是国家所保护的法律关系，因此将协商主体限于二者并无不当。并且，按照新的"认罪认罚从宽"的改革思路，被告人是否"认罪"和"认罚"是确定对其"宽大处理"的前提条件。而那种为吸引被告人认罪而创立的"认罪协商"制度，其实也是将公诉方与被告方的协商和妥协作为这一改革的核心环节。如此一来，被告人的权利得到了前所未有的强化，被告方与公诉方的协商成了这一改革思路的核心环节。[3]但是从犯罪行为所触犯利益之渊源考查分析，在国家救济尚未出现之前，"犯罪行为"首先破坏的是与被害方之间的关系，需要恢复的社会关系也首先应该是与被害方

---

〔1〕 李翔："重罪案件刑事和解与刑法基本原则的价值冲突及融合"，载《北方法学》2013年第5期。

〔2〕 参见刘思齐："论司法正义视角下的被害人量刑意见"，载《甘肃社会科学》2015年第6期。

〔3〕 陈瑞华："'认罪认罚从宽'改革的理论反思——基于刑事速裁程序运行经验的考察"，载《当代法学》2016年第4期。

的关系，其恢复要求应该是私力救济之"以牙还牙，以血还血"的公平观念。如果新刑事诉讼法中尊重与保障人权之观念的实践对被告人呈现出过分尊重与偏向，便易引发社会及被害人不满。因而对被害人的保护，尤其是存在未成年被害人时，更应落实双向、同等保护的理念。恢复性司法以被告人与被害人关系得以恢复为目的，认罪认罚从宽制度在对被告人从宽的同时，应兼顾被害人的权益。在英国，"如果案件属于谋杀罪、强奸罪、抢劫罪等严重犯罪，并且该案件的量刑决定由刑事法院作出，则自该决定作出之日起28日内，任何人有权申请总检察长办公室审查该量刑决定。总检察长办公室审查之后将审查意见呈交上诉法院，上诉法院有权维持原判、拒绝听审该案件，或者在认为原量刑畸轻时提高量刑"。[1]基于此，需要将被害方纳入协商主体范围之内，并且仅仅听取其意见是远远难以满足其真实诉求的，因而必须将其意见作为认罪认罚从宽制度适用之必要条件，才能最大限度地体现被害人的利益。然而，一旦如此，可能会导致司法裁判被被害人意志所绑架，而且整个认罪认罚从宽制度之适用范围也可能会面临大大限缩之现实。综合而言，这一问题是必须予以明确的。

（二）律师（值班与辩护）参与方面的问题

认罪认罚从宽制度中有关律师的规定，主要集中在对被追诉人权益的保障方面，包括获得法律帮助权、设置值班律师以及其相关职责等。

第一，获得法律帮助权。人民法院、人民检察院、公安机关办理认罪认罚案件，应当保障犯罪嫌疑人、被告人获得有效法律帮助，确保其了解认罪认罚的性质和法律后果，自愿认罪

---

[1] 裴炜："英国认罪协商制度及对我国的启示"，载《比较法研究》2017年第6期。

认罚。犯罪嫌疑人、被告人自愿认罪认罚，没有辩护人的，人民法院、人民检察院、公安机关（看守所）应当通知值班律师为其提供法律咨询、程序选择建议、申请变更强制措施等法律帮助。符合通知辩护条件的，应当依法通知法律援助机构指派律师为其提供辩护。人民法院、人民检察院、公安机关（看守所）应当告知犯罪嫌疑人、被告人有权约见值班律师，获得法律帮助，并为其约见值班律师提供便利。犯罪嫌疑人、被告人及其近亲属提出法律帮助请求的，人民法院、人民检察院、公安机关（看守所）应当通知值班律师为其提供法律帮助。

第二，派驻值班律师。法律援助机构可以在人民法院、人民检察院、看守所派驻值班律师。人民法院、人民检察院、看守所应当为派驻值班律师提供必要的办公场所和设施。法律援助机构应当根据人民法院、人民检察院、看守所的法律帮助需求和当地法律服务资源，合理安排值班律师。值班律师可以定期值班或轮流值班，律师资源短缺的地区可以通过探索现场值班和电话、网络值班相结合，毗邻人民法院、人民检察院设置联合工作站，省内和市内统筹调配律师资源，以及通过建立政府购买值班律师服务机制等方式，保障法律援助值班律师工作有序开展。

第三，值班律师的职责。值班律师应当维护犯罪嫌疑人、被告人的合法权益，确保犯罪嫌疑人、被告人在充分了解认罪认罚性质和法律后果的情况下，自愿认罪认罚。值班律师应当为认罪认罚的犯罪嫌疑人、被告人提供下列法律帮助：提供法律咨询，包括告知涉嫌或指控的罪名、相关法律规定，认罪认罚的性质和法律后果等；提出程序适用的建议；帮助申请变更强制措施；对人民检察院认定罪名、量刑建议提出意见；就案件处理向人民法院、人民检察院、公安机关提出意见；引导、帮助犯罪嫌疑人、被告人及其近亲属申请法律援助；法律法规规定的其他事项。值班律师可以会见犯罪嫌疑人、被告人，看守所应当为值班律师会见提供便利。危害国家安全犯罪、恐怖活动犯罪案件，侦查期间值班律师会见在押犯罪嫌疑人的，应当经侦查机关许可。自人民检察院对案件审查起诉之日起，值班律师可以查阅案卷材料、了解案情。人民法院、人民检察院应当为值班律师查阅案卷材料提供便利。值班律师提供法律咨询、查阅案卷材料、会见犯罪嫌疑人或者被告人、提出书面意见等法律帮助活动的相关情况应当被记录在案，并随案移送。

第四，法律帮助的衔接。对于被羁押的犯罪嫌疑人、被告人，在不同诉讼阶段，可以由派驻看守所的同一值班律师提供法律帮助。对于未被羁押的犯罪嫌疑人、被告人，前一诉讼阶段的值班律师可以在后续诉讼阶段继续为犯罪嫌疑人、被告人提供法律帮助。

第五，拒绝法律帮助的处理。犯罪嫌疑人、被告人自愿认罪认罚，没有委托辩护人，拒绝值班律师帮助的，人民法院、人民检察院、公安机关应当允许，记录在案并随案移送。但是，在审查起诉阶段签署认罪认罚具结书时，人民检察院应当通知值班律师到场。

第六，辩护人职责。认罪认罚案件犯罪嫌疑人、被告人委托辩护人或者法律援助机构指派律师为其辩护的，辩护律师在侦查、审查起诉和审判阶段，应当与犯罪嫌疑人、被告人就是否认罪认罚进行沟通，提供法律咨询和帮助，并就定罪量刑、诉讼程序适用等向办案机关提出意见。

虽然《指导意见》对于律师方面的规定较为详细，但是认罪认罚从宽制度的实施过程中仍然面临众多问题。律师价值的发挥需要其充分参与到整个案件过程中，这是其真正发挥价值之前提。无论《指导意见》赋予其何种权利与职责，均需保证其充分参与权。但是，在现实司法实践中，律师参与案件以及发挥其价值仍受制于众多因素。

首当其冲面临的一个问题便是值班律师制度存在供给不足、[1]经费保障不足等问题，进而导致其参与不足。[2]各地各级行政区域内的律师数量存在巨大差异，这往往与经济发展水平和法治发展水平存在关联性，而经济和法治发展相对落后地区的律师数量往往难以直接满足该地区的法律服务需求，法律制度改革所新派之任务则更可能陷于捉襟见肘之窘境。各地派驻值班律师的经费来源往往存在巨大差异，有的地区由司法局从法律援助经费中直接安排支出，有的则由检察院或法院以购买服务的方式支出，通常没有专门的地方财政预算对其予以保障，进而导致经费保障好的地方律师参与度高，经费不到位的地方律师积极性较差。[3]进一步具体到案件参与问题，以刑事速裁程序为例，其作为一种相对简易之程序，其过程往往省略法庭调查环节和法庭辩论环节，在程序简化之前提下确保被追诉人获得有效的法律帮助既是保障被追诉人认罪认罚自愿性、真实性的需要，也是程序正义要求的底线。从认罪认罚从宽制度的试点情况来看，对于自己没有聘请律师的犯罪嫌疑人，检察官的通常做法是通知值班律师为其提供相应的法律帮助。从形式上而言，检察官的这种做法为被追诉人获得法律帮助的权

---

[1] 认罪认罚案件数量大幅上升而值班律师人数和在岗时间难以满足需要。

[2] 如在认罪认罚案件中，律师放弃阅卷和单独会见的权利，有的律师未详细解读法律适用，仅进行形式化签字，为求完成工作，一味认同量刑建议；有的律师缺乏办案经验，难以有效开展量刑协商。（黄世钊："全国人大代表莫华福建议：出台法律援助律师工作办法　推进认罪认罚从宽制度落实"，载《广西法治日报》2020 年 5 月 25 日。）

[3] 黄世钊："全国人大代表莫华福建议：出台法律援助律师工作办法　推进认罪认罚从宽制度落实"，载《广西法治日报》2020 年 5 月 25 日。

利提供了一定保障，但在值班律师提供法律帮助之前并没有赋予其熟悉案情、提前会见、阅卷等履职所必需的诉讼权利，进而导致其准备工作并不充分，公安司法机关同样也没有为值班律师履行职责提供充分的便利条件。

不仅如此，一些案件还可能因故导致律师刑事辩护的难度加大。一是随着刑事司法过程同步录像要求的提出，个别地方仍存在强迫被追诉人对着镜头演练随后再录音录像的作假现象；二是个别案件中仍存在抓证人现象，使证人证言与被追诉人之口供完全一致，导致法院很难识破其真实性；三是有的案件中存在被追诉人一方被迫退赃的现象，办案人员基于某种考虑迫使被追诉人家属必须退赃。这些案件中的口供录像、证人证言、退赃行为往往可以形成证据链，促使法院倾向于认定构成犯罪，如此便导致律师辩护的难度增大，而这便要求提供法律服务的律师必须是经验丰富的律师。[1]因此，值班律师面临的首要问题是要么无法参与，要么参与度不高。这最终必然会导致整个认罪认罚从宽制度因正当性缺失而实施受阻。

第二个问题是值班律师、辩护律师提供法律服务的功能出现异化，进而使其价值遭受质疑。认罪认罚从宽制度的实施与推进背后是各种力量相互妥协的结果，随着审判中心主义的改革以及检察机关"反贪反渎"部门的转隶完成，检察机关的职权进一步受到"压缩"，而认罪认罚从宽制度的实施在很大程度上更多地倚重于检察机关。但由于整个检察机关对自身在认罪认罚从宽制度实践中该担当何种角色都可能存在疑虑，所以目前检察官对自己在认罪认罚案件中应当扮演的司法官角色也缺乏更加清晰的认知。在制度实际运行过程中，存在众多检察官

---

[1] 祁建建："'认罪认罚从宽制度中的律师'研讨会综述"，载《中国司法》2016年第7期。

在签字时才通知值班律师到场的现象，值班律师则只是对犯罪嫌疑人认罪认罚的自愿性起到见证作用。而如此的在场见证，其价值不在于为犯罪嫌疑人提供法律帮助，而是在于对检察机关具结书签署的配合。甚至存在个别值班律师和法院共同给被追诉人"做工作"使其认罪认罚的现象，这一角色的功能异化，使其难以为被追诉人提供实质意义上的法律帮助。因此，有学者将值班律师实际发挥的作用称为"为检察机关认罪、量刑协商的合法性背书"。[1]由此，值班律师不仅成了消极的见证人，甚至还沦为公权力的合作者，严重破坏了被追诉人对值班律师的信任，[2]从而无法有效地保障被追诉人认罪认罚的自愿性和认罪认罚具结书内容的真实性、合法性。

除此之外，辩护律师因制度相关程序之要求使其价值受到了质疑。一方面，基于认罪认罚从宽制度实施程序之要求，法庭不再是辩护律师的主战场，其辩护的关口前移至案件的审查起诉阶段。在被追诉人出具了认罪认罚具结书的法庭上，辩护人原则上已经不能对公诉人在认罪认罚前提下所制定的量刑建议即有罪的证据、事实提出实质性的异议，其一旦对具结书提出异议，便可能直接致使公诉机关撤销原量刑建议而重新提出较高的量刑建议。此时，如果辩护律师无视认罪认罚具结书的存在而继续为被追诉人做无罪或罪轻辩护，其辩护结果存在不确定性，而且其辩护往往达不到维护当事人合法权益的目的，最终的结果很可能是既得不到公诉人和法庭的尊重，也得不到当事人的理解。如此尴尬的境地往往会迫使辩护律师并非真正为了被追诉人之利益而进行辩护，而只是在配合法庭之审判程

---

〔1〕 闵春雷："认罪认罚案件中的有效辩护"，载《当代法学》2017年第4期。

〔2〕 杨波："论认罪认罚案件中值班律师制度的功能定位"，载《浙江工商大学学报》2018年第3期。

序而已。因为认罪认罚从宽程序的法庭，不再是具有严格意义对抗性的法庭，而是变成了"和谐的法庭"。另一方面，根据《指导意见》之规定，法官对于检察机关的量刑建议"一般应当"予以采纳，虽然最终解释为只是原则上应当而并非一律应当，但只是一种原则化的倾向也足以对辩护律师在法庭上的价值产生怀疑，毕竟这一原则化的规定会对法官之判决产生一定的拘束作用进而影响到辩护律师之辩护策略及行为。综合而言，在目前适用认罪认罚从宽的案件中，检察机关在整个案件中往往起到的是主导作用，辩护律师作为被追诉人合法权益之维护者很可能基于自身经济利益和长远利益[1]的考虑，而决定采取最保守的辩护策略，只是最大限度地顺应检察机关的量刑建议即可。基于此，辩护律师之价值便遭受质疑。

（三）检察权与裁判权的平衡问题

认罪认罚从宽制度的适用可以说是由检察机关主导推进而由审判机关作出回应的一项改革。这一制度的推进直接将检察机关之检察权与审判机关之裁判权二者之关系问题凸显。当然，法律及规范性文件也对这一问题予以规定。《指导意见》对于检察机关的职责分别从权利告知、听取意见、自愿性合法性审查、证据开示、不起诉的适用、签署具结书、提起公诉、量刑建议的提出等方面予以规定。其中，直接与审判机关之裁判权发生关联的便是量刑建议的提出。《指导意见》同时规定了审判机关对于检察机关量刑建议应该采取的措施，对于人民检察院提出的量刑建议人民法院依法进行审查。对于事实清楚，证据确实、充分，指控的罪名准确，量刑建议适当的，人民法院应当采纳。

---

[1] 有罪、无罪、罪轻、罪重的审判结果因为具结书的存在，使辩护律师显得无能为力进而无关紧要，无论结果是什么，自己的费用都已经获得了，同时，更缺失为此而"得罪"检察机关的动力，希望在以后的执业过程中能够得到便利。

具有下列情形之一的，不予采纳：被告人的行为不构成犯罪或者不应当追究刑事责任的；被告人违背意愿认罪认罚的；被告人否认指控的犯罪事实的；起诉指控的罪名与审理认定的罪名不一致的；其他可能影响公正审判的情形。对于人民检察院起诉指控的事实清楚，量刑建议适当，但指控的罪名与审理认定的罪名不一致的，人民法院可以听取人民检察院、被告人及其辩护人对审理认定罪名的意见，依法作出裁判。人民法院不采纳人民检察院量刑建议的，应当说明理由和依据。与此同时，还规定了审判机关对于量刑建议的调整。人民法院经审理，认为量刑建议明显不当，或者被告人、辩护人对量刑建议有异议且有理有据的，应当告知人民检察院，人民检察院可以调整量刑建议。人民法院认为调整后的量刑建议适当的，应当予以采纳；人民检察院不调整量刑建议或者调整后仍然明显不当的，人民法院应当依法作出判决。这其中涉及的一个最重要的问题便是"量刑建议"。

量刑建议是指检察机关对提起公诉的被追诉人，依法就其适用的刑罚种类、刑罚幅度及执行方式等向法院提出的建议。[1]统揽各国之法律规定及司法实践，量刑建议通常存在三种方式：第一种是概括的量刑建议，它是在指明量刑应该适用的法律条款的基础上，仅对此提出从重、从轻、减轻处罚等原则性的建议；第二种是相对确定的量刑建议，即在法定刑幅度内提出一定幅度（该幅度小于法定刑幅度）的量刑建议；第三种是绝对确定的量刑建议，即所建议的刑罚没有幅度，明确提出应判处的具体刑罚，包括刑种、刑期及执行方式等。[2]对于检察机关

---

〔1〕 赵恒："量刑建议精准化的理论透视"，载《法制与社会发展》2020年第2期。

〔2〕 朱孝清："论量刑建议"，载《中国法学》2010年第3期。

之量刑建议，立法应该有明确之规定。立法之所以允许认罪认罚案件中的量刑建议有一定幅度的偏差，主要有两个方面的原因：一是如果对于检察机关提出的量刑建议也严格按照法定的量刑规则进行，那么控辩双方在量刑协商中的自由裁量空间便显得十分有限，被追诉人因认罪认罚所能获得的"从宽"优惠也相对受到限缩，从而导致对其所产生的吸引力不强。为避免此种境况的发生，应在一定的区间内对检察机关的量刑建议保有适度"容错"和"宽让"，这对犯罪嫌疑人、被告人主动认罪认罚是有利的。二是认罪认罚案件中的量刑建议并非出自检察机关一方之结论，而是由控辩双方经协商所达成的合意，在一定意义上凝聚着双方对案件中量刑问题的共识，不轻易否决存在些许偏差的量刑建议体现了法院对控辩双方量刑协商的谦让，这有利于认罪认罚案件在整个诉讼进程中的平稳推进。

与此同时，必须注意到认罪认罚从宽制度的入法和实施，使得量刑建议发生三个方面的转变：第一，量刑建议从单纯的权力属性转变为兼具权力与义务双重属性。在现代刑事司法活动中，公诉权往往可分解为定罪请求权、量刑请求权和程序适用请求权等权利。量刑建议权则属于公诉权中的一项非常重要的内容，是公诉权的下位权能。2018 年修改后的《刑事诉讼法》第 176 条第 2 款规定："犯罪嫌疑人认罪认罚的，人民检察院应当就主刑、附加刑、是否适用缓刑等提出量刑建议。"可以说，"应当"提出量刑建议的立法表述使检察机关在认罪认罚案件中提出量刑建议的行为不仅是求刑权的体现，还成了其法定的职责和义务。即由以往之单纯的权力属性转向兼具权力与义务双重属性，使其不能随意行使或放弃。第二，量刑建议的作出从以前的单方决断转为控辩协商。在适用认罪认罚从宽制度之案件中，被追诉人一方不再是定罪量刑的被动客体，而是变成可以与控方就定罪量刑进行协商的主体，检察机关一方也不再是确定量刑建议之单一主体，而是变成必须征求被追诉人一方意见的协商主体。综合而言，针对被追诉人之量刑建议则变成控辩双方协商之产物，而绝非检察机关单方决断之结论。第三，量刑建议的提出从幅度刑转向确定刑，即精准量刑。就司法实践层面来看，检察机关在认罪认罚案件中努力提升量刑建议的精准度，既往以幅度刑为主的量刑建议数量逐渐下降，确定刑的量刑建议越来越受到青睐。一旦检察机关采取精准化量刑建议，审判机关便可在此基础上速审速判，如此便有助于实现诉讼分流、程序简化。除此之外，精准化量刑建议能最大限度地减少诉讼进程的不确定性，被追诉人对处罚结果的预期越清晰，被追诉人与检察机关共同协商的动力也越大，进而可以最大限度地激发被追诉人认罪认罚的主动性，从而避免供述与庭审活动的反复，增强认罪认罚从宽制度适用的稳定性。如此才能真正节约司法资源、提高诉讼效率。因此，有学者称精准化量刑建议是实现控辩双方有效合作的前提和基础。[1]

"精准量刑"是指在综合考虑法定及酌定量刑情节、被告人的人身危险性、案件的社会危害性等的基础上，检察官对案件在法定刑幅度内提出相对确定的、精准的量刑建议。在认罪认罚案件中，量刑建议精准化的改革方案被最高人民检察院赋予了更高的改革期待：最高人民检察院一再强调"检察机关要在认罪认罚从宽制度中发挥主导作用，将量刑建议视作彰显其主导作用的制度依托"。[2]检察机关在认罪认罚从宽案件中的主导责任并不是指

---

〔1〕 王秀梅、陈志娟："认罪认罚案件的精准量刑探究"，载《中国人民公安大学学报（社会科学版）》2020年第2期。

〔2〕 每周社评："在认罪认罚从宽制度中发挥主导作用"，载《检察日报》2019年5月20日。

检察官包办案件，也不是指检察官替代、模糊法庭审判的诉讼职能分工，而是指检察机关在认罪认罚案件中要有一种责任和担当，并将这份责任更具体地落实和体现在案件办理质量上。[1]为了巩固检察机关的主导地位，最高人民检察院进一步提出了"完善认罪认罚案件量刑建议标准"的要求，以推进量刑建议精准化的改造。[2]量刑建议精准化是贯彻落实认罪认罚从宽制度的关键所在，[3]也是决定认罪认罚案件办理成功与否的"最后一公里"。[4]并且，有学者认为，精准量刑是认罪认罚从宽协商性实践的必然结果。认罪认罚从宽要求检察机关给被告方确定的量刑预期，检察机关在与被告方互动协商的过程中，必须提出明确的从宽建议，否则被告方未必愿意签署具结书，认罪认罚可能难以实现。[5]由此可见，检察机关将量刑建议精准化放在一个非常重要的地位，视为其担负主导责任的重要支撑，并积极推进这方面的试点与实践。但必须予以明确，量刑建议精准"化"是一个动态发展的过程，从最初建议法院在某一法定刑幅度内量刑的"概括性量刑建议"，转向在某一档的法定刑范围内提出相对具体的"幅度刑量刑建议"，再到建议某一特定刑种、精确刑期以及具

---

〔1〕　曹东："论检察机关在认罪认罚从宽制度中的主导作用"，载《中国刑事法杂志》2019 年第 3 期。

〔2〕　2019 年发布的最高人民检察院《2018—2022 年检察改革工作规划》规定："7. 健全与多层次诉讼体系相适应的公诉模式……健全认罪认罚案件办理机制，完善认罪认罚案件量刑建议标准，完善认罪认罚自愿性保障和合法性审查机制。"

〔3〕　刘卉："确定刑：认罪认罚从宽制度下量刑建议精准化之方向"，载《检察日报》2019 年 7 月 29 日。

〔4〕　周斌："共同凝聚中国社会治理的法治智慧——检察机关承担主导责任、推动实施认罪认罚从宽制度全面深入落实纪实（上）"，载《法制日报》2019 年 7 月 12 日。

〔5〕　左卫民："量刑建议的实践机制：实证研究与理论反思"，载《当代法学》2020 年第 4 期。

体执行方式的"确定刑量刑建议",量刑建议的精准化是一个从"幅度"到"点"不断精确化的过程。[1]这一过程不是一蹴而就的,也不是单纯由检察机关主观推进便可完成的。

现实中的精准量刑在某种意义上更应该被理解为确定刑量刑建议为主、幅度刑量刑建议为辅,而绝非全部要求提出精准的确定刑量刑建议。因为这一要求对检察机关而言,很可能是难以完成的。原因如下:一是根据 2018 年修改的《刑事诉讼法》之规定,认罪认罚从宽制度的适用范围扩展到了所有刑事案件。但就刑事案件来说,其类型可谓纷繁复杂,其繁简难易程度也是各不相同,要求检察机关尽量提出精准的确定刑量刑建议,这需要足够的实践经验做支撑,而目前对于检察机关而言则是勉为其难。[2]检察官目前无法提出精确量刑的原因:一是量刑问题一直以来是"法官的事",检察官关心的更多的是指控的犯罪(包括罪名)能否成立。二是检察官在量刑方面缺乏足够的经验,在新制度实施伊始需要一个了解法官的裁判思维尤其是量刑思维并与法官磨合、不断适应的过程。认罪认罚从宽制度实施,对检察官不啻为一个巨大的挑战。[3]与法官相比,检察官在精准量刑方面仍存在差距。法官在量刑时可能考虑犯罪构成及量刑情节、量刑法律规范、指导性文件、指导性案例以及被告人庭审表现等因素,检察官虽然可以通过与法官沟通、自主学习等掌握法律、司法解释以及量刑指导意见,但检察官

---

[1] 董坤:"认罪认罚案件量刑建议精准化与法院采纳",载《国家检察官学院学报》2020 年第 3 期。

[2] 如复杂的共同犯罪案件中对各个犯罪嫌疑人罪名及量刑的准确定性与合理分配,对检察机关和检察官而言相对比较困难。

[3] 韩旭:"认罪认罚从宽制度实施检察机关应注意避免的几种倾向",载《法治研究》2020 年第 3 期。

在获取和掌握法院的量刑立场以及法院系统内部总结的量刑经验、规范性文件等方面仍然面临诸多困难与障碍。[1]因此，允许其提出控制一定范围之内的量刑幅度显得更为合适。而要求绝对精准量刑的思路不可避免地会影响控审分离原则的适用，还会在一定程度上过分凸显公诉权对于审判权的拘束作用，进而致使审判活动呈现过度形式化的倾向，以致法检矛盾进一步凸显。三是司法实践中要求一律实行确定刑量刑建议并不具有可操作性。检察机关在审查起诉时有很大可能对于特定量刑情节的掌握尚未全面确实，在此情形下要求其在签订具结书时一并提出精准的量刑建议不符合司法实践，更不符合司法公平正义之要求。[2]四是如果检察机关的所有量刑建议均为确定刑，则存在逼迫审判权之嫌，反而不利于制度公信力的形成。正如美国的确定刑改革被诟病"会导致检察裁量权的过度扩张"。因为从权力配置的角度分析，美国确定刑改革实则为对量刑权的重新配置，法官的量刑权被极度限制，检察官的权力却逐渐膨胀，从而导致量刑裁量不正当差异的风险大幅度上升。[3]除此之外，合作性司法理念底蕴薄弱、多层次诉讼体系发展水平之差异等因素共同导致检察机关进行量刑建议精准化无比艰辛。更何况并不是一旦能够量刑精准化便万事大吉，审判机关裁判所确定的最终刑罚也可能引起上诉甚至遭受质疑便是最好的证明。

---

〔1〕　如同一犯罪存在多个量刑幅度或对同一量刑有选择性的量刑幅度时，量刑经验及法院内部文件的存在、检察官对于被告人法庭表现的无法预测性等，都会导致精确量刑难以与法官量刑一致。

〔2〕　张明楷："责任主义与量刑原理——以点的理论为中心"，载《法学研究》2010 年第 5 期。

〔3〕　李韧夫、陆凌："《联邦量刑指南》之于美国确定刑改革"，载《中南民族大学学报（人文社会科学版）》2014 年第 2 期。

学者赵恒则认为检察机关提出精准的量刑建议可能存在以下两种风险，即拘束甚至是倾轧法院审判权，或过度限制被追诉人的救济权利。[1]检察机关提出的精确化量刑建议对被追诉人与法院有着双重的刚性。一方面，检察机关的量刑建议对于被追诉人有"不得不同意"的刚性。检察机关兼具公诉机关与法律监督机关的双重角色，加之批捕权与起诉权合一行使，在很大程度上加剧了控辩的不平等。所谓的具结书则是犯罪嫌疑人在认罪认罚后，检察官向其发出的一份认罪认罚保证书。"认罪认罚从宽制度中的检察官的自由裁量权过大，必然会挤兑辩护方在认罪认罚中的'议价'空间。"[2]另一方面，检察机关的量刑建议呈现精确化趋势，有"一锤定音"的效果。以被追诉人签署认罪认罚具结书为标志，以量刑建议精确化为方向，检察机关的起诉裁量权上升到了一个前所未有的高度与强度。正如最高人民检察院所指出的公诉"主导认罪协商过程，主导决定多数案件，改变审判模式"的三重作用，认为检察机关是认罪认罚从宽制度适用的主导者。[3]量刑建议的精准化改革，不只带来丰富公诉权具体运行机制的效果，更会赋予检察机关实质决定案件结果的权能，促使公诉权扩张，在一定程度上压缩传统的审判空间。[4]认罪认罚从宽试点期间有一个案例，某县检察机关对一起危险驾驶认罪认罚案件中的被追诉人提出

〔1〕 赵恒："量刑建议精准化的理论透视"，载《法制与社会发展》2020年第2期。

〔2〕 李本森："认罪认罚从宽试点中审查起诉的若干问题"，载《中国检察官》2019年第1期。

〔3〕 陈国庆："刑事诉讼法修改与刑事检察工作的新发展"，载《国家检察官学院学报》2019年第1期。

〔4〕 赵恒："量刑建议精准化的理论透视"，载《法制与社会发展》2020年第2期。

"拘役二个月零十五天，并处罚金 6000 元"的量刑建议，但该县法院虽然认定被追诉人构成危险驾驶罪，却没有采纳量刑建议，反而判决被追诉人"拘役三个月零十天，并处罚金 8000元"。随后，当地检察机关提出抗诉，二审法院最终采纳量刑建议并改判。[1]如此的最终裁判结果不免引发疑问：究竟是法院还是检察院享有对案件的最终裁判权？当然，此案件形式上仍然是由法院（二审）作出最终判决的，但结果却是依照检察院之量刑建议而判的。我们可以很容易地进行假设：如果二审不改判，那么结果便是检察机关依据审判监督程序再次提出抗诉，直至法院作出自身所能接受的裁判结果为止。但这样的量刑精准化是认罪认罚从宽制度推进所需要的吗？这是在维护被追诉人的合法利益还是在维护检察机关自身量刑建议之权威？而上述疑问将问题最终引向了认罪认罚从宽案件中检察权与审判权二者之间关系的探讨：究竟应该如何把握二者之间的关系？

基于《指导意见》规定之表面进行分析，在认罪认罚从宽案件中，法院仍然拥有司法审查权和最终决定权，法院的量刑裁判权也并没有丧失，法院仍是刑罚裁量的最后把关者和决定者，其量刑裁判的主体地位并没有发生根本改变。但是，认罪认罚案件中量刑建议是控辩双方协商后达成的合意，这种合意的达成以犯罪嫌疑人的认罪认罚为前提，以检察机关的量刑减让为承诺，凝聚着控辩双方的共识，本质上是被告人基于对国家的信赖，以认罪认罚换取国家刑罚权的适度让步。这种让步，即具体的量刑从宽、刑罚减让，具有相当的司法公信力，[2]当然，这对于法

---

〔1〕 范跃红："认罪认罚了，量刑从宽建议为何未采纳"，载《检察日报》2019 年 9 月 21 日。

〔2〕 董坤："认罪认罚案件量刑建议精准化与法院采纳"，载《国家检察官学院学报》2020 年第 3 期。

院的量刑裁判应该具有一定的拘束力。这一拘束力表现在面对确定刑量刑建议，除非有法定的例外情形存在，否则法院在原则上应当采纳。即使量刑建议存在些许偏差，但如果不是明显不当之情形，法院同样应保持相当的宽容度和容错性，并最终采纳量刑建议。而对于量刑建议明显不当的，法院仍不能直接作出量刑裁判，而须前置性地先建议检察院调整量刑建议，如果检察院不调整量刑建议或调整量刑建议后仍然明显不当，法院才可依法裁判。[1]"实践中，不管是对量刑建议采纳率的过分强调，还是'贴底量刑'现象，均在一定程度上导致了量刑建议的功能异化。"[2]有观点甚至认为，认罪认罚案件"法院一般应当采纳量刑建议"的规定，与"人民法院依法独立公正行使审判权"的基本原则相悖，与"未经人民法院依法判决，对任何人都不得确认有罪"的刑事诉讼法规定不符，是公诉权对审判权的分割和侵犯，与以审判为中心的刑事诉讼制度改革相悖。

检察职能变化的重要推动因素是以认罪为前提的多元化诉讼机制的普遍应用，这一因素使得检察官必须提高其在公诉与审判之间的分流与把关作用。由此，检察权逐渐衍生出了新的含义，创造性地丰富了控审分离原则的内容：以加快审前分流与诉讼效率为导向的各种机制允许检察官行使部分审判权，并使得法官出于解决案多人少难题的考虑而不得不接受这一权力配置的变动，促使检察官在某种意义上接近于扮演"裁判者"角色。围绕着审判的程序，各方诉讼主体的参与方式发生变化，庭前证据审查、评估、开示取代了庭上证据交换与质证，而法庭仅需审查协议是

---

[1] 董坤："认罪认罚案件量刑建议精准化与法院采纳"，载《国家检察官学院学报》2020年第3期。

[2] 闫召华："论认罪认罚案件量刑建议的裁判制约力"，载《中国刑事法杂志》2020年第1期。

否符合客观事实，是否具有合法性和自愿性，不再进行法庭调查、辩论与质证，这种以"沟通"取代"对抗"的设计，明显降低了诉讼主体参与审判的程度。[1]因此，在合作式诉讼模式中，检察机关的诉讼地位上升，而法院的诉讼地位降低。概言之，法官的权力不断趋于弱化，法官只对控辩双方之间达成的合作共识表示尊重和接受。[2]相应地，检察官行使部分原本属于法官的审判权，并结合案情实际情况作出具体刑罚建议，这才是合作性司法理念影响下的检察刑罚建议受到控、辩、审三方认可的原因。

但如果将来检察机关提出的量刑建议大部分都是幅度很小的或确定刑量刑建议，法院也都"一般应当采纳"，甚至"照单全收"，则会呈现出法院将部分案件的量刑权"转移"给检察院的表象，这似乎是对法院专属刑事裁判权（量刑裁判权）的冲击。量刑建议属于量刑请求权，本质上为公诉权。公诉权是检察机关对犯罪行为提出控告、请求定罪量刑的权力，包括审查起诉权、起诉权、不起诉权、抗诉权等权能。其中，起诉权又分为定罪请求权和量刑请求权，而量刑建议则是量刑请求权的直接体现。"量刑建议的性质仍属于求刑权的范畴，要把认罪认罚案件的'协商'结果与法院的庭审结果区别开来。"[3]"定罪量刑作为审判权的核心内容，具有专属性，检察机关提出的量刑建议，本质上仍然属于程序职权，是否妥当应当由人民法院

---

〔1〕　陆洲、陈晓庆："认罪认罚从宽制度的沟通之维"，载《湖北大学学报（哲学社会科学版）》2017年第6期。

〔2〕　谭世贵："论刑事诉讼模式及其中国转型"，载《法制与社会发展》2016年第3期。

〔3〕　杨立新："认罪认罚从宽制度理解与适用"，载《国家检察官学院学报》2019年第1期。

依法判决。"[1]与量刑请求权相对应的是量刑裁量权,量刑裁量权属于法院审判权的范畴。量刑请求权与量刑裁量权两者之间既一一相对又相互独立,分属于公诉权与审判权。正如控审分离诉讼理念一样,量刑请求权通常并不会决定、干涉量刑裁量权的运行。但是,一旦将量刑请求权作为法院必须执行的义务,致使法院不可自由裁量而行,则为量刑请求权侵犯了量刑裁量权,其本质上即为公诉权越俎代庖,侵蚀审判权。[2]但从控诉权的发展史来看,控诉权首先是私权,然后上升为公权,与审判权一并行使。为防止这一合并公权的滥用,控诉权又从审判权中分离出来,开始发挥对审判权的制衡作用。[3]也就是说,"创设检察官制度的最重要目的之一,在于透过诉讼分权模式,以法官与检察官彼此监督节制的方法,保障刑事司法权限的客观性与正确性"。[4]因此,检察机关除了有追诉职能外,还有保障人权的职责要求。据此,检察机关对量刑提出建议进而实现对审判权的部分约束在某种程度上是既符合法理又符合检察权设置初衷的。但对其约束程度必须要有一个明确的掌控。这一个"度"便体现在对于"明显不当"的把握上。

而对于何为"明显不当",国家层面的法律并未给出统一之规定,只是存在一些相关立法人员之解释和地方试行之规定。关于何为"明显不当",参与刑事诉讼法修改的人大法工委的同志认为,"明显不当"是指刑罚的主刑选择错误,刑罚的档次、量

---

〔1〕 胡云腾:《认罪认罚从宽制度的理解与适用》,人民法院出版社 2018 年版,第 8 页。

〔2〕 张斌:"'一般应当'之'应当'与否——兼论《刑事诉讼法》第 201 条的理解与调整",载《中国人民公安大学学报(社会科学版)》2020 年第 2 期。

〔3〕 樊崇义:《检察制度原理》,法律出版社 2009 年版,第 44 页。

〔4〕 樊崇义:《检察制度原理》,法律出版社 2009 年版,第 44 页。

刑幅度畸重或者畸轻，适用附加刑错误，适用缓刑错误等。[1]而牵头制定《指导意见》的最高人民检察院的同志则认为，"明显"描述的是不当的程度，应当从一般人的正常认知角度进行判断，具体可以从量刑建议违反罪责刑相适应原则、与同类案件处理明显不一致、明显有违一般司法认知等方面把握。[2]而上述两种理解之诠释对司法实践并不具有直接指导意义，仍然需要在实践中进行自由裁量和评判。当然，这一裁量与评判的结果则会基于主体之不同而有所不同。因为第一种诠释涉及明显不当之最低要求，这种情况要么发生概率小，要么达成共识可能性大。而第二种诠释使用一般人之正常认知这一标准则显得更为宽泛和模糊，难以适用。而在地方层面上，2019年11月山东省高级人民法院、省人民检察院、省公安厅、省安全厅、省司法厅联合印发的《关于适用认罪认罚从宽制度办理刑事案件的实施细则（试行）》第52条规定了"明显不当"的七种类型，分别是：①遗漏可能影响定罪量刑的事实情节的；②对不具有法定从轻、减轻处罚情节的被告人建议从轻、减轻处罚或者免予刑事处罚，或者对不具有法定从重处罚情节的被告人建议从重处罚的；③对应当判处附加刑的被告人没有建议判处附加刑，或者对不应当判处附加刑的被告人建议判处附加刑，或者附加刑与主刑明显不相适应的；④对不符合非监禁刑适用条件的被告人建议适用非监禁刑，或者对符合非监禁刑适用条件的被告人没有建议适用非监禁刑，或者建议非监禁刑期限违反刑法相关规定的；⑤对共同犯罪的主犯、从犯认定错误的；

---

〔1〕　李寿伟：《中华人民共和国刑事诉讼法解读》，中国法制出版社2018年版，第502页。

〔2〕　苗生明、周颖："认罪认罚从宽制度适用的基本问题——《关于适用认罪认罚从宽制度的指导意见》的理解和适用"，载《中国刑事法杂志》2019年第6期。

⑥与同类案件处理明显不一致的；⑦量刑建议超出法定刑范围的。这一规定相对细致，但精细化的规定难免会无法包容所有情形。另外，这一规定的层级相对较低，无法适用于全国范围。"量刑建议明显不当"，具有主观裁量因素，可能导致认识不同，出现法院因自由裁量权缩小而人为故意不采纳量刑建议的情况。毕竟，精确化量刑建议进一步扩大了检察院权力，缩小了法官的自由裁量权，加之认罪认罚案件因庭审虚化，已体现不出"以审判为中心"，实质上是以检察为"重心"。如北京市检察院就提出了"检察机关主导和主体作用"。[1]学者董坤则认为对于"量刑建议明显不当"的认定标准可以从如下几个方面把握：其一，主刑选择错误。其二，附加刑、缓刑适用错误。其三，刑罚档次选择错误。其四，在同一刑罚档次内，量刑建议畸轻畸重，严重违反罪责刑相适应原则。特别是与同一法院对同种性质案件、相同量刑情节下的认罪认罚案件作出的裁判相比，在从宽幅度上明显不均衡，影响一般预防目的的实现。其依据主要是量刑指导意见、在先判决、法官自身的审判经验和合议庭成员评议意见等。[2]但这仅是一家之言。而"明显不当"之情形无法予以明确，则基本排除了法院审判权对于检察机关量刑建议改动之可能，如此便使得法院审判权必然受制于检察机关之检察权。因此，对于"明显不当"之情形应由相关立法解释和司法解释部门在整合司法实践经验的基础之上进行汇总，最终作出具有具体指导价值的规定。

除此之外，基于精准量刑的影响因素之考虑，检察机关精

---

〔1〕 北京市人民检察院：《检察机关主导和主体作用例证指导》，中国检察出版社2018年版，第1页。

〔2〕 董坤："认罪认罚案件量刑建议精准化与法院采纳"，载《国家检察官学院学报》2020年第3期。

准量刑应该是在与被追诉人一方充分协商的基础上控辩双方合意之产物。同时，精准量刑应考虑法院对其的认可和采纳可能性。因此，有学者主张检察机关精准量刑应当是融合控辩审三方合意的精准量刑判断。[1]由此便引发了一个问题：法官能否作为量刑建议之协商主体？

支持者认为法官应当成为量刑建议之协商主体，其主要支持性论据包括：一是当被追诉人认罪认罚的情形发生在庭审过程中，法庭对于整个案件很可能已进行了实质审理，并在某种程度上已经形成了自己的判断。在此种情形下，由庭审法官适度参与协商并对其加以引导，可以使量刑建议更趋于精准化，如此便可避免检察机关提出量刑建议难以精确化之难题，又可消除被追诉人对法官是否会采纳检察机关给出的量刑建议的不确定性，由此更加有利于控辩双方量刑协商的达成，以最终确保认罪认罚从宽制度适用的稳定性。如在美国，"如果法官仅仅表达了自己将尊重事先由当事人双方达成的交易的内容的意思，或是法官仅仅对双方当事人提出的不同的量刑建议作出了一种调和，那么法官对辩诉交易的介入就不应被认为对有罪答辩的作出起到了强迫性的作用"。[2]由此可见，法官参与到量刑协商之中，其存在诉讼阶段和参与程度之要求，诉讼阶段应该是处于法庭审理阶段发生的认罪认罚案件，参与程序应该保持一种克制，仅仅限于引导，而绝非直接参与"讨价还价"之过程。二是根据《刑事诉讼法》之规定，所有的一审案件均应开庭审理，并且大多数案件以公开审理为原则。为了确保案件一审过

---

〔1〕　吴宏耀："量刑建议：承载认罪认罚从宽重要制度功能的'基石'"，载《检察日报》2019年6月10日。

〔2〕　[美] 韦恩·R·拉费弗、杰罗德·H·伊斯雷尔、南西·J·金：《刑事诉讼法》（下册），卞建林等译，中国政法大学出版社2003年版，第1053页。

程的公开透明，同时给予法官在庭审中适度参与协商的机会，单纯的庭审外的控辩协商转换为法庭上的控辩协商及法官适度参与模式。该模式可以使庭审法官近距离地、更为真实地观察与了解检察机关与被追诉方的协商过程，进而提高对协商审查的质效。2009年，德国确立了量刑协商制度。《德国刑事诉讼法典》第257b条规定："如果有利于推进诉讼程序，庭审中法庭可以与程序参加人就诉讼程序的进程进行讨论。"法庭可以与诉讼参加人就程序的进一步发展和程序的结果进行协商；任一协商都应当含有认罪内容；法院可以基于案件的所有情况及综合量刑考量，自由裁量给出刑罚的上限和下限；诉讼参与人有机会提出意见；如果被告人和检察院同意法院提出的建议，则协议成立。[1]由此可见，法庭（法官）在庭审过程中参与到协商之中有其两大目的，即推进诉讼程序和提高审查质效。但就量刑建议协商过程之核心而言，法官对于协商仅是适度参与，检察机关与被告方才是真正的协商主体。

反对者则认为法官不宜作为协商主体，主要是基于其认为法官参与协商存在以下弊端：第一，容易导致参与者之间协商地位的不平等。一旦法官参与到协商之中，由于法官在整个庭审中集案件的实体处分权和程序转向权于一身，被追诉方可能会产生顾虑、忌惮，进而会担心在协商中若不接受法官提出的协商动议，则会被视为"不听话""不老实"，进而招致法官对其进行"报复"，在后续审理中可能会被判处更重的刑罚。"所以让被告方与法官进行协商，被告方很难甚至不敢拒绝法官的提议。纵有协商之合意，也令人怀疑被告方意思表示是否自由、是否受压迫或受强制。"[2]更进一步讲："如果法官介入辩诉交

---

〔1〕 参见《德国刑事诉讼法典》第257b条。
〔2〕 王兆鹏：《新刑诉·新思维》，元照出版有限公司2005年版，第180页。

易，而该交易并没有使被告人作出有罪答辩，那么法官将难以在之后的审判程序中做到公正。"[1]因为，除了法官因协商不成可能会被认为有"报复性惩罚"的因素外，"当法官与被告协商，被告可能对案件事实有所陈述，当法官知悉事实而协商未成时，能否于审判中完全忘却此内容，而公正客观地依据审判中的证据形成心证，亦令人怀疑"。[2]进而会导致整个认罪认罚从宽制度之适用遭受质疑。第二，弱化法官对于认罪认罚案件的后续审查职能。如果法官参与到协商之中，并且庭审中法官与被告方就协商达成合意之后，再由参与协商的法官继续就协商内容的真实性、合法性，以及被告人协商的自愿性进行审查，其自我否定的可能性很低，立法规定的法官对认罪认罚案件的审查职责也将因此被虚化。结果极有可能是，即使案件本身属于证据不足之疑罪情形，法官也很可能为了尽快结案而滥用其协商主体的地位，一方面对认罪认罚案件中的证明标准予以实质性降低，以完成疑罪从有；另一方面还可能会通过给予被告人过大的量刑减让以换取其认罪认罚的稳定性，而这又会对整个司法公正有很大损害。第三，可能加剧检察机关与审判机关之间的冲突。若对于被告人当庭认罪之情形，直接绕开检察机关而由法官与被告方进行协商，一旦由二者所协商达成的量刑合意最终不为检察机关所认可，则会引发检察机关通过运用监督程序进而与之"抗争"。而由抗诉引发的新一次庭审不仅会导致整个程序的不安定、诉讼的不经济，还会进一步加剧控审二者之间的冲突，进而不利于各机关相互之间的协同合作，以深入推进认罪认罚从宽制度。而如果赋予法官在认罪认罚案件中

---

〔1〕 〔美〕韦恩·R. 拉费弗、杰罗德·H. 伊斯雷尔、南西·J. 金：《刑事诉讼法》（下册），卞建林等译，中国政法大学出版社 2003 年版，第 1077 页。

〔2〕 王兆鹏：《新刑诉·新思维》，元照出版有限公司 2005 年版，第 180 页。

协商的主体地位，直接将控辩双方之协商程序转变为由控辩审三方共同进行协商，如此一来，虽然避免了控审双方之间的冲突，但将会导致庭审趋于形式而缺乏实质裁判，与审判中心主义改革相违背。

（四）认罪认罚从宽制度适用阶段之争——侦查阶段

刑事诉讼过程通常分为侦查阶段、审查起诉阶段、审判阶段和执行阶段，而关于认罪认罚从宽制度之适用的争议点主要集中于是否适用于侦查阶段。对于认罪认罚从宽制度是否适用于侦查阶段，支持者认为，认罪认罚从宽制度作为宽严相济的刑事政策的直接体现，不应该存在适用阶段上的取舍，它应当被适用于侦查、审查起诉、审判和执行的整个诉讼阶段。[1]进而有学者主张认罪认罚从宽制度的功能之一便在于破解特定案件中的侦查困境，通过发挥认罪之激励功能进而促使犯罪人尽早如实供述以缩减侦查成本。2012年《刑事诉讼法》第118条规定侦查人员在讯问时"应当告知犯罪嫌疑人如实供述自己的罪行可以从轻处罚"，被认为就是围绕这一激励功能而作出的立法努力。因此，一概排除认罪认罚从宽制度在侦查阶段的适用是不妥当的。由此可见，支持认罪认罚从宽制度适用于侦查阶段的学者多从制度理念和功能视角展开论述，基于认罪认罚从宽制度的宽严相济之立法理念要求普适于刑事诉讼整个过程，基于其特殊的缩减侦查成本之激励功能而适用于侦查阶段显得势在必行。

而反对者则认为，认罪认罚制度的适用应当有严格的诉讼节点限制，只能在审查起诉阶段和审判阶段发挥特定优势，而

---

〔1〕 陈光中、马康："认罪认罚从宽制度若干重要问题探讨"，载《法学》2016年第8期。

不能适用于侦查阶段。[1]认罪认罚从宽制度"只能在审查起诉阶段和审判阶段发挥特定优势，不能适用于侦查阶段"。理由是："第一，认罪认罚的前提是事实清楚，证据确实充分，侦查机关只有全面侦查取证，才能够达此目的，因此侦查阶段的主要任务是取证而不是认罪协商。第二，若许可侦查机关促成犯罪嫌疑人认罪协商，则可能导致侦查人员放弃法定查证职责，不去收集能够证明犯罪嫌疑人无罪的各种证据，过分依赖获取犯罪嫌疑人的口供，冤枉无辜。第三，由于侦查机关公权力的天然优势，侦查活动的秘密性等，一旦侦查机关在办案过程中承担此项职能，可能会出于减轻办案压力或者其他目的，而采取威胁、利诱等方式迫使犯罪嫌疑人选择认罪认罚，进而成为造成冤假错案的诱因。"[2]有学者进一步主张，认罪认罚从宽制度不仅不适用于侦查阶段，而且也不适用于执行阶段。其理由主要包括：一是因为侦查阶段和执行阶段都不存在诉讼程序简化和程序选择的问题，缺少认罪认罚从宽制度适用的前提条件，单纯为了贯彻宽严相济的刑事政策而在侦查阶段和执行阶段适用认罪认罚从宽制度，这显然背离了制度设计的初衷。二是因为两个诉讼阶段都不涉及对被追诉人从宽量刑的问题，在侦查阶段，侦查人员既无量刑的建议权，也无量刑的处分权，侦查人员不能与犯罪嫌疑人及其辩护人进行量刑协商。在执行阶段，人民法院已经就量刑问题作出裁决，不存在从宽量刑的问题。[3]

更进一步从理论层面上看，"认罪协商程序是审判中心的产物，如果侦查阶段允许协商，将使得获取口供成为侦查的中心，

〔1〕　陈卫东："认罪认罚从宽制度研究"，载《中国法学》2016年第2期。

〔2〕　陈卫东："认罪认罚从宽制度研究"，载《中国法学》2016年第2期。

〔3〕　宋宝莲、李永航："公正和效率维度下的认罪认罚从宽制度"，载《江苏警官学院学报》2019年第1期。

而侦查程序则成为诉讼的中心"。虽然我们可以强调法官有义务检验被告自白可信与否，还可以强调这种检验不能仅仅基于案卷，但司法实践中这些要求很难被遵守。因为如果法官认真检验被告自白，除了查阅案卷还要询问证人，那么协商简化、加速程序的功能就落空了。也正因此，侦查阶段不适用认罪协商才能实现审判中心，保障被追诉人受到公正审判的权利与案件真相的查明。[1]然而，《指导意见》在适用阶段的规定上则将认罪认罚从宽制度贯穿于刑事诉讼全过程，适用于侦查、起诉、审判各个阶段。而这一结论的出现则更多的是基于认罪认罚从宽制度提高刑事司法效率、降低刑事司法成本之考虑，至于对被追诉人之公平正义的要求则寄希望于辅助性程序的设计，但却可能忽略了相关辅助程序的成本考量或者高估了相关刑事司法人员的办案素养。

（五）认罪认罚具结书及其效力评价

认罪认罚具结书是被追诉人在自愿认罪之前提下，就检察机关所提出的量刑建议等所达成的共识进而签订的文件。其性质可以被视为二者就认罪认罚及量刑等情况所达成的合意，应该对二者有一定的拘束力。但对于被追诉人和检察机关是否可以否定具结书之内容，相关法律文件并未对此予以否定。《指导意见》对于具结书的规定涉及多处。其主要内容有：第一，在审查起诉阶段表现为接受人民检察院拟作出的起诉或不起诉决定，认可人民检察院的量刑建议；在审判阶段表现为当庭确认自愿签署具结书，愿意接受刑罚处罚。第二，具结书的签署必须有辩护人或值班律师在场。审查起诉阶段签署认罪认罚具结书时，人民检察院应当通知值班律师到场。第三，认罪认罚案

---

[1]　胡铭："刑事政策视野下的刑讯问题"，载《环球法律评论》2007年第2期。

件中不需要签署具结书的情形：犯罪嫌疑人是盲、聋、哑人，或者是尚未完全丧失辨认或者控制自己行为能力的精神病人的；未成年犯罪嫌疑人的法定代理人、辩护人对未成年人认罪认罚有异议的；其他不需要签署认罪认罚具结书的情形。第四，具结书作为提起公诉的移送材料。人民检察院向人民法院提起公诉的，应当在起诉书中写明被告人认罪认罚情况，提出量刑建议，并移送认罪认罚具结书等材料。第五，作为审判阶段认罪认罚自愿性、合法性审查的重要对象。庭审中应当对认罪认罚的自愿性、具结书内容的真实性和合法性进行审查核实，重点核实以下内容：被告人是否自愿认罪认罚，有无因受到暴力、威胁、引诱而违背意愿认罪认罚；被告人认罪认罚时的认知能力和精神状态是否正常；被告人是否理解认罪认罚的性质和可能导致的法律后果；人民检察院、公安机关是否履行告知义务并听取意见；值班律师或者辩护人是否与人民检察院进行沟通，提供了有效法律帮助或者辩护，并在场见证认罪认罚具结书的签署。

　　以上内容主要涉及将具结书的签署作为被追诉人"认罚"之表现形式；具结书签署要求辩护人或值班律师到场；签署具结书之例外情形；具结书应作为案件移送材料；作为审判阶段认罪认罚自愿性和合法性进行审查之重要对象等。由此可见，认罪认罚具结书在整个认罪认罚案件中既具有程序之必须性，又具有实体之核心影响力。因为从认罪认罚从宽适用而言，具结书的签订是被追诉人认罪认罚的重要标志，仅仅是嘴上的认罪认罚并不代表其真正具有认罪认罚之行为动向，而具结书的签署则是其认罪认罚之行为表现。根据目前的程序安排，缺失具结书可能会导致在审判阶段无法认定被追诉人认罪认罚。因此，具结书的签署是整个认罪认罚从宽制度适用的重点一环，其效力对制度适用的推进也是至关重要的。

认罪认罚具结书对于整个认罪认罚从宽制度的适用固然有其重要价值地位，但根据目前制度的设计安排，其更多的是体现了被追诉人与检察机关之间的合意。而在司法实践中，审判机关对此通常持有认可或不予认可两种态度，但是每一种态度都应该在其合法评判基础之上，而绝不能基于某种考虑而对此予以"草率处理"。认罪认罚从宽制度对于法庭调查、法庭辩论等相关环节予以简化或省略，其审判方式不再是完整的对抗式辩论庭审而是转变成了一种"确认式庭审"，证据调查程序的严格程度得以放宽，法官基本上也不会对证人、鉴定人等人员再进行亲自盘问以最终形成对案件事实的内心确信，从而在事实上或某种程度上导致了认罪认罚案件的证明标准被隐性降低。[1]如此一来，那些证据不足但被追诉人却因为各种原因而在审查起诉阶段签署认罪认罚具结书的案件，就可能因为法官基于效率优先价值之考量，过分追求节约庭审时间而疏于对其进行严格审查，进而可能致使那些在真实性上无法保障但辩护方却没有提出异议的认罪认罚具结书也被确认，从而引发刑事误判情形的发生，这便是"确认式庭审"的最大隐忧所在。[2]这也是审判机关对待具结书所应当规避的错误倾向。

与此相对，审判机关对于具结书的真实性或效力并非一律认可，而是存在不予认可的情形。虽然具结书作为刑事司法机关（以侦查机关和检察机关为主）与被追诉人达成的合意，其具有一定的公信力，应该得到双方的承认和维护。但是二者对此的承认与维护并不应该成为对审判机关之合法裁判的束缚。认罪认罚从宽制度的适用并不应该对法院的中立裁判地位产生

---

〔1〕 孙远："论认罪认罚案件的证明标准"，载《法律适用》2016年第11期。

〔2〕 李奋飞："论'确认式庭审'——以认罪认罚从宽制度的入法为契机"，载《国家检察官学院报》2020年第3期。

影响，其改变的只是某种程度上国家公诉权的减让，而绝不应该是国家审判权的前移，更不应该改变法院依法独立审判、公正裁量刑罚的职责。对于具结书中不适当的量刑建议，法院仍然有权依照法律规定对量刑予以调整，只是这一调整必须严格按照《刑事诉讼法》第 201 条的规定进行。然而，对于具结书不予认可的情形，无论审判机关最终依据何种规定对量刑作出调整，均有可能引起具结书签署双方的一定程度上的"不满"，进而引发二者的不同反应：上诉或抗诉。

被追诉人上诉通常基于以下原因的考虑[1]：从客观方面而言，可能是因为相关工作人员对被追诉人的释法说理工作没有做到位，对认罪认罚从宽制度及其适用的解释使被追诉人发生理解错误，进而做出违背其真实意思表示的具结书签署行为。以至于审判机关在对具结书进行真实性、自愿性审核时被追诉人提出异议，最后基于审判机关依法作出的裁判难以满足其真实预期而上诉。也可能是因为检察机关在确定刑量刑建议方面的能力存在欠缺，无法为被追诉人提供一个合理的量刑预期，或者与审判机关依法作出的量刑裁判相差甚远，进而导致被追诉人基于检察机关所提出的量刑建议而难以接受审判机关的判决。还有可能是因为值班律师对于被追诉人的法律帮助存在形式化的倾向，没有对被追诉人的合法权益予以切实保障，从而致使被追诉人所签署的具结书与其所应负担之责任存在差距，进而导致其最后上诉等。从主观方面而言，被追诉人之所以上诉可能是基于一种技术性考虑。在我国，刑事诉讼法赋予被追诉人不受限制的上诉权，并且不排除任何类型之案件的适用。[2]在认

---

〔1〕　岳阳："认罪认罚案件被告人上诉及其应对"，载《检察日报》2020 年 6 月 11 日。

〔2〕　这里当然排除依法所规定的由最高人民法院所进行的一审案件。

罪认罚从宽案件中，被追诉人虽然已与检察机关签署具结书，但这一签署行为与其所享有的上诉权之间并不存在冲突，具结书的签署并不意味着其对上诉权的放弃。况且，依据现有法律之规定，对于认罪认罚具结书的违背并不会对被追诉人之应有权利产生任何实质的不利影响，其最坏的结果就是法院对其依法作出的裁判不享受认罪认罚"从宽"的优惠。在此背景下，部分被追诉人在上诉期临近届满时突然提出上诉，导致检察机关可能会因时间紧迫而不提出抗诉。其目的是既享受认罪认罚"从宽"之优惠，又享受"上诉不加刑"之原则保护，进而最大限度地降低量刑以实现利益最大化。除此之外，被告人提起上诉体现了其留所服刑之意图。根据《刑事诉讼法》第264条第2款的规定，对被判处有期徒刑的罪犯，由公安机关依法将该罪犯送交监狱执行刑罚。对被判处有期徒刑的罪犯，在被交付执行刑罚前，剩余刑期在三个月以下的，由看守所代为执行。在司法实践中，存在部分被告人上诉之后又在法定期限内撤回的情形，其主要是因剩余刑期较短而不想下监，希望通过上诉拖延时间进而达到留所服刑之目的，部分被告人甚至在庭审或上诉书中直接表明其欲留所服刑之真实目的。其表现是被告人表面上对判决不服，但实际上却对判决所定之罪名及刑罚本身持一种无所谓的态度。

"认罪认罚从宽"+"上诉不加刑"模式[1]的出现，证明被追诉人在一定意义上并未真正认罪认罚，由其所引发的上诉程序无论是裁定驳回起诉还是维持原判，对其预期利益均无影响，但是，二审程序的启动却直接导致诉讼成本的增加，与认罪认罚从宽制度之提高效率、降低司法资源消耗之设计初衷相

---

[1] 被追诉人或是为了拖延送监时间，或是为了获得更轻之刑罚才会提起上诉。

悖。因此，被追诉人此种技术性上诉带有一定的"恶意"，进而被学界称为"恶意上诉"。而对于被追诉人的"恶意上诉"，在检察机关看来则是对双方承诺之"具结书"的违背。因此，认罪认罚从宽裁判之后的"恶意上诉"通常会引发检察机关的"同步抗诉"。[1]然而，一旦此种情形得不到遏制，甚至发展成为"常态"，将必然有损认罪认罚从宽制度创设和推进之初衷。因为认罪认罚从宽之适用本身便是为了简化程序，进而节省司法资源，而技术性上诉外加检察机关的同步抗诉进而引发二审程序必然会增加司法资源的投入，如此便导致认罪认罚从宽制度之价值"荡然无存"。当然，被追诉人的上诉检察机关是否有必要进行"同步抗诉"也是一个争议性很大的问题。

支持者从检察机关抗诉之原因是为了维护认罪认罚制度之程序与实体正义这一视角展开论证。其认为之所以对被追诉人施以实体量刑上的从宽恰恰是因为其接受了程序上的简化，而程序简化是实体从宽的对价，一旦被追诉人对程序简化予以违反，则需要对其所获得的实体从宽之优惠予以"纠正"，而"纠正"的合法方式便是检察机关的抗诉。支持者认为，认罪认罚从宽制度适用背景下的抗诉，更多的是由于被告人在一审判决后对其自愿选择的制度反悔，而导致法院的一审判决"被动"产生了"错误"，是检察监督由于被告人反悔而造成的一审程序不当的问题。抗诉具有程序意义，行使法律监督职权的目的在

---

〔1〕　数据显示，在浙江省杭州市余杭区有两件被告人上诉后同步抗诉而二审加刑的案件，被纳入认罪认罚从宽制度的"余杭实践"予以经验推广。（参见淳安检察："先认罪认罚博从宽，再不服判决上诉不加刑？有这好事？"，载"浙江检察"微信公众号 2019 年 2 月 26 日。）

于恢复程序正义、弥补制度漏洞、提升司法质效。[1]如果对认罪认罚被告人的上诉权不加任何限制，那就意味着被告人在享受了实体上的"从宽处罚"优待之后可以单方面地推翻这种合意，从而使得实体上的从宽处罚以及程序上的简化均失去正当基础。[2]并且，这种主张似乎也得到了司法实践界的认可。《人民法院报》曾经指出："对认罪认罚上诉案件抗诉、加刑，体现的是司法机关在制度框架下对违背诚信行为的规制，是维护认罪认罚制度'不走样'的实践探索，这样的努力无疑是值得鼓励的。"[3]并且，在美国的辩诉交易制度中，达成辩诉交易的被告人上诉被视为违约，"应当撤销原判，发回重审，并允许控方视作没有达成辩诉交易从而可以寻求对被告人更重的判罚"。[4]由此足见司法实践界对被追诉人在认罪认罚之后再上诉行为的否定，并且这在现实案例中也得到了印证：由于涉嫌贩卖毒品罪的被追诉人姜某在审查起诉阶段认罪认罚，某地检察机关提出确定的从宽处罚量刑建议，法院也在量刑建议范围内作出一审判决，然而，姜某却提出上诉。为此，该市检察机关决定支持抗诉，二审法院同样采纳了抗诉意见，依法作出更重刑罚的判决。[5]基于上述分析推知，支持者之所以从上述视角进行论

---

〔1〕 鲍键、陈申骁："认罪认罚案件被告人上诉的检察监督"，载《人民检察》2019年第12期。

〔2〕 孙长永："比较法视野下认罪认罚案件被告人的上诉权"，载《比较法研究》2019年第3期。

〔3〕 张伟、徐晨馨："认罪认罚制度中的新问题"，载《人民法院报》2019年5月10日。

〔4〕 参见冯韵："美国辩诉交易达成后还可以提起上诉吗?"，载"法律读库"微信公众号2019年8月17日。

〔5〕 钟亚雅："认罪认罚被从宽处理后又想上诉获减刑"，载《检察日报》2019年4月9日。

证，恰恰反映出了支持者所持的一种观点：被追诉人之所以能够获得认罪认罚之从宽优惠恰恰是由于其在程序方面放弃了完整诉讼程序保障之权利，二者之间存在一种对价关系，而程序方面的再诉求应该从实体上剥夺其从宽优惠。

　　反对者则认为检察机关以抗诉方式回应被追诉人的"技术性上诉"这一做法值得商榷。第一，虽然被告人违反了认罪认罚具结书之合意进而上诉有悖诚信之原则，但根据现有法律之规定，被告人的上诉权并不因具结书的签署而被剥夺，其上诉行为完全合法。允许检察院以抗诉权来"威胁"被告人的上诉权，存在剥夺被追诉人上诉权之嫌，并且势必会发生反向传导，影响到审前阶段犯罪嫌疑人认罪认罚的自愿性。[1]并且，如果一审判决作出后以被告人的上诉举动作为抗诉的依据，不仅会在一定程度上压缩上诉不加刑的适用范围，破坏二审终审原则，更重要的是，会导致一审法院在宣判时瞻前顾后，难以作出公正裁判。[2]因此，应当对被告人行使上诉权保持一定的容忍。第二，检察机关单纯基于被告人上诉而提出抗诉缺乏直接法律依据，因为其并不属于"一审判决、裁定确有错误"的任何一种情形。而认为被告人上诉对于程序的违背能导致法院一审判决被动产生错误也是缺乏合理解释的。因此，"检察机关对被告人的反悔权应当保持克制"。因为，"检察机关的抗诉权是悬在被追诉人头上的达摩克利斯之剑"。[3]实践中，不少认罪认罚被

---

　　〔1〕　闵丰锦："一般不应抗诉：认罪认罚后'毁约'上诉的检察谦抑"，载《河南财经政法大学学报》2020年第3期。

　　〔2〕　王恩海："认罪认罚动机不是抗诉理由"，载《上海法治报》2019年4月24日。

　　〔3〕　洪浩、方姚："论我国刑事公诉案件中被追诉人的反悔权——以认罪认罚从宽制度自愿性保障机制为中心"，载《政法论丛》2018年第4期。

告人上诉后得知检察院因其上诉而抗诉，随即提出撤回上诉请求，这充分体现出了抗诉对上诉的震慑作用。而此时检察院是否同步撤回抗诉、二审法院是否允许撤回上诉，则体现出了司法机关对认罪认罚被告人上诉行为的限制与惩罚程度。其中，对被告人震慑性最大、有穷追猛打意味的是"被告人上诉则检察院抗诉，被告人得知抗诉后就申请撤回上诉，但检察院也不因撤回上诉而撤回抗诉，二审法院也不允许撤回上诉"。[1]此类抗诉是以"审判监督"之名行"制裁被告人"之实，是抗诉权的错位。[2]深圳市中级人民法院在个案中指出："上诉人在一审审理阶段同意适用认罪认罚程序审理，并签订了认罪认罚具结书，据此获得量刑减让，一审宣判后又以量刑过重为由提出上诉，违背之前认罪认罚的承诺，虽其行为有违诚实信用原则，但根据现行法律规定，被告人不服一审判决仍然可以提出上诉，综合全案事实和证据，原判根据犯罪事实、情节，社会危害程度及归案后的认罪、悔罪表现，量刑并无不当，抗诉机关的抗诉理由不能成立。"[3]同时，审理该案的法官公开撰文释法说理，直言"司法不能诛心"，指出"被告人的上诉权是受法律保障的，不能因为签署过认罪认罚具结书就予以剥夺或限制，也不能因为违背认罪认罚的承诺就予以抗诉加刑"。[4]

况且，被追诉人上诉之原因并非完全出于"恶意"，可能确实是基于量刑过重而提出上诉，并非一定是不认罚。至于在践

---

〔1〕 闵丰锦："一般不应抗诉：认罪认罚后'毁约'上诉的检察谦抑"，载《河南财经政法大学学报》2020年第3期。

〔2〕 赵赤："对认罪认罚后'反悔'的案件提出抗诉应当慎重"，载《检察调研与指导》2017年第4期。

〔3〕 参见广东省深圳市中级人民法院〔2018〕粤03刑终43号刑事裁定书。

〔4〕 张薇、李磊："认罪认罚从宽案件上诉权的限定问题"，载《人民法院报》2018年7月18日。

行认罚承诺后希望得到更轻量刑优待，也是功利主义的基本人性使然，司法机关不应苛责其内心相左、强求其道德洁癖、质疑其动机不纯，更不应以抗诉权威胁上诉权。[1]尤其是在被追诉人仅针对量刑不公提起上诉的情况下。被告人在审前阶段的认罪认罚已经带来了个案的程序从简、节约资源之效，被告人合法的诉讼权利已经处于"自愿放弃"的最小化程度。倘若被告人因忌惮抗诉后被加刑，抗诉加刑的震慑效果势必会向前传导、反作用于侦查阶段和审查起诉阶段。尤其是在检察机关内部实行捕诉一体的集约化办案机制背景下，认罪认罚从宽制度之中的控辩协商难免会显得过于不平等。在此种司法"霸凌"之下，因害怕认罪认罚后上诉会被"撤销"从宽处理的"心理恐慌"可能引发被告人的对抗情绪，不利于修复社会关系。这不仅会侵蚀认罪认罚从宽制度的价值基础，甚至可能造成"被认罪"或"认假罪"的冤假错案。[2]甚言之，在捕诉一体和认罪认罚的制度耦合下，检察权已经集刑事诉讼的内部整合与外部主导于一体，被追诉人普遍文化程度较低、对认罪认罚从宽制度的理解本就有限，倘若以各种方式限制认罪认罚被告人的反悔权与上诉权，长此以往甚至可能会造成侦诉审三阶段的"隐性胁迫"现象，后果可谓十分严重。[3]

---

〔1〕　闵丰锦："一般不应抗诉：认罪认罚后'毁约'上诉的检察谦抑"，载《河南财经政法大学学报》2020年第3期。

〔2〕　在侦查中心与口供中心的双重作用下，个别被追诉人基于自身利益，或者"被认罪"或者"认假罪"，刑事诉讼中出现了一定的假认罪现象。（闵丰锦："一般不应抗诉：认罪认罚后'毁约'上诉的检察谦抑"，载《河南财经政法大学学报》2020年第3期。）

〔3〕　闵丰锦："一般不应抗诉：认罪认罚后'毁约'上诉的检察谦抑"，载《河南财经政法大学学报》2020年第3期。

（六）被追诉人认罪认罚之自愿性与真实性认定问题

认罪认罚从宽制度之量刑建议的核心依据是具结书的签署，而签署具结书则必须出于被追诉人之内心真实意思表示，其集中表现为认罪认罚之自愿性和真实性。认罪认罚的自愿性是认罪认罚从宽制度得以存在之正当性基础之一，只有自愿才能保证真实，才能基于此而作出从宽之判决。如果被追诉人作出认罪认罚是基于自身认知能力不足或是在受其他非法因素干扰等情况下而为的，如此便使得认罪认罚缺失自愿性之保障，进而致使丧失了程序的正当性，最终可能造成冤假错案。由此可见，"自愿认罪认罚"是认罪认罚从宽制度的前提，而构建认罪认罚"自愿性"的有效审查机制，无疑是完善认罪认罚从宽制度的"原点"。[1]学者谢登科和周凯东认为，认罪认罚自愿性通常包括认识明知性、评估理智性和选择自由性三个要素。认识的明知性需要被告人较为清晰地知悉控诉方所指控的犯罪事实及证据材料；评估的理智性要求被告人具有辨别是非、利害关系以及控制自己行为的能力，能够有效评估认罪认罚所产生的法律后果；而选择的自由性则要求被告人在认罪认罚的问题上可以自由选择认罪认罚，抑或不认罪认罚甚至还可以保持沉默，被告人选择时应免受司法机关工作人员和其他人员的外部干涉，可以根据其自由意志抉择。[2]只有保证了认识明知性、评估理智性和选择自由性这三个要素，才能真正保证被追诉人认罪认罚之自愿性，才能保证认罪认罚从宽制度的一个正当性基础。因此，审查被追诉人认罪认罚的自愿性是审查起诉阶段检察机

---

〔1〕 卢君、谭中平："论审判环节被告人认罪认罚'自愿性'审查机制的构建"，载《法律适用》2017年第5期。

〔2〕 谢登科、周凯东："被告人认罪认罚自愿性及其实现机制"，载《学术交流》2018年第4期。

关的工作重点，因为这是其提出量刑建议、签署具结书的重要前提。同时也是审判阶段审判机关审查之重点，因为这是其最终能否依据认罪认罚从宽制度进而作出从宽判决之根本依据。学者卢君和谭中平认为，审查"自愿性"应同时考虑"明知性"和"事实基础"。在认罪认罚从宽语境下，所谓"明知性"，即被告人明确知道和理解认罪认罚的含义，以及认罪认罚的程序性后果与实体性后果。所谓"事实基础"，是指被告人所承认的罪行符合案件真实情况。[1]

　　在认罪认罚从宽案件中，法官普遍重视认罪认罚"自愿性"审查，并在一定程度上认为应区分"认罪自愿性"和"认罚自愿性"。以"无异议"检验作为"自愿性"审查的主要标准。并且，在罪行较轻的案件中，法官似乎有意降低了自愿性审查标准，而在罪行可能较重的简易程序案件中，又通过"明知性"检验和当庭讯问，从正面强化了"自愿性"审查。将"明知性"检验作为"无异议"检验的前提，在"明知性"基础上进行"无异议"检验，"无异议"就可以更为可靠地推断出认罪认罚的"自愿性"。同时，根据罪行轻重设置不同的"明知性"检验程序和标准。但从逻辑上讲，由对指控事实、罪名及量刑"无异议"推断"自愿性"是存在问题的，因为"无异议"本身可能是"非自愿"的结果。实践中之所以将"无异议"作为主要检验标准，一方面是因为"有异议"是法定的不得适用简化诉讼程序的条件，另一方面是因为从正面对"自愿性"进行实质审查比较困难，而"无异议"标准比较好操作。也可以说"无异议"审查本身赋予法官的审查义务要小于从正面对"自愿性"进行实质性审查，甚至可以说"无异议"检验就是"自愿

_____

〔1〕　卢君、谭中平："论审判环节被告人认罪认罚'自愿性'审查机制的构建"，载《法律适用》2017年第5期。

性"审查的最低标准。与此同时，实践中存在以认罪"自愿性"推断认罚"自愿性"的做法，或者笼统地将认罪和认罚同时进行"无异议"检验，明显存在偏误，可能导致被告人丧失诉讼主体地位，并使诉讼程序简化失去正当性。注意认罚"自愿性"问题的相对独立性，既要特别注意检验认罚的"明知性"，只有被告人充分理解认罚的含义及后果，其认罚才可能是真正"自愿"的；又要注意案件的"事实基础"，以确定认罚是否符合罪刑相适应的要求，避免认罚沦为"买卖正义"。同时，认罪"自愿性"与认罚"自愿性"在审查方式和认定标准上也应存在差异。就认罪而言，"自愿性"审查受"事实基础"问题影响较大，审查方式主要是在阅卷基础上对被告人进行直接讯问；就认罚而言，"自愿性"受"明知性"影响较大，审查方式主要是在充分告知和释明认罚含义和后果的基础上，直接听取被告人或律师意见。[1]

基于认罪认罚从宽制度之司法实践，目前仍存在着较高的非自愿认罪认罚之风险。主要原因包括：第一，被追诉人基于种种主客观原因之考虑可能非自愿认罪。一方面可能是无辜的被追诉人在没有外在压力的情况下基于自身的认识错误或者其他心理或者精神因素而选择认罪。另一方面可能是被追诉人基于一定的功利目的或其他心理或精神因素而选择认罪。第二，非法侦查讯问行为以及特殊审讯策略和技术的使用可能导致非自愿认罪。因为一旦供认有罪，对于被追诉人选择认罪程序无疑会产生极大的心理影响：一来真正有罪的人在已经供认犯罪的情况下没理由不选择能够让自己获得较轻量刑的认罪从宽程序；二来即便是无辜的人，在"被迫"供认自己有罪的情况下，

---

〔1〕 卢君、谭中平："论审判环节被告人认罪认罚'自愿性'审查机制的构建"，载《法律适用》2017年第5期。

基于对未来通过审判可能被定罪并被处以较重刑罚的恐惧，以及尽早摆脱羁押状态的迫切心理，也很有可能选择能够让自己早日解脱的认罪程序。[1]如美国的雷德审讯法作为一种心理强制讯问方法，并不违反"米兰达规则"，其在获取嫌疑人的有罪供述方面相当有成效：在20世纪90年代的美国，警察使用该审讯方法不仅促使78.29%的犯罪嫌疑人放弃了"米兰达权利"，还导致24.18%的嫌疑人彻底作出了有罪供述（即嫌疑人承认了犯罪的所有要素），17.58%的嫌疑人作出了部分供认（即嫌疑人承认了犯罪的部分要素），22.53%的嫌疑人作出了归罪性的陈述（即虽然嫌疑人并未承认犯罪的任一要素，但是他却提供了一些使得警方认为他有罪的信息）。[2]但是，正如有学者所指出的："雷德审讯法在获取有罪嫌疑人的供述方面是非常有效的……但是它也提高了从无辜嫌疑人那里获取虚假供述的风险"。[3]第三，证据先悉权的缺陷以及无罪判决率畸低可能导致被追诉人非自愿认罪。从理论上来说，被追诉人只有在充分了解控诉方所掌握的证据（包括控诉证据和辩护证据）的基础上，才能更为准确地预测法庭审判的结果，从而理智地作出是否认罪的决定。因此，证据先悉权是认罪自愿性的重要保障机制。但在认罪认罚程序进入审查起诉阶段后，辩护人依法享有的阅卷权和申请调取辩护证据的权利，对于被追诉人而言是不具有的。如被追诉人被排除在阅卷权的主体范围之外；缺失侦查阶

---

[1] 史立梅："认罪认罚从宽程序中的潜在风险及其防范"，载《当代法学》2017年第5期。

[2] 参见赵东平："论美国九步审讯法中的'夸大策略'及其借鉴意义"，载《暨南学报》2014年第10期。

[3] Brian L. Cutler, Keith A. Findley and Timothy E. Moore, "Interrogations and False Confessions: A Psychological Perspective", *18 Canadian Criminal Law Review*, 157 (2014).

段的阅卷权；追诉机关对其所掌握的辩护证据没有强制披露义务，从而使被追诉人的知悉权得不到保障。[1]认罪认罚必须以从宽为激励，从理性经济人角度分析，其对于真正实施犯罪之人是一种合适之选，但同时可能导致无罪之人基于正式审判获得无罪判决之概率畸低而作出虚假的有罪供述。因为对其而言，利益最大化取决于在通过普通审判程序获得无罪判决和通过认罪认罚程序获得较轻量刑之间的权衡。而我国无罪判决率极低是一个不争的事实。[2]这也成了影响我国认罪认罚从宽程序正当性的一个消极因素。第四，无效律师帮助可能导致虚假认罪。"有一些无辜被告人对刑事司法体系非常不信任，以至于认为即便经过审判也难逃被定罪的命运。这种不信任的感觉有时候是被律师给激发出来的，这些律师一上来就带着被告人有罪的推定，其开始和终结代理都是围绕着寻求最合适的（辩诉）交易这一主题来进行的。"[3]律师在认罪认罚程序中的角色定位模糊不清。实践中，被追诉人自愿认罪认罚在先，公安司法机关通知值班律师提供法律帮助在后。如此一来，值班律师帮助的目的不在于确保认罪认罚的自愿性，而是在于强化被追诉人已经做出的选择。其甚至变成了公安司法机关的"合作者"，成了说

---

〔1〕 史立梅："认罪认罚从宽程序中的潜在风险及其防范"，载《当代法学》2017年第5期。

〔2〕 根据最高人民法院2014年至2017年的工作报告，2013年至2016年我国的无罪判决率分别为0.071%、0.065%（公诉案件0.044%）、0.084%（公诉案件0.054%）、0.088%（公诉案件0.053%）。概言之，我国无罪判决的比例不足1‰。具体到个别地区，这个比例低到可以忽略不计的地步。如2015年浙江省判决5人无罪，无罪率仅为0.004%，每2.5万名被告人中，才有1人被判无罪。（欧阳雨晨："无罪判决率还有不少提升空间"，载《中国青年报》2017年1月12日。）

〔3〕 Andrew D. Leipold, "How the Pretrial Process Contributes to Wrongful Convictions", *42 American Criminal Law Review*, 1154 (2005).

服被追诉人选择认罪认罚的"说客"。[1]除此之外，我国审判环节认罪认罚"自愿性"审查的方式是以阅卷为主、讯问被告人和听取律师意见为辅。然而，我国律师实质参与率却遭受质疑。[2]法律帮助申请比例偏低使得法律帮助制度的实际运行效果大打折扣，也使得刑事速裁案件精简诉讼程序的正当性受到了质疑。法律帮助工作机制流于形式，未发挥应有作用。[3]

考虑到在中国现阶段认罪认罚从宽制度的运行尚面临着较高的非自愿风险，其原因包括但其实远不限于非法侦查讯问行为的存在、律师帮助权的缺位以及证据先悉权的缺陷等。[4]为了有效保障被追诉人认罪认罚的自愿性，刑事诉讼法尚需从有效控制侦查讯问权、提升被追诉人的防御能力等方面进行制度建构，尤其是要从实现认罪认罚案件的有效辩护出发，尽快明确值班律师的辩护人身份，赋予值班律师在场、阅卷及量刑协商等权利，以保障其能够尽职尽责地维护被追诉人的合法权利。[5]

认罪认罚从宽制度得以存在之另一个正当性基础便是认罪认罚之真实性。可以说，真实性比自愿性更重要。只有自愿才能保证真实，但并非只要自愿便能保证真实。因为由于会有类似电影《全民目击》中"替罪"现象的发生，这样的"自愿

〔1〕　史立梅："认罪认罚从宽程序中的潜在风险及其防范"，载《当代法学》2017年第5期。

〔2〕　卢君、谭中平："论审判环节被告人认罪认罚'自愿性'审查机制的构建"，载《法律适用》2017年第5期。

〔3〕　姚莉："认罪认罚程序中值班律师的角色与功能"，载《法商研究》2017年第6期。

〔4〕　史立梅："认罪认罚从宽程序中的潜在风险及其防范"，载《当代法学》2017年第5期。

〔5〕　闵春雷："认罪认罚从宽制度的适用困境及理论反思"，载《法学杂志》2019年第12期。

性"对于整个刑事审判活动尤其是适用认罪认罚从宽制度之案件是极其可怕的。认罪认罚从宽制度的实施似乎使得刑事诉讼的运作呈现出一种"多赢"的局面：被追诉人既可以摆脱一定程度的程序煎熬，又可获得一定的量刑优惠；相关机关既可提高办案效率又可规避一定范围的追责风险；国家既可在节约司法资源基础上实现惩罚犯罪之目的，又可促进立法之科学化、治理方式之现代化进程；社会则可以因矛盾的化解而实现和谐。然而，表面"繁华"的背后却隐藏着一颗不定时"炸弹"，而其足以摧毁整个"多赢"局面。这颗炸弹就是认罪认罚之真实性的真伪判断。

伴随着认罪认罚从宽制度的试点、立法、实践之不断推进，制度适用范围越来越广，适用数量越来越大，影响面也随之扩张。但对于如此之适用境况，到底有多少被追诉人是基于悔悟而认罪认罚？如果被追诉人的认罪认罚只是一场口服心不服的精致表演，那么，对其予以从宽还是否正当？或者，在这种情况下，被追诉人是否应该得到与基于悔罪而认罪认罚的被追诉人同样的量刑折扣？究竟是因被追诉人悔罪而对其予以从宽，还是以从宽激励其悔罪？从宽真的能激励悔罪吗？激励机制会以何种方式作用于认罪认罚者的内心抉择？认罪认罚是否以悔罪为前提条件？真诚悔罪与虚假悔罪又该如何区分？不悔罪的认罪认罚，即所谓的技术性认罪认罚，会对该制度的实施效果产生何种影响？[1]这些质疑一直拷问着整个认罪认罚从宽制度，更直接针对真实性这一核心。

认罪认罚从宽制度之量刑建议的核心依据是具结书的签署，而签署具结书则必须出于被追诉人之内心真实意思表示，而具

---

[1] 闫召华："虚假的忏悔：技术性认罪认罚的隐忧及其应对"，载《法制与社会发展》2020年第3期。

结书的签署一旦非基于被追诉人之自愿和非基于其真实意思表示，则会导致发生刑事误判，进而对于整个认罪认罚从宽制度适用造成极其负面的影响。刑事误判的发生是对人类文明底线的挑战，具有非常严重的危害性，不仅会对被冤枉者本人及其家庭造成严重伤害，还会对司法公信力乃至国家的形象造成严重伤害。[1]在美国，为防止无辜的被告人被错误定罪，有罪答辩制度不仅要求被告人做有罪答辩应出于自愿、理智、明知，且要求有罪答辩必须具备事实基础，但对事实基础的审查无需采对抗制式，其证明程度也无需达到审判定罪的要求。[2]坦诚而言，尽管美国的有罪答辩制度为被告人有罪答辩的自愿性、明智性和真实性提供了一系列制度保障，但因法官对有罪答辩事实基础的司法审查过于宽松，审查标准不够明确，加之其他种种因素，导致不少没有实施犯罪的被告人受到有罪判决。[3]美国的相关机构仅通过定罪后的 DNA 检测就已使来自 37 个州的 329 名无辜者得以昭雪（其中 20 人曾一度被判处死刑）。[4]这是刑事误判所造成的对被追诉人一方产生不利影响的方面。

　　另一方面，如果被追诉人认罪认罚非基于其真实悔罪，则必然会给认罪认罚从宽制度的适用带来极大的正当性质疑。基于《指导意见》对"认罪"与"认罚"两个核心词汇的诠释与分析，二者均未直接要求被追诉人之真正悔罪。退一步讲，或者说二者最多只是在"行为"层面上对"悔罪"提出要求，然

---

〔1〕　李奋飞："美国死刑冤案证据剖析及其启示"，载《中国人民大学学报》2013 年第 6 期。

〔2〕　史立梅："认罪认罚从宽程序中的潜在风险及其防范"，载《当代法学》2017 年第 5 期。

〔3〕　孙长永："认罪认罚案件的证明标准"，载《法学研究》2018 年第 1 期。

〔4〕　李奋飞："刑事误判治理中的社会参与——以美国无辜者计划为范例"，载《比较法研究》2016 年第 1 期。

而却未涉及也无法涉及"心理"层面上的悔罪。以"悔罪与认罚的关系"为例，一方面，悔罪者不一定能够认罚。通常而言，悔罪者自然会心甘情愿地接受处罚，但绝不否认这种悔罪还可能恰恰是基于对惩罚的恐惧或正是为了免于处罚以及其所受赔偿处罚之客观不能。另一方面，认罚者则不一定悔罪。虽然认罚能够在一定程度上反映出悔罪，但不绝对。因为接受处罚并不能证明被追诉人认可据以进行惩罚的论据和逻辑，更不意味着被追诉人已经认识到自己犯罪行为之破坏性和可惩罚性，甚至对于认罚这只是被追诉人的一种策略选择，更尚未涉及其弃恶从善的心理诉求。然而，根据顶层设计者增设"认罚"规定之目的考量，其更加注重"认罚"与"悔罪"之一致性。[1]因为"认罚"之双重意义包括：在程序上，认罚体现被追诉人对于追诉行为配合的良好态度，减少程序之对抗，增强其从速、从简的合理性；在实体上，认罚表明被追诉人之低人身危险性和高可改造性，提升对被追诉人特殊预防之功效，使得从宽处罚更具正当性。而这种双重意义均属于真正悔罪所呈现的效果，可见，悔罪是适用认罪认罚从宽制度的内在要求。综合而言，认罪认罚从宽制度适用困境产生的原因之一便是：认罪认罚与悔罪之间顶层设计之"一致性"的要求与"不一致"的现实可能之间的矛盾，即技术性认罪认罚。[2]

而技术性认罪认罚的滋生及泛滥不仅影响到认罪认罚从宽制度的法律效果与社会效果，而且有可能从根本上动摇该制度的价值导向和思想基础，最终很有可能演变为以激励未来更多

---

〔1〕 认罪认罚从宽制度更强调犯罪人的认罪悔罪态度，更有利于其教育改造，实现预防再犯罪的刑罚目的。（王爱立：《〈中华人民共和国刑事诉讼法〉修改与适用》，中国民主法制出版社2019年版，第45页。）

〔2〕 指被追诉人虽认罪认罚但不悔罪。

犯罪为代价提高当前追诉犯罪的效率，以回避或掩盖犯罪引发的社会矛盾的方式治理矛盾，以突破刑事司法基本原则和牺牲社会公正为成本实现具体案件诉讼参与人的多方"共赢"。[1]

首先，技术性认罪认罚不利于惩罚犯罪的有效性。准确、及时、有效地惩罚犯罪是认罪认罚从宽制度改革之重要目标。刑罚的后果导向可能有两种：一是正面导向，促使被追诉人形成悔罪心理进而从行为上改恶向善；二是负面导向，增强其反社会心理即对抗情绪，促使其走向再犯。真正的悔罪能够帮助被追诉人实现自我重建，进而消除自己与社会之间的裂痕，实现自我的再社会化。相反，则会使被追诉人纠结于法律适用的不公平以及社会的否定性评价，却无法认识到自身的罪过进而产生悔过之转变。当然，被追诉人这种转变的无法实现还可能是因为其缺乏道德自知和自我改变之能力。基于此，技术性认罪认罚的被追诉人可能将其所获得的从宽处罚视为一种其配合追诉之对价、降低犯罪成本之策略，而绝不会认为这是一种国家对其的"仁慈"和"怜悯"。[2]

其次，技术性认罪认罚有损从宽处罚之正当性，威胁到罪责刑相适应原则。认罪认罚从宽的目的是确保专门机关"依法、及时、公正履行追诉、惩罚犯罪的职责"，被追诉人"只是通过认罪认罚来争取从宽"。[3]认罪认罚从宽制度之所以能够作为一种从宽的独立理由或情节，正是因为其认为认罪认罚能够反映

---

〔1〕　闫召华："虚假的忏悔：技术性认罪认罚的隐忧及其应对"，载《法制与社会发展》2020 年第 3 期。

〔2〕　闫召华："虚假的忏悔：技术性认罪认罚的隐忧及其应对"，载《法制与社会发展》2020 年第 3 期。

〔3〕　胡云腾："准确适用认罪认罚从宽制度在更高层次上实现刑事司法公正与效率相统一"，载胡云腾主编：《认罪认罚从宽制度的理解与适用》，人民法院出版社 2018 年版，序言第 4 页。

出被追诉人更好的悔罪。从实体上而言，认罪认罚能够表明被追诉人人身危险性之降低以及可改造性之提高；从程序上而言，认罪认罚体现了对追诉活动定罪与量刑的配合。总而言之，之所以将认罪认罚纳为从宽量刑情节，就是因为悔罪在促使被追诉人发生从内向外的转变等方面，发挥了刑罚所无法替代的作用。而一旦脱离悔罪态度，认罪认罚在实体法上将变得了无新意，在程序法上也会直接影响其本身的自愿性、真实性，从而侵蚀其作为独立的从宽量刑情节的根基。而真正的悔罪认罪罚、不悔罪的认罪认罚、既不认罪也不认罚三种情形之间在实体和程序方面的意义不完全一致，而前两者之间在适用认罪认罚从宽制度时该如何区分则成了难题，一旦机械地套用从宽标准，便会与立法目的相悖。[1]

最后，技术性认罪认罚对社会关系的修复不利。悔罪一个非常重要的价值便是对于被犯罪破坏的社会关系具有修复作用，既有利于促进被追诉人与被害人之间关系的修复，又有利于被追诉人与家庭成员乃至其他社会成员关系的恢复。因为犯罪活动对被害人的伤害通常不限于身体、财产等方面，而对于其内心的创伤可能更甚，只有被追诉人的真诚悔罪才可能获得被害人内心层面的谅解，以抚慰被害人内心之平衡。同时，只有真诚悔罪才能使其他社会公众对被追诉人予以重新接受，使其尽快重新融入社会。而技术性认罪认罚则至多地在某种程度上减轻被害人对其的憎恨，但绝不可能从内心予以原谅，也无法得到社会公众之内心认可，以致社会关系无法真正得到修复。

技术性认罪认罚的选择通常可以反映出被追诉人的两种心态：一是对于惩罚坦然面对但内心却不悔罪；二是只是为少受

---

[1] 闫召华："虚假的忏悔：技术性认罪认罚的隐忧及其应对"，载《法制与社会发展》2020 年第 3 期。

惩罚而采取的一种权宜之计。其中，第二种给惩罚犯罪的准确性带有很大的迷惑性，[1]容易导致专门机关放松防范和戒备心理，进而降低证明标准，对其施以最轻的处罚。技术性认罪认罚出现及常态化的原因包括：

第一，认罪认罚制度本身具有内在强迫性。真正的悔罪必须基于内心的自愿，但是按照目前制度立法之逻辑，认罪是从宽的前提条件而非从宽是认罪的交换条件。除此之外，获得被追诉人认罪在某种程度上仍依赖于传统机制之内在强迫性：如被追诉人仍有"如实回答"侦查人员提问之义务，在刑讯方法、地点和程序方面仍存在对被追诉人不利之规定，致使此种环境下的认罪并非基于自愿。对于认罚，则只有在被追诉人认罚的前提下，人民检察院才提出量刑建议，而这种先后顺序的设定会对被追诉人形成一定的逼迫感。与此同时，由于官方对该制度的大力推进，导致认罪认罚与不认罪认罚的法律后果之间存在鲜明对比，这在无形之中给被追诉人造成了潜在的压迫感。

专门机关对认罪认罚的理解过于形式化。认罪认罚的最佳状态应该是悔罪心理与悔罪行为的统一，即既要从内心自愿悔罪又要在行为上表现出主动性。然而，悔罪行为与悔罪心理并非完全具有一致性，前者对后者的反应带有或然性。认罪认罚制度本身要求悔罪心理与悔罪行为的一致性，[2]然而部分专门机关在适用该制度时，则存在割裂二者一致性而过于重视外在表现的倾向，对于被追诉人的悔罪心理则予以忽视。当然，这与悔罪心理的难以甄别存在关系。实践中甚至存在以认罪认罚

---

〔1〕 如表面上认罪态度很好也积极配合专门机关工作主动赔偿损失等，但实际上存在避重就轻、避主认从并偷偷转移财产等。

〔2〕 如要求投案的自动性、认罪认罚的自愿性、赔偿损失的积极性、预交罚金的主动性等。

具结书代替被追诉人认罪认罚自愿性、真实性的证明之倾向。依目前法律之规定，值班律师或辩护律师的"在场"行为可以证明被追诉人认罪认罚的自愿性和真实性。其实则不然，值班律师或辩护律师"在场"行为只能证明具结书签署时被追诉人没有直接受到刑讯逼供等外部力量的影响，但无法证明整个认罪认罚过程的自愿性和真实性。[1]

第二，对于真诚悔罪的判断缺乏统一的标准。作为一种心理状态，悔罪极具个性化和复杂化，难以设计统一的标准予以衡量和评价。真诚悔罪的判断之难首先体现在心理的隐秘性上，对心理的探知本身就很难。其次，悔罪心理与行为、情绪甚至感觉均存在伴生性，纯粹的心理反应是很少的。再次，悔罪心理及其外显形式是因人而异的，受其个人阅历的影响。最后，悔罪心理同时很可能带有反复性而并非一成不变。而这些特征共同决定了悔罪心理的难以衡量与评价，在某种程度上也会使专门机关"避重就轻"。

第三，激励机制存在"过度调整"之嫌。关于人的本能冲动的理论研究成果表明，简单化地为某种行为设置预期激励不仅不会增强人们实施特定行为的内在需要，反而有碍于这种内在需要的形成。在相关的实验中，"那些因被提前告知将因实施某种行为而获得奖励进而实施了特定行为的人，在下一轮不存在奖励制度时反而失去了行为的动力；相反，那些从未被提前告知奖励机制而实施了特定行为的人，一直维持着实施行为的

---

〔1〕 韩旭："认罪认罚从宽制度实施检察机关应注意避免的几种倾向"，载《法治研究》2020年第3期。

内在冲动，不管他们后来是否得到意外奖励"。[1] 很多社会心理学家还发展出了解释这一实验结果的系统理论——"过度调整假设"（overjustification hypothesis）。该理论认为，当某人实施某一行为时，其会以观察行动中的其他人的方式观察自己。然后，其会从观察中得出自己喜欢什么或不喜欢什么的推论。该推论将会强化或者减弱其自己关于喜欢什么或者不喜欢什么的态度。如果其行为被外部因素"过度调整"，那么，其就会将自己的行为归因于这些外部因素，而非自己的内在需要。[2] 如果被追诉人选择认罪认罚仅是为了追求从宽处罚的利益，那么，从宽处罚就很容易成为过度调整被追诉人行为方式的外部因素，这反而会掩盖和抑制被追诉人出于悔罪而认罪认罚的内在动力。并且，从宽幅度越大，抑制作用可能就越明显。

第四，报应刑观念根深蒂固。报应观在我国传统思想和文化中仍居于举足轻重的地位，并且有深厚的群众基础，而这会直接影响专门机关刑事司法的价值取向。报应观与悔罪二者之间存在逻辑冲突：前者注重对过去犯罪行为的惩罚，后者面向未来弃恶从善之可能。前者可能导致公众对被追诉人基于其犯罪行为而全盘否定，进而对被追诉人产生强化效应而使其再次实施犯罪。

技术性认罪认罚还可能加剧认罪认罚从宽制度实施过程中出现的一些负面的社会效果。自开展认罪认罚从宽制度改革试点以来，对其实施效果，社会上一直存在两种质疑：一是刑罚

---

〔1〕 Richard M. Ryan and Edward L. Deci, "Self-Determination Theory and the Facilitation of Intrinsic Motivation, Social Development, and Well-Being", *American Psychologist*, Vol. 55, No. 1 (Feb., 2000), p. 69.

〔2〕 Sherry F. Colb, "Oil and Water: Why Retribution and Repentance Do Not Mix", *Quinnipac Law Review*, Vol. 22, No. 59 (2003), p. 81.

过度轻缓，如何避免放纵犯罪？据统计，在试点期间，认罪认罚案件的非监禁刑适用率达到了 37.2%。[1]在个别地方，认罪认罚案件的非监禁刑适用率甚至已高达 64.4%。[2]认罪认罚确实应当从宽，但从宽是否应该有个限度？到底该基于何种标准判处缓刑？二是认罚赔偿从宽会不会出现"花钱买刑"的情形？试点情况表明，被追诉人赔偿损失对其最终被判处的刑罚有着直接、重要的影响。充分的赔偿不仅能为被追诉人带来更大的宽宥，而且也会使附带民事诉讼原告人的上诉率明显降低。但这样是否会导致具有不同赔偿能力的人在法律适用上的不平等？是否应当考虑赔偿的意愿？可以说，在技术性认罪认罚的情况下，上述质疑都将变得更加合理。这是因为，如果被追诉人毫不悔罪，那么，被专门机关极为看重并视为改革成效的非监禁刑适用率或者息诉服判率的意义将可能不再重大。[3]那么，如何判断被追诉人是否真正悔罪？

悔罪要求被追诉人首先应该认识到自己的罪过，其次要对自己的罪过产生悔恨之意，最后进而产生改恶从善之意愿。但因个体以及个案之差异决定了其悔罪的程度也会有所区别，往往并非是一种简单的"全有全无"绝对化的状态。塔西乌拉斯教授认为，悔罪是行为人对其不道德行为的适当的内在反应，其包括负罪感、自我谴责、忏悔与道歉，对错误的道德补偿以及不再犯类似罪行的决心。悔罪的适当性体现在对先前错误行

---

〔1〕 参见周强："最高人民法院关于加强刑事审判工作情况的报告（2019年10月23日）"，载 http://www.chinacourt.org/article/detail/2019/10/id/4591214.shtml，2020年7月22日访问。

〔2〕 参见杨立新："认罪认罚从宽制度试点总结报告"，载胡云腾主编：《认罪认罚从宽制度的理解与适用》，人民法院出版社2018年版，第271页。

〔3〕 闫召华："虚假的忏悔：技术性认罪认罚的隐忧及其应对"，载《法制与社会发展》2020年第3期。

为的否定，而其内在性则强调悔罪来自于内心驱动，而不是考虑到悔罪的实际效果。[1]由此可见，真正的"悔罪"应该是一个"心理+行为"的过程，"心理"则包括认识到罪过并悔恨罪过进而产生改变的意愿，而"行为"则应该是"心理"的外显，往往通过具体的语言和表现予以显现——即悔罪表现，而悔罪心理结合悔罪表现才是行为人真正的"悔罪"状态。只是，"悔罪"的"心理"和"行为"并非完全一致，即可能出现"心理"上并不真心悔罪但在"行为"上却实施悔罪之行为的情况，正是这种"不一致的状态"对认罪认罚从宽制度的适用造成了很大的困境。

　　基于上述分析可知，悔罪是一种"心理"+"行为"之综合体，且二者之间并不存在完全一致性，"行为"之表现难以绝对反映其"心理"之诉求。由此可见，其更多的应该表现为一种内心的主观反映，但对其的分析和把握却不能只是针对其"心理"，因为这样存在法学心理化之倾向，因此还要站在法学的视角对其进行把握。学者董坤认为，对于悔罪的具体判断"必须以认罪为前提，以认罚为载体，通过认罚的态度和各项行动综合判断悔罪的效果"。[2]技术性认罪认罚具有内在性、过程性及动态性三大特点，这也相应要求，对技术性认罪认罚的应对至少应树立三大理念，即内外结合、过程治理、动态调整。内外结合，是指专门机关不仅应关注认罪认罚的形式要件，还应以"形神兼备"的要求，综合考量被追诉人认罪认罚的内心起因。过程治理，则是以"过程-事件"的视角把握技术性认罪

---

　　[1]　See John Tasioulas, "Repentance and the Liberal State", *Ohio State Journal of Criminal Law*, Vol. 4, No. 2 (Spr., 2007), p. 488.

　　[2]　董坤："认罪认罚从宽制度下'认罪'问题的实践分析"，载《内蒙古社会科学（汉文版）》2017年第5期。

认罚的发生、发展，既要重视对真诚悔罪的督促和技术性认罪认罚的防范，以求拔本塞源，又不可忽略对技术性认罪认罚的准确识别、及时处理，做到批郤导窾。而同样重要的是，是否真诚悔罪是被追诉人的一种流动的心理状态，不宜根据某一个诉讼阶段或者某一个时间节点被追诉人的特定表现，对其作出一劳永逸的静态认定，而应前后贯通、动态观察、灵活调整。在理念更新的基础上，可以考虑从以下四方面系统地构筑技术性认罪认罚的防控机制。[1]一是实现认罪认罚的悔罪内涵及其识别原则的法定化。二是完善认罪认罚从宽与刑事和解的衔接机制，通过多元沟通机制督促真诚悔罪，加强对技术性认罪认罚的防范。三是构建相对独立的认罪认罚真诚性保障程序。四是明确技术性认罪认罚的法律后果。

制度的完善只是进行悔罪真实性判断的前提性设计，而真正的判断过程还要融入现实的审判过程。因此，选择"裁判者"的视角对此进行分析，则显得十分必要和可能。

第一，裁判者亲临和倾听审判。"每个罪犯的特殊预防必要性大小绝不可能是相同的。诚然，哪些要素会影响特殊预防必要性的大小，或多或少会有一些共识，或者说已经被类型化，如自首、立功、坦白等。但是，还有大量的影响特殊预防必要性大小的因素，没有被类型化，事实上对法官的量刑却起着重要作用。或许被告人在法庭上的表情、一个独特的眼神都可能影响法官对其再犯罪危险性的判断，进而影响预防刑。没有见到被告人的面孔，没有听到被告人说话，没有看到被告人的举止，就做出量刑判断的做法，是何等不可思议！"[2]

---

〔1〕 闫召华："虚假的忏悔：技术性认罪认罚的隐忧及其应对"，载《法制与社会发展》2020 年第 3 期。

〔2〕 张明楷："论预防刑的裁量"，载《现代法学》2015 年第 1 期。

第二，运用经验法则进行判断。经验法则是法官自由心证的基石。在日常审判中，法官无论是有意识还是无意识，都经常会运用经验法则评价证据、认定案件事实。我国相关的法律规定也认可了经验法则的地位。《最高人民法院关于民事诉讼证据的若干规定》第 9 条第 3 项规定，根据法律规定或者已知事实和日常生活经验法则能推定出的另一事实，该事实无需举证加以证明。《最高人民法院关于行政诉讼证据若干问题的规定》第 68 条规定，法庭可以对根据日常生活经验法则推定的事实等直接认定。上述两个关于证据规则的司法解释确认了经验法则在民事诉讼和行政诉讼中的地位和作用。最高人民法院出台的《办理死刑案件证据规定》第 5 条对界定"证据确实、充分"证明标准的一项要求是，根据证据认定案件事实的过程符合逻辑和经验规则，由证据得出的结论为唯一结论。关于认罪的判断，尽管未必非要达到死刑适用的证明标准，但是，经验法则可以同样运用于认罪的判断中。认罪的动机、方式多种多样，经验法则同样丰富多彩，法官根据案件需要会本能地选择具体的经验知识，就手头的案件进行识别和判断。为此，法官要注意生活和各行各业工作中的知识、常识以及身边生活中的经验法则。同时，也要注意自身经验的积累。法官阅历、经验越丰富，对案件的认知就越审慎、越仔细、越全面，作出的判断也就越准确。

第三，不讳言和回避法官的直觉判断。司法过程因理性和逻辑而被神圣化，司法裁判也因理性和逻辑的主导而被敬重。然而，公正合理的裁判结论绝不是仅仅凭借纯粹理性的逻辑推断过程就能够得出的。裁判者的情感、直觉顿悟、认知模式、价值取向、主观偏好等客观存在的非逻辑成分都掺杂其中。当然，由于直觉自身存在主观性、片面性和或然性，其运作难以描述，裁判者或许"习焉不察"，或许"存而不论"。然而，仔细观察不难发现，直觉在司法过程的各个环节中发挥作用，这是一个不容否认的客观事实。由此，法官的直觉对于判断被告人是否真心认罪、悔罪有时是十分重要的。波斯纳指出："直觉是我们的一套基本的确信，它埋藏得很深，我们甚至不知如何质疑它，它无法令我们不相信，因此，它也为我们的推理提供了前提。"[1]直觉未必是正确的，但是，在对被告人量刑时实现对每个需要考虑的因素都定型、类型化和量化实在是一件难以完成的任务。"当一个决定要取决于数个因素时，运用直觉，而不是努力清醒地分别评估各个因素，然后将之结合形成一个最终结论，也许更好。"[2]基于此，在判断"认罪"时，承认法官直觉的存在和运用，不讳言和回避法官的直觉判断，才是一种客观务实的态度。

（七）认罪认罚从宽之协商范围能否涉及定罪

认罪认罚从宽制度之实施可以就量刑上从宽目前并无太大争议，但这种从宽的力度是否可以扩张到定罪方面仍存在巨大争议。就美国之辩诉交易制度而言，控诉方可以与被追诉人及辩护律师进行协商不仅限于量刑，而且可以就定罪作出让步（如数罪减量或重罪减轻等），这是对被追诉人自愿认罪认罚的"奖励性回应"，而这也是辩诉交易制度能够发挥巨大作用的重要因素之一。但在我国，对此却不存在相似规定。《指导意见》并未直接就定罪问题予以规定，而是将其纳入"量刑建议的提出"这一部分予以释明。其内容主要包括：犯罪嫌疑人认罪认

---

〔1〕［美］理查德·波斯纳:《法理学问题》，苏力译，中国政法大学出版社2002年版，第93页。

〔2〕［美］理查德·波斯纳:《法官如何思考》，苏力译，北京大学出版社2009年版，第101页。

罚的，人民检察院应当就主刑、附加刑、是否适用缓刑等提出量刑建议。人民检察院提出量刑建议前，应当充分听取犯罪嫌疑人、辩护人或者值班律师的意见，尽量协商一致。办理认罪认罚案件，人民检察院一般应当提出确定刑量刑建议。对新类型、不常见犯罪案件，量刑情节复杂的重罪案件等也可以提出幅度刑量刑建议。提出量刑建议，应当说明理由和依据。犯罪嫌疑人认罪认罚没有其他法定量刑情节的，人民检察院可以根据犯罪的事实、性质等，在基准刑基础上适当减让提出确定刑量刑建议。有其他法定量刑情节的，人民检察院应当综合认罪认罚和其他法定量刑情节，参照相关量刑规范提出确定刑量刑建议。犯罪嫌疑人在侦查阶段认罪认罚的，主刑从宽的幅度可以在前款基础上适当放宽；被告人在审判阶段认罪认罚的，在前款基础上可以适当缩减。建议判处罚金刑的，参照主刑的从宽幅度提出确定的数额。上述规定虽然提及"主刑和附加刑从宽"的要求，但是始终未涉及"罪名"是否可协商或可减数等内容。并且，整个《指导意见》所暗含的认罪认罚从宽处理原则仍是坚持"罪刑法定原则"，而对于此原则则更多地理解为法律规定为罪或非罪、重罪还是轻罪、数罪还是单罪等均依据刑法之明文规定进行判读，绝不可任意改变。

对此，有学者存在不同理解，认为认罪认罚从宽可以实现免刑甚至免罪之可能。例如，我国老一辈学者储槐植教授提出了"赎罪"观念，认为"所谓赎罪是指抵消所犯之罪，实现自我非犯罪化，即对先前罪行自动消弭危害，从而祛除罪孽（消除犯罪）的状态"，而构成赎罪，不仅在客观上要有积极退赃退赔等赎罪行为，在主观上必须要有赎罪的决意，要有良知的复萌。[1]

---

[1] 储槐植、闫雨："'赎罪'——既遂后不出罪存在例外"，载《检察日报》2014 年 8 月 12 日。

基于这种观念，在行为人认罪认罚且认赔的情况下，即可通过事后行为抵消犯罪行为的实质违法，从而在司法上实现非犯罪化。当然，储槐植教授也承认，"由于法益自身的特点，并非一切犯罪类型都存在赎罪的可能"，[1]对于一些通过事后行为无法抵消实质违法的犯罪，即便有赎罪行为，也不能免罪。

而我国《刑法》第3条将罪刑法定原则表述为"法律明文规定为犯罪行为的，依照法律定罪处刑；法律没有明文规定为犯罪行为的，不得定罪处刑"。有学者将第3条的前半段称为"积极的罪刑法定原则"，后半段则称为"消极的罪刑法定原则"。[2]基于"积极的罪刑法定原则"，既然行为已经符合了某种犯罪的构成要件，且我国《刑法》并未将认罪认罚特别是认赔作为可以免罪的从宽情节，是否就必须定罪处罚？肯定的主张和罪刑法定原则限制刑罚权的本意相违背。事实上，这里存在一个如何解读第3条前半段的问题。从表述来看，第3条前半段看似在强调当行为符合构成要件时，必须定罪处刑，但如果将解释的重点落脚在"依法"而非"应当"上，则会得出和"消极的罪刑法定"一致的结论：只有依照法律才能定罪处刑，但这不意味着必须定罪处刑。[3]因此，基于赎罪行为的存在而免刑甚至免罪并不存在法律上的障碍，而只存在观念上的自我束缚。

（八）认罪认罚从宽之证明标准问题

2016年9月，全国人大常委会通过《关于授权最高人民法

---

〔1〕 储槐植、闫雨："'赎罪'——既遂后不出罪存在例外"，载《检察日报》2014年8月12日。

〔2〕 何秉松主编：《刑法教科书》（2000年修订·上卷），中国法制出版社2000年版，第63页。

〔3〕 陈兴良：《教义刑法学》，中国人民大学出版社2010年版，第46~50页。

院、最高人民检察院在部分地区开展刑事案件认罪认罚从宽制度试点工作的决定》。其中明确提出，"试点工作应当遵循刑法、刑事诉讼法的基本原则，保障犯罪嫌疑人、刑事被告人的辩护权和其他诉讼权利，保障被害人的合法权益，维护社会公共利益，完善诉讼权利告知程序，强化监督制约，严密防范并依法惩治滥用职权、徇私枉法行为，确保司法公正"，并要求"最高人民法院、最高人民检察院会同有关部门根据本决定，遵循刑法、刑事诉讼法的基本原则，制定试点办法，对适用条件、从宽幅度、办理程序、证据标准、律师参与等作出具体规定，报全国人民代表大会常务委员会备案"。同年 11 月，最高人民法院、最高人民检察院、公安部、国家安全部、司法部联合发布《关于在部分地区开展刑事案件认罪认罚从宽制度试点工作的办法》。其第 3 条规定："办理认罪认罚案件，应当遵循刑法、刑事诉讼法的基本原则，以事实为根据，以法律为准绳，保障犯罪嫌疑人、被告人依法享有的辩护权和其他诉讼权利，保障被害人的合法权益，维护社会公共利益，强化监督制约，确保无罪的人不受刑事追究，有罪的人受到公正惩罚，确保司法公正。"第 4 条规定："坚持证据裁判，依照法律规定收集、固定、审查和认定证据。"这两条规定虽然没有明确认罪认罚案件的证明标准，但其内在精神是要坚持法定证明标准。最高人民检察院也强调指出："推动认罪认罚从宽制度改革，并未降低证明犯罪的标准，而是在坚持法定证明标准的基础上，力图更加科学地构建从宽的评价机制，特别是在程序上作出相应简化，以更好地实现公正与效率的统一。因此，办理认罪认罚案件，仍须按照法定证明标准，依法全面收集固定证据、全面审查案件，虽然犯罪嫌疑人认罪，但没有其他证据，或者认为'事实不清、证据不足'的，应当坚持'疑罪从无'原则，依法作出不起诉。"[1]由此可见，相关法律文件对于认罪认罚从宽案件所适用的证明标准仍然是"案件事实清楚，证据确实、充分"的法定标准，与其他案件并无差异。

然而，在认罪认罚从宽制度试点及继续推进过程中，各地认罪认罚从宽案件的实践对于证明标准的把握却存在差异。具体包括以下几种情形：第一，严格坚守法定证明标准；第二，明确将认罪认罚案件的证明标准规定为"主要犯罪事实清楚，主要证据确实充分"，同时对证据的质量提出限制性要求；第三，将认罪认罚案件的有罪认定标准规定为"犯罪构成要件事实清楚，排除合理怀疑"，同时坚持口供补强规则；第四，明示在速裁程序和简易程序中降低证明标准。[2]四种标准对于法定标准均有不同程度的降低，要么是在证明程度上，要么是在适用特定案件上。而这些证明标准的采用共同说明，自认罪认罚从宽制度开展试点以来，"效率优先"似乎成了全国各地刑事司法实践的一种主导观念，在"优化司法资源配置"，为不认罪案件庭审实质化创造条件的名义下，对认罪认罚的自愿性、真实性、合法性等有效条件及其制度保障明显重视不够。[3]正如罗科信教授所言："判例所说的效率实际上就是指牺牲被告人的权利。"[4]

在节约司法资源要求之下，认罪认罚从宽制度不但减少了

---

[1] 参见最高人民检察院副检察长孙谦于 2016 年 11 月在"检察机关刑事案件认罪认罚从宽试点工作部署会议"上的讲话，载 http://www.jcrb.com/gongsupindao/FXTX/201702/t20170208-1713961.html，2017 年 9 月 27 日访问。

[2] 孙长永："认罪认罚案件的证明标准"，载《法学研究》2018 年第 1 期。

[3] 左卫民："认罪认罚何以从宽：误区与正解——反思效率优先的改革主张"，载《法学研究》2017 年第 3 期。

[4] ［日］田口守一：《刑事诉讼的目的》，张凌、于秀峰译，中国政法大学出版社 2011 年版，第 39 页。

对被追诉人合法权益的程序性保障，而且司法机关查明真相的能力至少在部分案件中有所下降也几乎是不可避免的。明知改革措施可能降低发现真相的能力而坚守统一证明标准会有两种结果：一是在理论与政策上坚守统一证明标准，放任实践为满足认罪认罚从宽制度适用率的考核，或为减轻办案压力，权衡责任风险后擅自降低证明标准；二是坚守统一证明标准而消极适用认罪认罚从宽制度。第一种结果不利于树立司法诚信，危及司法公信力；第二种结果则使新制度面临失败风险。[1]如在司法实践中，在达不到"事实清楚，证据确实、充分"的情况下，究竟是应当进行"疑罪从无"的处理，还是借鉴美国辩诉交易中的"协商后降格"处理呢？未达到"事实清楚，证据确实、充分"证明标准的案件，即为"事实不清、证据不足"的情况，按照《最高人民法院关于适用〈中华人民共和国刑事诉讼法〉的解释》中关于刑事第一审程序的规定，"案件部分事实清楚，证据确实、充分的，应当作出有罪或者无罪的判决；对事实不清、证据不足部分，不予认定"。对于"事实不清、证据不足"的"疑罪"案件启动被告人认罪认罚从宽程序，其实质上无疑就是认可了"疑罪从轻"的错误做法。而这种做法则明显违背了"罪刑法定原则"。但从另一个方面来讲，过分坚守统一的刑事案件证明标准将必然导致认罪认罚从宽制度适用遭受影响，并且有理论指出认罪认罚从宽制度的效率导向，实际上是探索一种基于认罪的新的资源节约型办案模式，而这种模式的核心应是证明标准的调整。学者秦宗文指出，对刑事证明标准的传统论辩，以被追诉人不认罪、控辩对抗和实体真实主义为基本前提。认罪认罚从宽制度的价值内核是尊重被追诉人的

---

[1]　秦宗文："认罪案件证明标准层次化研究——基于证明标准结构理论的分析"，载《当代法学》2019年第4期。

意思自治权和程序主体地位，通过控辩协商，以检控优惠换取辩方认罪，在重估口供价值的基础上提升司法效率，其不可避免地会影响对实体真实的探求，这将颠覆性地冲击传统证明标准的理论根基。[1]由此，便产生了证明标准应否降低之论争。对此，主要存在着三种论争意见：第一种是坚守我国传统的刑事诉讼证明标准，即"案件事实清楚，证据确实、充分"；第二种是对我国传统的刑事诉讼证明标准予以降低，以更好地促进认罪认罚从宽制度的适用；第三种是在坚持证明标准不变的情形下，从证明方法方面予以调整，进而适应认罪认罚从宽制度推进之需要。

第一种观点主张我国应坚持事实清楚，证据确实、充分的证明标准。其理由通常包括：首先，这是公正司法的内在要求。现代刑法理论普遍主张责任原则，只有当被告人实施了符合刑法规定的危害行为、依法应当受到刑罚处罚，并且被告人对其行为负有责任时，国家才能以刑罚手段予以制裁。而责任原则的基础是真实发现，只有以诚实的努力揭示案件事实真相，国家对个人的定罪量刑才能取得应有的正当性。这是大陆法系刑事诉讼长期以来坚持实体真实原则和法官职权调查原则的根本原因。其次，这是保障基本权利的现实需要，尤其是对保障犯罪嫌疑人、被告人依法享有的辩护权和其他诉讼权利，预防冤假错案具有特殊的重要意义。允许降低证明标准实际上损害了"疑罪从无"这一基本诉讼原则，无疑倾斜了惩罚犯罪与基本权利保障平衡关系的天平，也增加了发生冤假错案的风险。尤其是在我国侦查行为仍不甚规范的情况下，突破一般定罪证明标准的底线就如同打开了"潘多拉的盒子"，可能将引发权力滥

---

[1] 秦宗文："认罪案件证明标准层次化研究——基于证明标准结构理论的分析"，载《当代法学》2019年第4期。

用、司法腐败等问题。[1]最后，这是提高司法效率、节约诉讼成本的前提。完善认罪认罚从宽制度，在政策层面被视为优化司法资源配置的一项重要举措。但是，司法效率只能以司法公正为前提，离开了司法公正，所谓的司法效率在本质上必定是反效率、高成本的。因为如果法院仅仅因为被告人自愿认罪认罚，对检察机关指控的犯罪事实没有异议，就在没有查清案件事实、没有对证据是否确实充分作出肯定结论的情况下，对被告人定罪量刑，那么这种判决的事实基础肯定是不牢固的。

以公安司法机关为例，从认罪认罚从宽制度的适用既需要有动力也需要有压力"双力合作"的背景考虑，不能把降低证明标准作为推动公安司法机关适用这一制度的正当手段。因为从认罪认罚从宽制度的适用结果来看，排除被追诉人技术性上诉的情形，这一制度可以基本消除检察机关量刑过重的起诉风险，同时大幅度降低一审判决的上诉率，法院的整体工作量会得到较大程度的减轻。至于公安机关，增强其适用动力的突破口之一是废除犯罪嫌疑人面对侦查人员提问时的"如实回答"义务，将传统的强制型取供机制彻底转变为激励型取供机制，真正将"不得强迫任何人证实自己有罪"作为犯罪嫌疑人的一项基本权利；同时，确立口供自愿性规则，逐步扩大非法供述排除范围。只有在这些条件下，认罪认罚从宽制度的完善才会有利于降低公安机关侦查破案和收集证据的难度，这一制度在侦查过程中的优势才能得到明显体现。在现有法律制度下，公安机关受到的硬性约束本来就不多，"案件事实清楚，证据确实、充分"的证明标准是促进公安机关客观全面、及时有效收

---

〔1〕　叶青、吴思远："认罪认罚从宽制度的逻辑展开"，载《国家检察官学院学报》2017 年第 1 期。

集取证的最后保障，如果简单地通过降低证明标准来吸引公安机关建议适用认罪认罚从宽制度，必然会导致案件质量下降，甚至可能酿成新的冤错案件。从这一层面来看，也不宜将证明标准予以降低。

这一观点不仅在国内有众多响应者，就国外而言，也确实存在认罪协商不降低刑事证明标准的现实案例。在德国，适用认罪协商制度的案件，其证明标准与其他案件相比并无降低。德国应对刑事案件"案多人少"矛盾主要有四种措施：一是对微罪进行非犯罪化处理；二是对轻罪和中等偏下严重程度的犯罪，通过扩大检察官的不起诉裁量权进行审前分流；三是对中等以上严重程度的犯罪，尤其是复杂、疑难的经济犯罪等，适用认罪协商制度；四是对单处或并处罚金、禁止驾驶、没收等刑罚和一年以下有期徒刑缓刑的大量轻微刑事案件，通过书面的"处罚令"程序进行处理。[1]认罪协商制度形成于20世纪70年代，1987年和1997年，联邦宪法法院和联邦最高法院先后通过判决认可了认罪协商；2009年，联邦议会通过的认罪协商法针对司法实践中认罪协商存在的问题，在《德国刑事诉讼法》第257条后增加了三个条文，对认罪协商的实践做法正式予以确认，对其内容和程序进行了初步规范。其中核心条文是第257条c。根据该条的规定，法官在适当情况下可以启动与辩护律师的认罪协商，并可根据全案情况提出在被告人认罪的情况下可能判处的刑罚上限和下限，以换取被告人当庭认罪，然后听取辩护律师和检察官的意见；如果各方达成一致，除非在协商过程中忽略了某种法律上或者事实上具有重要意义的情况或者出现了新的情况，或者被告人没有如约作出符合法院预期的有罪

---

〔1〕 See Folker Bittmann, "Consensual Elements in German Criminal Procedural Law", 15 German L. J. 15, 17~18 (2014).

供述，否则法官在判刑时应当遵守承诺；对于可以背离承诺的要件及效果，法官应当事先告知被告人；如果各方未能协商达成一致，则协商过程中被告人作出的有罪供述不得在审判中作为证据使用。立法对认罪协商还提出了严格的限制性要求：第一，即使被告人根据协商当庭作出认罪供述，也不影响《德国刑事诉讼法》第 244 条第 2 款规定的职权调查原则的适用。根据这一原则，法院为查明事实真相，应当依职权将证据调查延伸到对裁判有意义的所有事实和证据方法。因此，法官不能简单地依赖控辩双方提供的事实（包括被告人的有罪供述），而必须独立调查作出判决所必需的充分事实基础。[1]第二，法院应当告知认罪协商所能包含的内容，被告人可以作出与诉讼有关的任何行为，通常应包括认罪供述，但犯罪性质及保安处分不在协商之列。第三，所有协商不论是否达成协议，均应在法庭上公开，并在审判笔录中予以记载，对已经达成的协议还应在判决理由中写明。[2]第四，不得在认罪协议中要求放弃上诉权。[3]但是，上述立法的实施效果并不太好，对认罪协商的实践操作影响有限。[4]

但值得肯定的是，在认罪协商制度中，无论是立法还是判例，德国均坚持法官的真实发现义务以及相应的职权调查原则。法官有责任为发现实体真实而对被告人有罪供述的真实性进行独立调查和核实，而不能简单地因为被告人在公开法庭上供述

---

〔1〕　See Thomas Weigend and Jenia Lontcheva Turner, "The Constitutionality of Negotiated Criminal Judgments in Germany", 15 German L. J. 91（2014）, at footnote 14.

〔2〕　参见《德国刑事诉讼法》第 267 条第 3 款第 5 句、第 273 条第 1 款之二。

〔3〕　参见《德国刑事诉讼法》第 302 条第 1 款。

〔4〕　See Folker Bittmann, "Consensual Elements in German Criminal Procedural Law", 15 German L. J. 15, 19（2014）.

了罪行，便直接宣告被告人有罪，因而其证明标准与被告人不认罪案件相比并未降低。只是由于被告人作了有罪供述，法庭上的证据调查和言词辩论程序被简化了而已，不再完全适用严格证明的证据规则。在司法实践中，只要被告人的当庭供述与检察官移送的案件材料能够相互印证，绝大部分法官都会基于快速结案的需要认可有罪供述真实可靠，而不再另行调查证据。[1]发现实体真实，这对于维持有罪判决的道德基础和刑罚的正当性，贯彻实体真实原则和罪刑相适应原则，特别是防止无罪的人受到错误刑事追究，无疑具有极其重要的意义。

第二种观点则是主张降低目前"案件事实清楚，证据确实、充分"的证明标准。这一主张不仅能从相关法律文件中寻找到支持的"影子"，而且同样也得到了部分实务部门和理论界的响应与支持。2015年，最高人民法院、最高人民检察院、公安部、司法部联合发布的《刑事案件速裁程序试点工作座谈会纪要（二）》第7条明确要求："准确把握证明标准。被告人自愿认罪，有关键证据证明被告人实施了指控的犯罪行为的，可以认定被告人有罪。对于量刑事实的认定，采取有利于被告人原则。"可以说，在效率优先观念的主导下，适用速裁程序审判的刑事案件，其证明标准事实上已经低于法定证明标准。[2]2016年1月，中央政法工作会议在部署推进以审判为中心的刑事诉讼制度改革和认罪认罚从宽制度试点工作任务时提出："研究探索对被告人认罪与否、罪行轻重、案情难易等不同类型案件，

---

〔1〕 See Stefan Konig and Stefan Harrendorf, "Negotiated Agreements and Open Communication in Criminal Trials: The Viewpoint of the Defense", 15 German L. J., 65, 72（2014）, at fn. 39.

〔2〕 高通："刑事速裁程序证明标准研究"，载《法学论坛》2017年第2期。

实行差异化证明标准。"〔1〕有实务部门提出，"大陆法系的德国在协商程序引入后，放宽了证据证明标准，并将协商程序越来越多地使用在取证困难的经济犯罪、毒品犯罪案件中"；"我国在完善认罪认罚从宽制度时，适用放宽的证明标准将成为大的趋势，具体来说，法院在审查认罪认罚案件时，应确保被告人认罪的控辩双方达成合意（即控辩双方无异议）的犯罪事实清楚，并有相应的证据支持"。〔2〕而一些实务部门则提出，对于被告人认罪的简单、轻微刑事案件应当适度放宽证明标准，以便实质性地减轻基层法官、检察官的工作负担，提高速裁程序的适用率。〔3〕也有学者主张："对适用速裁程序的案件，可以适当降低证明标准，采取'基本事实清楚、基本证据充分'证明标准。这意味着，办理轻微刑事案件过程中，办案人员不必耗费大量司法资源去排除案件事实每一个细节的合理怀疑，只要涉及定罪量刑的核心证据、重要证据能够排除合理怀疑即可。"〔4〕其支持降低证明标准的主要理由包括：

第一，坚持统一的证明标准在一定程度上限制了认罪认罚从宽制度程序简化改革效果的凸显。通常而言，证明标准的高低与程序完备性强弱之间应该具有一种相对应的关系，即证明标准越高要求程序完备性越强，反之则越低。然而，就司法实践而言，决定证明标准高低的主导因素是司法资源的投入，司法资源投入越多就越能够保证高证明标准的实现。而司法资源

〔1〕　"攻坚之年看司改风向标———聚焦中央政法工作会议"，载 https://www. chinacourt. org/article/detail/2016/01/id/1798357. shtml，2020 年 7 月 26 日访问。

〔2〕　山东省高级人民法院刑三庭课题组、傅国庆："关于完善刑事诉讼中认罪认罚从宽制度的调研报告"，载《山东审判》2016 年第 3 期。

〔3〕　张勇："推进刑案速裁 促进繁简分流"，载《人民法院报》2015 年 9 月 24 日。

〔4〕　廖大刚、白云飞："刑事案件速裁程序试点运行现状实证分析——以 T 市八家试点法院为研究样本"，载《法律适用》2015 年第 12 期。

的投入与程序的完备性之间却不具有绝对相关性，因为我国刑事司法资源的投入主要包括两个方面，第一便是程序的运行，第二便是司法人员的幕后工作。在坚持证明标准不变的前提下，刑事司法资源的投入也不增加的情形下，刑事司法活动要实现程序简化之目的，必然需要增加司法人员之幕后工作量，而这必然导致司法人员对于简化程序之改革从内心而言缺乏主动性、积极性，进而限制了认罪认罚从宽制度程序简化改革效果的凸显，至于所谓制度试点期间的高适用率往往基于一定的高层决策推进之压力。而要保持不继续增加司法工作人员幕后工作量的前提下，又要实现程序简化之改革目标，问题之焦点便转向了证明标准是否降低，即认罪认罚从宽制度运行中的证明标准问题必须对此予以回应，否则必会重蹈覆辙。[1]

　　第二，坚持统一的证明标准使认罪认罚从宽制度与司法责任制改革间的目的发生一定程度的冲突。通常而言，证明标准的高低与错案风险的大小呈现一定的正相关，证明标准越高发生错案的风险就越小，反之则越大。刑事诉讼法之所以采用统一的证明标准就是为了保证不同案件的错案风险保持在相同的水平。学界主张不能降低证明标准，其可能担心侦控方不再将精力用在调查取证上而是用在获取被追诉人有罪口供上。[2]然而，案件存在繁简轻重不同之区别，发生错案所导致的后果显然也是存在差异的。而平衡这种差异进而降低重罪错案之风险的方法通常有两种：第一，单方面向重罪案件增加司法资源的投入，保持较高的证明标准进而使错案后果影响最小化；第二，

〔1〕　秦宗文："认罪案件证明标准层次化研究——基于证明标准结构理论的分析"，载《当代法学》2019年第4期。
　　〔2〕　陈光中、马康："认罪认罚从宽制度若干重要问题探讨"，载《法学》2016年第8期。

对现有司法资源予以倾斜化分配，优先满足重罪案件之需进而避免高错案风险。由于司法资源总量的增加受制于不同领域众多层面的因素。因此，对于现有资源的倾向性分配则成了首选，而认罪认罚从宽制度则是帮助倾向性分配的重要手段之一。制度实施所造成的制度简化、时间节约必然会影响证据的收集及审核的广度与力度，证明标准有所下降也是在所难免的。司法资源在这方面投入的减少，必然会导致错案率在整体层面的上升。然而，在司法资源有限的情况下，平均分配反而是对重罪案件的一种不公平。但另一方面，基于国家对冤假错案的重视进而促使司法责任制的改革与落实，而这使得司法实践中存在司法工作人员为规避错案责任风险而将证明标准暗自抬高之趋势。随着法院对证明标准的"暗升"把握，导致检察环节对于某些案件作存疑不起诉处理。虽然司法工作人员也会差异化地对待繁简轻重程度不同的案件，但基于司法责任制带来的心理压力，则往往会选择重新回归"宁可从严"的安全地带，进而走向对证明标准的一体从严掌握之状态。为了满足证明标准"暗升"之要求，需要投入更多的司法资源，而认罪认罚从宽制度之提高效率、降低资源消耗的价值追求，必然使其依赖司法人员幕后工作的更高投入，这将必然致使制度落实面临来自实施者方面的挑战。[1]案多人少的现实压力辅之以认罪认罚从宽制度的推进动力，必然会对司法责任制形成一定程度的规避，进而出现实践中证明标准差异化的现实。对于类型不同、轻重程度不同的案件，实践中差异化地对待其证明标准已具有一定的普遍性。在认罪认罚从宽制度试点中，一些地方制定的类案

---

[1] 秦宗文："认罪案件证明标准层次化研究——基于证明标准结构理论的分析"，载《当代法学》2019 年第 4 期。

个别化证据指引，其理论基础就是证明标准的差异化。[1]在此，一味坚持"既提高效率又保持证明标准不降低"的态度，只是对问题的回避而不利于问题的解决。

第三，坚持统一的证明标准抑制了认罪认罚从宽制度正当性基础的转换。实体公正与程序公正并重，已成为刑事司法之正当性基础。但基于我国传统刑事司法理念之影响，实体公正仍在整个司法领域乃至国民心目中居于主导地位，刑事司法牢守"铁案"观念以及司法责任制改革均对此予以体现。效率作为司法改革之方向已经多年，但公正才是改革的正当性之基，效率仅具有工具性价值。基于效率之考量而损害公正之改革举措，在正义无价的道德立场和社会公众面前是缺乏"市场"的。只有在确保公正的前提下进而提高效率，这样的效率导向改革才具有真正广阔的市场。对于认罪认罚从宽制度只有在保证实体与程序公正的前提下提高效率才真正具有可行性，然而其对于效率的追求使程序公正存在天然的"短板"，而效率要求的节约资源与实体公正需要的资源投入之间存在矛盾。因此，以传统的证明标准作为认罪认罚从宽制度之正当化基础存在困难。认罪认罚从宽制度的生存空间就在于如何弥补在证明标准降低所腾出的"空间"，进而为自身改革提供正当性论证。如果难以弥补，则该制度改革必将会步入有始无终之境地。[2]

第四，坚持统一的证明标准不符合刑事司法之"弱刑事化"趋势。随着公民权利意识的增长和诉讼主体地位的强化，将犯罪一定程度的"弱刑事化"[3]视为特定公民个人之间以及与国

---

〔1〕 孙长永："认罪认罚案件的证明标准"，载《法学研究》2018 年第 1 期。

〔2〕 秦宗文："认罪案件证明标准层次化研究——基于证明标准结构理论的分析"，载《当代法学》2019 年第 4 期。

〔3〕 如行政化、民事化的倾向。

家之间的纠纷，削减单个犯罪惩治所承载的一般预防价值。这在轻微犯罪中体现得越来越明显。因为公众对个别犯罪行为的关注往往是基于一种"预设的感同身受"之心理，而大部分的刑事案件之影响范围通常仅限于当事人及其家属，这些案件之一般性预防的价值还会在一定程度上受到社会普法教育与宣传所形成之预防作用的"替代"。在国家保留底线要求（如仅限于量刑协商、限制量刑折扣幅度、划定证据规格底线等）的前提下，通过相对简化的程序以及相对"弱刑事化"的处罚手段处理轻微性案件将成为可能。由于诉讼结果是控辩合作的产物，双方都应对案件的真实性负责，如果被追诉人虚假认罪，其对错误刑罚在一定程度上应责任自负。国家对结果正确性的担保责任相对减轻，证明标准适度降低也未尝不可。[1]以口供忧虑问题为例，反对降低认罪案件证明标准的理由之一便是对过于依赖口供的忧虑。口供在诉讼中占重要地位，[2]根据一般经验，如果口供没有受到外部污染，则口供使司法人员更易成立有罪确信。而反对者所反对的往往也是受到污染的口供而绝非所有口供，因为盲目否认口供的证明力，将会使整个刑事司法理论与实务陷入困境。只要保证口供不受外部污染，口供的可信度应该是可被接受的。由于受污染口供绝大多数均源自非自愿而产生，因此，对于口供使用的忧虑在很大程度上可转化为对口供自愿性的保障方面。[3]由此可见，在保障程序充分之前提下适

---

[1] 秦宗文："认罪案件证明标准层次化研究——基于证明标准结构理论的分析"，载《当代法学》2019年第4期。

[2] 有研究显示：98.9%的案件和99.17%的被告是以口供为基础定罪量刑的。（参见福建省检察院课题组："口供证据运用情况实证研究"，载樊崇义主编：《刑事证据规则研究》，中国人民公安大学出版社2014年版，第89页。）

[3] 秦宗文："认罪案件证明标准层次化研究——基于证明标准结构理论的分析"，载《当代法学》2019年第4期。

当降低部分类型案件之证明标准显得更有利于整个认罪认罚从宽制度之推进，也避免其与司法责任制改革之间发生不必要的矛盾。

第三种观点则是不直接主张是否降低证明标准，而是另辟蹊径主张证明标准之层次化转向和证明方法之优化。

司法程序在探究真实方面具有限度性，因为司法裁判的实质是裁判者根据现有的证据推导过去已经发生的事实并加以证明和认定的过程。这个过程并存有两种事实：一是客观事实，即过去已经发生的事实，不以人的主观意志为转移；二是法律事实，即刑事诉讼证明所能最终达到，并被法律所认可的案件事实。囿于人类认识的局限性，"刑事诉讼中裁判者所认定的法律事实与案件的客观事实将无限接近，但两者永远不可能完全重合"。[1]因此，对于客观真实的过度追求，其实并不符合作为认识主体的人的主观意识对客观实在的感知规律，在一定程度上无视了人类自身认识的局限。

基于人类认知之基本原理，刑事诉讼法中所规定的"案件事实清楚，证据确实、充分"这一证明标准本身便具有一定的相对性。因为对于刑事案件来讲，认识方式的逆向性和间接性、认识对象的特殊性、认识技术的滞后性、认识条件的受制约性等，人们对每一个具体案件和具体证据的认识都不是百分之百的"属实"，而只能是不同程度的"属实"。[2]不论是一般认识还是司法证明，都是相对真理与绝对真理的辩证统一。就司法证明而论，司法人员要查清案件的全部事实情况，对任何案件都是不可能的，但是对于已破案、已查清的案件事实来说，基本犯

---

〔1〕 陈永生："法律事实与客观事实的契合与背离——对证据制度史另一视觉的解读"，载《国家检察官学院学报》2003 年第 4 期。

〔2〕 何家弘：《短缺证据与模糊事实》，法律出版社 2012 年版，第 127 页和卷首语。

罪事实或主要犯罪事实的认定是能够达到准确无误的地步的。[1]
所谓的"犯罪事实已经查清"其本意就是指："'犯罪事实'是
指犯罪的主要事实,对犯罪主要事实已经查清,但一些个别细
节无法查清或没有必要查清,不影响定罪量刑的,也应当视为
犯罪事实已经查清。"[2]由此可见,虽然法律规定的证明标准是
"案件事实清楚,证据确实、充分",但其本身并非指案件所有
事实清楚,而是限于一定的范围,即对案件的定罪量刑起到决
定性作用的事实清楚,并能够有足够证据予以证明。而这种限
定是基于人类认知规律所设的,并非是对刑事诉讼证明标准的
"自我降低"。而不同的案件对于证据数量以及需要证明的事实
本身就存在层次化的差异性,如此便为不同案件在同一证明标
准的前提下实行层次化的论证提供了可能。而这种层次化就体
现在罪名轻重、证据数量、证明繁简及证据获得难易程度等方
面。在法律只规定单一证明标准的情况下,对"案件事实清楚,
证据确实、充分"这一证明标准,是可以根据犯罪嫌疑人、被
告人是否认罪的情况和案件可能判处刑罚的轻重分层次加以把
握的,它跟降低证明标准是两码事。[3]实行层次化的区别对待
并非是对"案件事实清楚,证据确实、充分"这一标准的突破,
论证的程度要求都是事实要清楚,只是在论证时存在差异性。
并且,如果非要坚守统一的证明标准,又要遵循认罪认罚从宽
制度的效率导向,破解这一困境的主要措施应该就是实现证明
标准的层次化,对于认罪与否、轻重不同、类型不同的案件,
在适用标准时进行层次化区别,以克服认罪认罚从宽制度实施

〔1〕　陈光中、宋英辉:《刑事诉讼法学》,中国人民公安大学出版社、人民法
院出版社 2004 年版,第 199 页。

〔2〕　郎胜主编:《刑事诉讼法修改与适用》,新华出版社 2012 年版,第 311 页。

〔3〕　朱孝清:"认罪认罚从宽制度的几个问题",载《法治研究》2016 年第 5 期。

中程序简化、幕后工作精简与统一证明标准间的内在冲突。

在我国认罪认罚从宽制度证明标准不降的前提下，在证明模式和方法上，无须采用严格证明，可适用自由证明的方法，以真正提高诉讼的效率，满足实践的需要。[1]严格证明的概念由德国学者迪恩茨于1926年提出，被日本借鉴引进后，日本学者小野清一郎结合构成要件予以发展。德国学者克劳思·罗科信认为："严格证明应当同时遵守两种限制，一是有关法定证据的限制，即被告人、证人、鉴定人、勘验及文书证据，二是证据须经法定的调查程序才能够使用。"[2]日本学者田口守一认为："用有证据能力的证据并且经过正式的证据调查程序作出的证明，就是'严格证明'；其他的证明，是'自由证明'。"[3]学者杨云骅指出："所谓严格证明，关键点就是'严格'两个字，它'严格'在三大部分，证据种类的决定，调查程序的严格性，有罪判决中心证程度的严格性。"[4]简而言之，严格证明意味着两个方面的限制："一是法定证据形式的限制，二是法定调查形式的限制。"[5]与严格证明所相应的是，自由证明则在多个方面凸显灵活性。日本学者田口守一进一步指出："自由证明是用某种证据经某种程序的证明；自由证明的证据是否在法庭出示，出示后用什

〔1〕 樊崇义、李思远："认罪认罚从宽制度的理论反思与改革前瞻"，载《华东政法大学学报》2017年第4期。

〔2〕 ［德］克劳思·罗科信：《刑事诉讼法》（第24版），吴丽琪译，法律出版社2003年版，第208页。

〔3〕 ［日］田口守一：《刑事诉讼法》，刘迪等译，法律出版社2000年版，第219~221页。

〔4〕 林钰雄、杨云骅、赖浩敏："严格证明的映射：自由证明法则及其运用"，载《国家检察官学院学报》2007年第5期。

〔5〕 王维："论严格证明及其相关问题"，载《广东社会科学》2006年第5期。

么方式调查，由法院裁量。"[1]具体而言，在自由证明的诉讼模式下，裁判者在证据调查的方法和程序上可以不受严格证明中证据程序、规则的约束，拥有较大程度的自由裁量权。

刑事诉讼既要解决被告人定罪的问题，也要解决被告人量刑的问题。一般认为，对于定罪事实，要采用严格证明的方法，对于量刑事实，允许进行自由证明。从程序上来看，严格证明的模式要求法庭对于证据的调查需要严格依照法定程序的要求进行，即应当经历完整的举证、质证、辩论、认证等诉讼环节，并受到证据裁判原则、公开审判原则、直接言词原则、疑罪从无原则以及其他相应证据原则、规则的约束。[2]从这个角度来看，采用简易程序处理被告人认罪认罚的案件已不再符合严格证明的程序性要求，对于简易程序、已经废止的普通程序简易审程序中采用自由证明模式在理论上已经没有太大争议。

在证明标准不降的前提下，认罪认罚从宽处理的案件，可适用自由证明的证明模式或方法，以提高诉讼效率、推动诉讼改革。这是因为，认罪认罚从宽制度的适用前提是被告人"认罪"和"认罚"，因而控辩双方在"定罪"问题上的矛盾已经消除，"有争议必有证明"已经失去了"争议"的前提，如果一味坚持严格证明，将会造成讼累的形成和诉讼效率的低下。[3]正如美国辩诉交易制度实践中，在正式审判程序中，检察官负有证明指控犯罪成立的举证责任，而被告人则享有不得强迫自证其罪和无罪推定的权利，并且享有与控方证人当庭对质、获得律

---

〔1〕　[日]田口守一：《刑事诉讼法》，刘迪等译，法律出版社 2000 年版，第 220 页。

〔2〕　闵春雷："严格证明与自由证明新探"，载《中外法学》2010 年第 5 期。

〔3〕　樊崇义、李思远："认罪认罚从宽制度的理论反思与改革前瞻"，载《华东政法大学学报》2017 年第 4 期。

师辩护以及陪审团审判等权利。如果检察官不能排除合理怀疑地证明指控犯罪的每一构成要件事实成立，则陪审团或事实审法官必须宣告被告人无罪。这一"排除合理怀疑"的标准，是为了确保无罪之人不被错误定罪，同时维持社会公众对刑事法律正确实施的尊重和信心。而辩诉交易的存在空间在很大程度上是由采用这种严格的证明责任和证明标准所导致的审判结果的高度不确定性所致。一旦进行辩诉交易的被告人作出有罪答辩，则严格的证明责任和标准便将不再适用，而是直接进入量刑程序。[1]

当然，法院对于被告人的有罪答辩并非无条件接受，必须确保被告人是出于自愿并且该有罪答辩具有事实基础。在司法实践中，法院对有罪答辩事实基础的审查主要通过以下方法进行：①询问被告人，要求被告人描述其被指控的行为，以查明被告人是否明白指控的犯罪，是否清楚地知道自己的行为构成指控的犯罪；②询问检察官，要求检察官简要列举证据来显示被告人有罪；③审阅包括检察官或大陪审团的起诉书在内的案卷材料，如警方报告、预审听证记录、大陪审团记录、缓刑报告、书面辩诉协议等。[2]但是，由于美国联邦最高法院对有罪答辩的事实基础的审查标准缺乏明确具体的规定，导致法官对其进行的审查基本上是形式性的，远远不能满足"排除合理怀疑"的标准。正如美国学者所指出的："答辩听审今天是如此匆忙，以至于它们不能保证有罪答辩达到最低限度的自愿性要求。它们同时也不能保证被告人事实上实施了他通过有罪答辩所承

---

〔1〕 孙长永："认罪认罚案件的证明标准"，载《法学研究》2018年第1期。

〔2〕 参见史立梅："美国有罪答辩的事实基础制度对我国的启示"，载《国家检察官学院学报》2017年第1期；祁建建："美国律协刑事司法标准之有罪答辩标准评析"，载《中国刑事法杂志》2016年第5期。

认的犯罪。"〔1〕除此之外，《美国联邦刑事诉讼规则》第 11 条第 2 款只是要求有罪答辩必须有事实基础，并不要求被告人在作出有罪答辩时承认自己事实上有罪。〔2〕相反，哥伦比亚特区 47 个州的司法系统均允许被告人作出所谓"阿尔福德答辩"（Alford Plea），即答辩有罪但同时主张事实上无罪。〔3〕美国法律研究所发布的《答辩前程序模范法典》也规定："即使被告人不承认自己事实上有罪，但法庭如果认为处于被告人位置的人作出有罪答辩是合理的，仍然可以接受被告人的有罪答辩。法庭应当提醒被告人，如果他作出有罪答辩，他将被作为有罪的人对待，不论他是否有罪。"〔4〕由于辩诉交易制度下定罪的事实证据标准被大幅度降低，判例又缺乏对有罪答辩事实基础的具体要求，再加之其他多种因素，导致有相当一部分事实上无罪的被告人作了有罪答辩。但是，需要注意的是，答辩交易的事实基础并不完全取决于法官的审查，检察官和辩护律师〔5〕作为实际从事答辩协商的当事方应对确保无罪的人不因答辩交易而被错误定罪负有主要责任。检察官的犯罪指控只有经过大陪审团批准或者预审听证程序后法官许可，才能成为被告人答辩和法院审理的对象。辩护律师如果经过调查发现犯罪指控缺乏充分的事实

---

〔1〕　Markus Dirk Dubber, "American Plea Bargains, German Lay Judges, and the Crisis of Criminal Procedure", 49 Stan. L. Rev., 547, 599 (1996~1997).

〔2〕　See Stephen A. Saltzburg and Daniel J. Capra, *American Criminal Procedure: Cases and Commentary*, 6th ed., West Group 2000, p. 987.

〔3〕　See Stephanos Bibas, "Harmonizing Substantive-Criminal-Law Values and Criminal Procedure: The Case of Alford and Nolo Contendere Pleas", 88 Cornell L. Rev., 1316, 1372 (2002~2003).

〔4〕　Model Code of Pre-Arraignment Procedure, §350.4 (4).

〔5〕　美国律师协会《关于检察职能的刑事司法标准》和《关于有罪答辩的刑事司法标准》对检察官和辩护律师的职责予以明确规定。

基础，就不得建议被告人作有罪答辩。此外，从法律上说，控辩双方关于有罪答辩及其所依据的事实的约定，对法官没有当然的约束力，法官认为当事人约定的事实与证据所能证明的事实不符时，可以不接受被告人的有罪答辩。[1]即使在有罪判决之后，被告人如果有正当理由表明有罪答辩是不自愿、不明知的，或者因为律师的辩护是无效的，还可以对基于有罪答辩的定罪提出上诉。[2]因此，法官在批准有罪答辩时关于事实基础的审查，只是为防止无罪的人受到有罪判决而设置的诸多保障之一。

二、认罪认罚从宽制度之理论误区——偏重于效率提升

关于认罪认罚从宽制度的研究，理论和实务中多存在一种不恰当的观点，认为完善认罪认罚从宽制度的首要目标在于提高刑事司法的整体效率，甚至将提升司法效率作为制度改革、推进之主要动因。因此，在具体的制度改革设想方面往往存在以下问题：一方面，改革之重心放在程序之简化方面，而对实体之权利保护存在一定程度的忽略；另一方面，程序制度改革的着力点则被放在了构建被追诉人认罪认罚后的从简、从快程序，以及以认罪协商程序作为程序从简、从快之抓手。而这一观点的产生则主要基于一种假设，即庭审实质化改革会使进入庭审的案件耗费更多的人力、物力，因而在需要更多的程序机制来提升程序效率的前提下，应通过完善认罪认罚从宽制度来提升程序效率，而这一完善的方式

---

〔1〕 Cf. Federal Rules of Criminal Procedure（As amended to Dec. 1, 2016），Rule 11（b）（3）.

〔2〕 Cf. Federal Rules of Criminal Procedure（As amended to Dec. 1, 2016），Rule 11（d），（e）and Rule32（j）.

则被指向了交易式的协商程序。但是，目前我国刑事司法实践及认罪认罚从宽制度所面临的现实状况却共同指明这一认知是认罪认罚从宽制度发展之误区。

首先，有效落实对被追诉人的实体权利供给，即给予其从宽处罚的优待，应当成为完善认罪认罚从宽制度的首要目标。就"立法者"意志而言，从提出完善认罪认罚从宽制度的相关中央文件来看，落实被追诉人在认罪认罚情况下的从宽处罚这一实体权利供给，是这一改革的核心关怀。认罪认罚从宽制度的要旨在于使宽严相济的刑事政策得到制度呼应，使其能够通过正式的程序机制在实践中落地。可以说，这是宽严相济刑事政策在新形势下的发展。改革决策者的主要用意应是解决司法实践中嫌疑人、被告人认罪认罚却不一定能得到从宽处罚的实体法问题，解决实践中被追诉人在认罪认罚的情况下实体权利供给不足的问题。改革决策者为何忧心处罚从宽这一实体权利供给不足？其根本原因是，权利供给的制度许诺未得兑现会损害制度的信誉和司法的权威，进而从整体上损害制度在规范和实践上的有效性。[1]

其次，程序的效率化并不是认罪认罚从宽制度的基本内核，而只是这一制度的附随效果，至多是一个从属性目标。其一，在"认罪认罚从宽"的主题称谓中，我们并不能找到与效率有关的词语，程序的效率化并没有明确的制度位置。同时，从法理上说，该制度也不具有效率实现的必然内涵，不必然意味着认罪认罚后的程序简化。在被追诉人认罪认罚后，给予其从宽处罚可以出于两种缘由：一是被追诉人认罪认罚可能说明其悔罪态度较好，特殊预防意义上的人身危险性较弱，处罚需求相

---

[1] 左卫民："认罪认罚何以从宽：误区与正解——反思效率优先的改革主张"，载《法学研究》2017年第3期。

应降低，从而根据惩罚必要性原则对被追诉人从宽处罚；二是被追诉人认罪认罚可能意味着其放弃争议性诉讼机制，国家在获得节约司法成本这一好处的情况下，以实体上的从宽处罚作为回报。其中，第二种缘由并不是认罪认罚从宽制度设计的必选项。这是因为我国刑事诉讼程序所具有的类职权主义属性已经使我国的刑事诉讼程序具有了相当的经济性，庭审已经被高度简化与经济化。[1]在不断推行刑事诉讼程序效率化改革近二十年的当下，我们既不需要，也不太可能推行更大幅度的程序效率化改革，特别是略去庭审机制的程序效率化改革。换言之，在刑事审判效率已然较高的现实情境下，我国的刑事诉讼改革似乎不应将效率作为非常重要的目标。[2]

同时，过于效率化的刑事审判程序改革会对职权主义诉讼模式所特有的案件质量保障机制和错误裁判控制机制产生不利影响。我国职权主义诉讼模式的特征主要体现为法官阅卷与法官主导庭审。如果在可能判处三年有期徒刑以下刑罚的案件中，被告人认罪认罚后的庭审法庭调查与辩论环节即可省略，这就大大弱化了法官通过阅卷与庭审来控制案件质量的保障机制。特别是在我国被追诉人高认罪率的语境下，若被追诉人错误认罪，那么在高度略式化的程序中，法官将难以发现和纠正上述错误，因而更需要强化法官阅卷与庭审，以实现权力机关对案件质量的保障与控制。[3]

最后，即便是在庭审实质化改革的背景下，也可以赋予认

---

[1] 左卫民："刑事诉讼的经济分析"，载《法学研究》2005年第4期。

[2] 左卫民："认罪认罚何以从宽：误区与正解——反思效率优先的改革主张"，载《法学研究》2017年第3期。

[3] 左卫民："认罪认罚何以从宽：误区与正解——反思效率优先的改革主张"，载《法学研究》2017年第3期。

罪认罚从宽制度以程序效率化诉求，但在整体效果上，效率化也只具有相对的可能性。在我国，庭审实质化改革必然意味着庭审程序的复杂化即非效率化。然而，这种改革能够使普通程序的庭审程序达到什么样的复杂程度殊难判断。如果庭审实质化改革并未使普通程序庭审的复杂程度有显著提高，那么，将认罪认罚从宽案件拦在庭审程序之外可能并不能从整体上对我国的刑事程序效率有很大提升。或许，认罪认罚只是使案件的庭审有一定的简化，即便其可能导致程序终止，保障被追诉人的一些程序权利（比如后续程序类型的选择权）也极为重要。可以说，对于孟建柱所说的，"及时简化或终止诉讼……落实认罪认罚从宽政策，以节约司法资源，提高司法效率"，[1]也应该在这一意义上来理解。从整体效果来看，我国刑事司法程序的效率不见得会有大幅提高，因为在我国当前的刑事程序实践机制已经较为效率化的情况下，刑事程序改革的一些方向都是非效率化的，甚至连认罪认罚从宽制度本身也有非效率化的面向。一是保障被追诉人认罪认罚的自愿性、符合性和充分性的权利供给机制建设，会在一定程度上导致程序的复杂化；二是围绕从宽情节之事实认定和法律适用、从宽幅度之确定的法庭调查与辩论程序、救济程序建设，也会导致程序的复杂化。如果说当前刑事司法改革的主要内容是在实现普通程序庭审实质化的同时实现繁简分流，那么，认罪认罚从宽制度改革的本质功能就应当是赋予效率化程序（简易程序、速裁程序等）以权利化内涵。在此意义上，对程序效率化的追求只是有限语境下的相

---

〔1〕 孟建柱："完善司法管理体制和司法权力运行机制"，载《人民日报》2014年11月7日。

对诉求，只是从属性的目标。[1]

因为在过去的刑事司法改革中，法院为了提高诉讼效率，动辄确立简易程序或者"普通程序简便审"，强调简化法庭审理程序，缩短法庭审理的时间周期，形成了从法庭审理中探寻提高诉讼效率的改革思路。但经验表明，这种改革思路不仅在理论上有致命的缺陷，而且也没有取得改革者所预期的法律效果。一方面，单方面强调法庭审理期限的缩短必然会造成侵犯被告人的诉讼权利，损害正当法律程序的价值，并蕴含着造成冤假错案的可能性。毕竟，我国的法庭审判程序本来就已经非常简易，根本没有太大的简化空间，假如继续沿着简化法庭审理程序的改革思路走下去，那么，未来必然走向完全书面化的"法庭审理"程序，也就是法院不再举行开庭审理，仅仅通过阅卷就作出迅速裁判。另一方面，自 1996 年《刑事诉讼法》确立简易程序以来，我国立法机关先后对简易程序的适用范围做出了多次调整，2012 年《刑事诉讼法》将简易程序适用于所有基层法院审理的被告人认罪案件，而这一轮司法改革中出现的"认罪认罚从宽"理念又试图在所有案件的一审程序中推行简易化的审判程序。这显然说明，原有的压缩法庭审理时间的改革思路是不成功的，其实际效果也是很有限的。[2]在刑事速裁程序的试点过程中，基层法院动辄在几分钟的时间里进行开庭审理，刑事案件的结案周期也大为缩短，法庭审理几乎堂而皇之地奉行间接审理和书面审理的原则。在一些基层法院，刑事法官们甚至普遍呼吁在速裁程序中取消法庭审理程序，也就是只要完

---

〔1〕 左卫民："认罪认罚何以从宽：误区与正解——反思效率优先的改革主张"，载《法学研究》2017 年第 3 期。

〔2〕 陈瑞华："'认罪认罚从宽'改革的理论反思——基于刑事速裁程序运行经验的考察"，载《当代法学》2016 年第 4 期。

成阅卷程序就可以根据检察机关的起诉书和量刑意见书直接作出裁判。不仅如此，还有些法官呼吁在速裁程序中取消上诉制度，实行有条件的一审终审制，只要被告人自愿认罪认罚，就不再赋予其上诉权，一审法院的裁判也就是生效的司法裁判。[1]应当说，这种取消法庭审理和实行一审终审制的呼声，恰恰是我国法院多年来简化法庭审理程序的改革思路的必然延伸。

更进一步，将交易式协商程序作为完善认罪认罚从宽制度的主要抓手，只是简单地将辩诉交易与认罪认罚从宽制度进行程序上的对接，是一种错误的理论认识。其原因便是忽视了认罪认罚从宽制度与辩诉交易制度之制度背景截然不同。

第一，中美两国刑事审判所面临的压力迥异。从20世纪后期开始，美国法院审理的案件数量呈现几何级数增长。[2]以2013年为例，案件总数多达9410万件，其中刑事案件为1950万件。[3]而州初审法官人数却维持在2.7万人左右，平均每名州法官每年处理刑事案件700件。与此同时，当代美国刑事庭审持续时间也在总体大幅上升。[4]极具对抗性的刑事审判机制会使进入正规审判程序的案件（尤其是由陪审团参与的复杂、

---

〔1〕　参见丁国锋等："刑事速裁一审终审呼声渐高"，载《法制日报》2015年11月2日。

〔2〕　如同1960年美国州法院的民事案件数量相比，1983年州法院的民事案件数量增长了330%；1983年上诉法院的案件数量较之1960年增长了686%。参见〔美〕理查德·A. 波斯纳：《联邦法院：挑战与改革》，邓海平译，中国政法大学出版社2002年版，第66页，转引自左卫民："认罪认罚何以从宽：误区与正解——反思效率优先的改革主张"，载《法学研究》2017年第3期。

〔3〕　转引自左卫民："认罪认罚何以从宽：误区与正解——反思效率优先的改革主张"，载《法学研究》2017年第3期。

〔4〕　参见〔美〕理查德·A. 波斯纳：《联邦法院：挑战与改革》，邓海平译，中国政法大学出版社2002年版，第72页，转引自左卫民："认罪认罚何以从宽：误区与正解——反思效率优先的改革主张"，载《法学研究》2017年第3期。

繁琐的重罪案件）极大地耗费司法资源。基于案件数量多、法官人数少之情形，法院基本无法按照正规的对抗式审判程序处理所有案件，由此便为辩诉交易制度的大范围适用提供了契机。而且，这与当代美国对抗式审判系统的制度特征密不可分，只有在正规审判过于复杂、耗费较高的情形下，辩诉交易才能大行其道。与美国相比，无论是在案件的绝对数量还是相对数量方面，我国均相对较少，正规审判时间及人财物成本均低于美国。因此，基于程序成本过高而亟须通过简化程序来降低司法成本的必要性在我国并不是很大。

第二，中美两国认罪认罚对控辩双方的功效不同。在美国对抗式审判模式下，基于控辩双方力量之平衡能够保证协商之平等，并且基于裁判之不可预测性致使控辩双方有强烈动机选择辩诉交易程序，而被告人审前零口供状态的普遍存在使得辩诉交易对控方具有实质性价值，如此则同时可以使被告人获得更轻之刑罚。反观我国，侦查机关的工作使被追诉人零供述的可能性极小，基本事实和证据通常都已经在某种程度上被获取。除此之外，法院对于控方指控证据的接受度较高，而这些因素共同使得控辩协商的空间变小，外加协商结果对控辩双方的意义并不太大，所以该制度适用难以获得预期效果。

第三，中美两国刑事程序的保障条件不同。辩诉交易之重中之重便是对被告人有罪答辩之自愿性与真实性的保护，对此最重要的制度便是律师辩护的普遍和积极参与。美国律师辩护参与辩诉交易能够成为被告人的助手，按照被告人认同的方式积极促进其利益的实现，扮演好积极同控方展开斡旋的角色。反观我国，律师辩护率本来就较低，而对于事实和证据基本明确的案件其辩护作用也相对有限，外加我国专业律师数目及分布情况存在极大不平衡以及律师参与某些司法程序权利受限之现实，致使我国控辩协商实施过程中律师参与度不足，从而致使制度实施效果不佳。

除此之外，美国辩诉交易制度本身虽有助于降低高昂的司法成本，但同时也面临众多指责。一方面，检察官、法官、律师等法律职业人士基于自身利益考虑，积极推动辩诉交易的开展，致使处于被动和弱势地位的被追诉人的利益难以得到真正保护。[1]如，辩诉交易是让被告人在可能的重罪指控和量刑较轻的指控之间进行选择，有逼迫被告人作出轻罪答辩的强迫认罪之嫌。另一方面，辩诉交易导致程序法与实体法相分离，罪刑相适应的实体法正义以及其他广泛的道德目标不能有效实现。[2]而从我国目前正在实行的"控辩协商"试点的内容来看，罪名和基本事实都不属于协商的内容，甚至在量刑上都未体现出多少可以协商的内容，而更多的是控方基于被告人的认罪协商承诺书向法院提出从轻、减刑处罚的量刑建议。实际上，这并非出于控方和被告人的协商，而更多的是控方依据被告人认罪认罚的情况，同法院就量刑及适用程序进行协商。[3]由此可见，如果将认罪认罚从宽制度之构建重心放在司法效率之提升而忽视刑事诉讼之公平正义价值之追求，通过诉讼程序之简化降低诉讼成本，进而以完善

---

[1] 参见［美］乔治·费希尔：《辩诉交易的胜利——美国辩诉交易史》，郭志媛译，中国政法大学出版社 2012 年版，第 173 页以下；［美］斯蒂芬诺斯·毕贝斯：《刑事司法机器》，姜敏译，北京大学出版社 2015 年版，第 56 页以下，转引自左卫民："认罪认罚何以从宽：误区与正解——反思效率优先的改革主张"，载《法学研究》2017 年第 3 期。

[2] ［美］斯蒂芬诺斯·毕贝斯：《刑事司法机器》，姜敏译，北京大学出版社 2015 年版，第 199 页以下，转引自：左卫民："认罪认罚何以从宽：误区与正解——反思效率优先的改革主张"，载《法学研究》2017 年第 3 期。

[3] 钟安安："北京：刑事速裁案件首推'认罪协商'机制"，载《民主与法制时报》2016 年 2 月 16 日。

认罪认罚协商程序为抓手，从而将理论研究重心引向于此，最终将导致司法实践中问题丛生。

与此相对，实践中认罪认罚从宽制度构建之重心放在了效率提升方面，但在制度改革之具体激励机制方面却又存在重实体激励而轻程序激励的倾向。鼓励犯罪嫌疑人、被告人认罪，提高速裁程序、协商程序和简易程序的适用率需要建立科学的激励机制。目前，以"认罪—量刑减让"为主要形式的激励机制主要存在两个方面的问题：一是这种机制将目标仅锁定于鼓励认罪，对于被告人是否选择适用速裁程序、简易程序则并未给予重要考虑，其后果是形成了目前司法实践中高认罪率与速裁程序、简易程序低适用率并存的局面。二是如前所述，这种机制在可能判处长期监禁刑的案件中具有较为显著的效果，但在大量存在的、可能判处短期监禁刑以下刑罚的案件中，则很难产生相应的激励效果。[1]由此可见，重实体奖励具有对被追诉人的认罪主动性产生激励进而适用认罪认罚制度，但可能并不会对整个诉讼程序的简化和诉讼成本的降低产生直接价值，从而难以实现提升效率之目的。而程序简化之激励则不仅能使被追诉人可能直接获得量刑之优惠，而且还能使诉讼程序得以简化，进而提升诉讼效率。

作为应对，完善认罪认罚从宽制度应该在保证实体价值得以实现的前提下，针对效率提升着力实现三个方面的转变：第一，立法重心应从审判程序简化延伸至审前分流机制的构建，以实现对进入审判程序的案件总量的控制。第二，进一步分化审判程序，拉开各程序之间的繁简差距，提高程序针对性。第三，改进激励机制，除了量刑减让，还应构建与之并行不悖的

---

[1] 魏晓娜："完善认罪认罚从宽制度：中国语境下的关键词展开"，载《法学研究》2016 年第 4 期。

程序激励机制。由此形成完善认罪认罚从宽制度的三个关键词：审前分流、繁简分化和程序激励。[1]

第一，审前分流。审前分流的主要目标是控制进入审判程序的案件总量。一是可以在审查起诉环节赋予检察机关相对广泛的起诉裁量权，在这一程序环节，无论是何种不起诉，其效果都是将不具有起诉价值的案件分离出审判程序，从而缓解审判阶段的案件压力。二是提起公诉后开始审判前，可以设立传讯程序，根据被追诉人的不同答辩[2]进一步控制进入审判程序案件的数量。[3]出于对滥用不起诉的警惕，在检察机关内部，拟作不起诉决定的案件全部都要上报检察委员会讨论，且严格控制不起诉的数量或比例。对于承办案件的检察官而言，这往往意味着更繁琐的程序和更复杂的手续，影响着检察官的实际行为选择。对滥用不起诉权的防范和警惕原本无可厚非，但目前的内部行政控制方式一是损害了承办检察官的自主性，不符合当下司法改革的大趋势；二是不透明、不公开，难以杜绝不当干预。未来要发挥检察机关对进入审判程序的案件总量的调控功能，可将检察机关的不起诉裁量权扩大到可能判处1年有期徒刑以下刑罚的案件。同时，为防范起诉裁量权的滥用，目前的内部行政控制可以转向外部诉讼制约，通过法院、人民监督员或者被害人进行防范。[4]

---

[1] 魏晓娜："完善认罪认罚从宽制度：中国语境下的关键词展开"，载《法学研究》2016年第4期。

[2] 被追诉人可以作出认罪、不认罪或者不争辩、争辩等不同答辩意见，一旦选择作出认罪答辩，则可不再进入法庭审判程序而直接进入量刑程序。

[3] 魏晓娜："完善认罪认罚从宽制度：中国语境下的关键词展开"，载《法学研究》2016年第4期。

[4] 魏晓娜："完善认罪认罚从宽制度：中国语境下的关键词展开"，载《法学研究》2016年第4期。

第二，繁简分化。首先，引入协商程序。协商程序是在刑事案件的处理上，为当事人之间的协商或者合意留有一定空间的案件处理方式，这与传统的国家单方面施与刑罚的"强加型司法"形成了鲜明对比。[1]在现实的案件压力下，协商程序已经跨越传统的法系壁垒，成为世界范围内的实践。其次，改进速裁程序。根据《最高人民法院、最高人民检察院、公安部、司法部关于在部分地区开展刑事案件速裁程序试点工作的办法》，目前的速裁程序适用于危险驾驶等 11 种犯罪情节较轻、依法可能判处 1 年以下有期徒刑、拘役、管制的案件，或者依法单处罚金的案件；法院审理速裁案件仍采取开庭的形式；对被告人自愿认罪，退缴赃款赃物、积极赔偿损失、赔礼道歉，取得被害人或者近亲属谅解的，可以依法从宽处罚。

第三，引入程序激励机制。为解决上述问题，必须转换立法思路，主要从以下两个方面：一是对选择适用速裁程序、协商程序和简易程序的被告人，就其程序选择本身提供一定的量刑优惠。二是对在较早诉讼阶段坦白的犯罪嫌疑人，在程序上予以从宽处理，即将犯罪嫌疑人尽早坦白作为其社会危险性较低的一个重要体现，优先适用非羁押性强制措施。对于处刑较轻的轻微犯罪案件，不捕不诉等程序性处置往往可以发挥更大的激励功能。[2]

基于上述分析可知，从认罪认罚从宽制度之价值追求方面来看，目前的理论研究更倾向于或者说过分关注诉讼效率提升

---

〔1〕 See Francoise Tulkens, "Negotiated Justice", in Mireille Delmas – Marty and J. R. Spencer（eds.）, *European Criminal Procedures*, Cambridge University Press, 2002, p. 642.

〔2〕 魏晓娜："完善认罪认罚从宽制度：中国语境下的关键词展开"，载《法学研究》2016 年第 4 期。

之问题，而对于刑事诉讼之固有追求——公平正义——却有忽略或轻视之嫌。而对于诉讼效率提升之激励机制具体设计方面反而又存在重实体奖励轻程序奖励之倾向，进而导致诉讼效率提升之目的的实现受到阻碍。而理论界对于认罪认罚从宽制度价值追求和奖励机制之失衡性地研究偏重，恰恰导致了认罪认罚从宽制度实施过程中问题丛生。

反思认罪认罚从宽制度适用的实践困境和理论误区，之所以会出现如此情势既与制度自身完备性欠缺有关，又与制度支撑性理论缺失有关。制度自身完备性问题包括：第一，立法对该项制度的性质规定不够明晰，"认罪认罚"究竟是公安司法机关的权力抑或是被追诉人的权利不够明确，以至于对诉讼中的哪一方具有启动该制度的权利（权力）存在模糊认识，将"认罪认罚"当作司法机关对犯罪嫌疑人的"恩赐"。如此便难以保证控辩双方协商之平等地位，进而难以保证认罪协商具结书之真实性和自愿性。第二，"值班律师""量刑建议"等制度设计，同样没能从根本上对被追诉人的利益与诉求予以考虑。由于值班律师权利不够明晰或者难以与辩护律师获得相同地位，从而导致真正的量刑协商无法实现，而量刑建议则会变成检察机关的一家之言。因此，一些律师对于值班律师的工作并非真心参与，一方面自身权利得不到充分之保障，另一方面担心由于无法阅卷、不了解案情最终提升错案风险。第三，作为一种新型诉讼模式，认罪认罚从宽制度缺乏必要的制度支持及程序改革的配套衔接。[1]从认罪认罚从宽制度自身实践操作过程而

---

〔1〕　闵春雷："认罪认罚从宽制度的适用困境及理论反思"，载《法学杂志》2019年第12期。

言，现有法律规定缺失判断认罪认罚之真实性、自愿性的具体标准，缺失从宽之具体的层次化、具体化的操作标准等。而其他制度（如审判中心主义）以及具体诉讼程序选用方面的衔接规定缺失，导致其难以实现制度运行之游刃有余。

　　制度支撑性理论方面问题包括：首先，对于制度之价值定位存在难以明确或取舍之问题，对于公正与效率的价值之争虽存在明显的追求诉讼效率之倾向性，但与此同时也导致了支撑性理论研究的狭窄性——注重效率提升而忽视追求公正，也进而导致相关辅助性制度的设置更倾向于对效率提升的保障而忽略对被追诉人公平地位的保证。其次，对于制度的把握也呈现出一种程序与实体之间的错位。在探讨认罪认罚从宽制度之整体层面的从宽时，更多地关注实体方面的从宽对被追诉人的激励价值，即重实体从宽而轻程序从宽。而在探讨保障这种从宽具体落到实处时，则更多地关注从程序层面予以保证而缺失实体从宽之具体标准，进而又使其陷入了自由裁量之领域。最后，认罪认罚从宽制度实施之核心认罪认罚协商程序运行缺乏完美的理论依据，因为这一程序既不同于英美法系之辩诉交易制度，又不同于大陆法系之处罚令制度，而是对两种制度借鉴后的采撷使用，但缺失自己独立的理论依据，进而导致实践运行缺失稳固的根基，也造成在协商过程中对协商发起权归属、控辩双方地位认知、协商范围及深度把握等问题产生不同认知，最终导致实践运行问题丛生。根据上述分析可知，对于认罪认罚从宽制度之构建问题，既要注重对于实践运行机制及辅助性制度的完善，又要注重制度构建所依托的理论根基的探讨，而实践运行之问题皆可归结于理论之缺失。因此，应该从研究支撑性理论这一视角作为突破口，在为认罪认罚从宽制度构建好坚实的理论基础的前提下进一步完善其具体制度。而理论的研究的前提则是把控好应然之视角。基于此，对于认罪认罚从宽制度的构建应首先从制度应有的把握视角、制度构建之底线思维、正确把握与审判中心以及辩诉交易制度之间的关系等进行把握，才能保证理论研究方向之正确。

一、制度应有的把握视角——实体与程序两个层面

认罪认罚从宽制度是建立在刑事司法机关指控犯罪嫌疑人、被告人有罪的基础上的一种刑事司法过程性制度延伸。根据目前现有法律之规定，它适用于任何性质的案件以及任何诉讼程序类型，广泛存在于整个刑事诉讼过程中。它不是脱离于刑事实体法、程序法规范而独立存在的一项诉讼制度，而是依托于甚至是融合刑事实体法和程序法而存在的一项诉讼制度。因此，对于认罪认罚从宽制度必然也应该从实体与程序两个层面予以把握。

认罪认罚从宽之宽严相济政策的展现使其有必要转向制度建设。认罪认罚从宽与坦白从宽、宽严相济政策关系密切，可以说既是对坦白从宽刑事政策的继承与超越，又是宽严相济刑事政策之"宽缓"一面的拓展和深化。[1]随着认罪认罚从宽以改革的方式融入刑事司法并被赋予制度化建设的目标，宽严相济刑事政策特别是其"宽缓"层面得到了更为充实、全面的发展完善的契机。[2]甚至有学者将认罪认罚视为充分体现刑事政

---

〔1〕 参见熊秋红："认罪认罚从宽的理论审视与制度完善"，载《法学》2016年第 10 期。

〔2〕 陈卫东："认罪认罚从宽制度的理论问题再探讨"，载《环球法律评论》2020 年第 2 期。

策精神的制度样本。[1]而之所以要实现从政策向制度的深化升级，主要是基于法律制度较之于刑事政策虽灵活性较弱但稳定性强，同时受刑法之罪刑法定、程序法定等基本原则之约束，更能确保打击犯罪之规范化，更利于基本权利之保障。我国经过试点直至试点结束并最终于 2018 年修订的《刑事诉讼法》中正式确立了认罪认罚从宽制度，而且在第 15 条将认罪认罚从宽作为一项基本原则加以规定。将认罪认罚从宽确立为一项刑事法原则实际上是对认罪认罚从宽政策的法定化，使得"认罪认罚"成为一个"法定从宽情节"，[2]从传统的"实体从宽"延伸至"程序从宽"，[3]并将认罪认罚从宽贯彻于刑事诉讼始终，无论是侦查、审查还是审判阶段在原则上均得以适用。为了更好地鼓励认罪认罚，实现诉讼分流、节约司法资源等重要价值，《指导意见》第 9 条将认罪认罚作为一项独立的量刑情节，[4]对其应当在预测宣告刑的阶段予以考量。当然，作为一项刑事法原则，其直接效力在于"认罪认罚"的所有相关情节都必须被纳入刑事司法的从宽因素予以考量并配置以规范的诉讼程序保障，其适用的标准更为宽松，适用范围也更为广泛。当然，考量的结果是"可以从宽"，而非"必须从宽"，具体需要司法人员依职权综合全案情况来做判断。

---

[1] 陈卫东："认罪认罚从宽制度的理论问题再探讨"，载《环球法律评论》2020 年第 2 期。

[2] 杨立新："认罪认罚从宽制度理解与适用"，载《国家检察官学院学报》2019 年第 1 期。

[3] 在这里，"实体从宽"主要是指控辩合意中的量刑减让和刑事判决中的量刑从宽，"程序从宽"主要是指审判程序的简化和相应强制措施的减缓适用，从简的诉讼程序有利于减轻被追诉人讼累，也是一种从宽。

[4] 苗生明、周颖："认罪认罚从宽制度适用的基本问题——《关于适用认罪认罚从宽制度的指导意见》的理解和适用"，载《中国刑事法杂志》2019 年第 6 期。

认罪认罚从宽制度之综合性要求需要进行综合建设。从制度的维度来看，"认罪认罚从宽不是某一种单一法律制度，而是集刑事实体和诉讼程序多种法律制度于一体的综合性刑事法律制度"。[1]可以说，"认罪认罚从宽制度的适用是一项涉及面非常广泛的系统工程，既有刑事实体法、程序法层面的法律修改、完善，又有司法机制、体制的建构、调整和发展"。[2]在设计之初，认罪认罚从宽制度的目的是从实体法的角度寻求坦白从宽等政策的法定化，将认罪认罚作为一种法定量刑情节纳入法律框架，用以鼓励被追诉人尽早认罪认罚，并在此基础上谋求诉讼程序的简化处理，优化配置司法资源。"认罪认罚"这一法定从宽情节具有很强的统括性，[3]它能将所有与"认罪"和"认罚"有关的被追诉人的主客观情节予以涵盖，如退赃退赔、给予被害人补偿、获得被害人谅解、协助恢复被破坏的社会关系和不良影响等，并且这些情节还在实践中随着犯罪形态的变化不断地丰富和调整，[4]体现了新时代国家治理犯罪方式的新发展。作为一种集实体规范与程序规范于一体的综合性法律制度，《刑法修正案（八）》和《最高人民法院关于常见犯罪的量刑

---

〔1〕 王庆刚："认罪认罚从宽的制度属性与司法适用——综合制度属性视野下对'从宽'的理解与适用"，载《法律适用》2019年第13期。

〔2〕 陈卫东："认罪认罚从宽制度研究"，载《中国法学》2016年第2期。

〔3〕 认罪认罚可以涵盖自首、坦白情节，这一点可见《指导意见》第9条第2款，即"认罪认罚的从宽幅度一般应当大于仅有坦白，或者虽认罪但不认罚的从宽幅度。对犯罪嫌疑人、被告人具有自首、坦白情节，同时认罪认罚的，应当在法定刑幅度内给予相对更大的从宽幅度。认罪认罚与自首、坦白不作重复评价"。

〔4〕 根据案件的不同情况，被追诉人履行的非刑罚范畴的社会义务的情况也逐渐成了影响司法机关量刑轻重的考量因素，如履行一定的公益服务、向国库或者公益团体支付用于修复社会关系的费用等。

指南》从实体规范层面为其提供了制度支撑，[1]同时，为了确保认罪认罚从宽实体性规则尤其是量刑减让的规范化运行，《刑事诉讼法》还为其配置了一系列程序法规则，以保障被追诉人相关实体性权利的落实。其中最为核心也最为关键的就是认罪认罚从宽的控辩协商程序。而这一控辩协商程序的运行同样是实体与程序二者之融合的体现，协商之内容涉及从宽之限度而这直接依托于实体法律之规定，协商之发动以及控辩双方之地位设计则依托于程序法律之授权。由此，整个控辩协商程序的运行同样展现了认罪认罚从宽制度实体与程序两个层面的统一，而对该制度的理解应坚持贯彻实体与程序相统一的立场。

具体到认罪认罚从宽制度"从宽"之理解上，同样应该兼顾实体与程序两个方面，即"实体从宽、程序从简"，二者不可割裂。否则，该制度便失去了其被规定在刑事程序法中的独立价值。作为被追诉人权利的"认罪认罚"包含程序性权利与实体性权利两个方面。一方面，作为程序性权利包含知悉权、程序选择权、反悔权及上诉权等一系列权利，上述权利决定和影响着该制度的启动、推进及可能出现的程序回转，体现出作为诉讼主体的被追诉人对整个刑事诉讼进程的影响。另一方面，"认罪认罚"权利亦包含被追诉人应得的实体性权益，即通过"认罪、认罚"进而获得实体上从宽处理的法律结果。《刑事诉讼法》第15条规定："犯罪嫌疑人、被告人自愿如实供述自己的罪行，承认指控的犯罪事实，愿意接受处罚的，可以依法从宽处理。"当然，此处的"可以从宽"存在较大争议。因为根据《指导意见》的规定，此处的"可以从宽"并非"一律从宽"，

---

[1] 熊秋红："比较法视野下的认罪认罚从宽制度——兼论刑事诉讼'第四范式'"，载《比较法研究》2019年第5期。

法院审判对此具有最终的决定权。但是，在认罪认罚从宽制度的语境下，往往不存在符合法律规定的认罪认罚条件、启动了该制度却不予从宽处理的情形。毕竟，被追诉人放弃较为严格之普通程序公正审判的权利就是为了获得实体上轻缓的处理。实体从宽是程序从简之目的所在，是被追诉人为之努力的方向。如果实体方面对其不予从宽，所谓的程序从简则会损害被追诉人的权益。如果不能在实体上对被追诉人做从宽处理（如判处死刑立即执行的案件），便不存在适用该项制度的条件。[1] 与此同时，法院审判之最终决定权在某种程度上会受到检察机关之量刑建议的限制，因而，被追诉人实体从宽之权利通常会得以兑现。但必须注意，实体从宽与程序从简之间虽然并非互为必要条件，但二者之间却是并存并行、难以割裂的。

但经过前述分析可知，在制度实践过程中无论是程序方面还是实体方面均存在一定的问题。一方面，程序公正维度下的认罪认罚从宽制度存在程序欠缺。第一，被追诉人难以获得有效的法律帮助，即有效辩护。有效辩护的理念发源于美国。1970 年，美国联邦最高法院将有效辩护权作为辩诉交易中被告人的一项重要宪法权利加以确认，其有利于保障被告人认罪的自愿、明知、理性。[2] 有效辩护有助于帮助被追诉人了解认罪认罚的法律性质及后果，防止认罪认罚之非自愿性，进而积极与检察机关进行量刑协商、自主选择诉讼程序并确定辩护方案，

---

〔1〕 闵春雷："认罪认罚从宽制度的适用困境及理论反思"，载《法学杂志》2019 年第 12 期。

〔2〕 祁建建："美国辩诉交易中的有效辩护权"，载《比较法研究》2015 年第 6 期。

最终实现对自己最有利的结果。[1]对多数失去人身自由的被告人而言，律师根据事实和法律对其进行有效帮助至关重要。面对错综复杂的案件和控方的指控，要想进行明智的选择并实现自身利益的最大化，便离不开专业律师的帮助。[2]第二，集中审理方式被不当滥用。集中审理可分为单一案件的集中审理和多个案件的集中审理。单一案件的集中审理要求单个案件的审理密集、持续进行，其着眼于单个案件审理程序的完整性和紧凑性。多个案件的集中审理则致力于将多个案件依一定的规则进行集中审理，着眼于多个案件审理程序的统筹性。[3]速裁程序案件的集中审理通常是多个案件的集中审理，司法实践中同样存在两种不同的方式：第一种方式是将多个速裁程序案件集中在一个时间段审理，不改变每个案件庭审程序的完整性；第二种方式是将多个案件集中在一起同时开庭，打破各个案件庭审程序的完整性，法官可以在同一环节就同一个问题向多个案件的被告人同时发问，被告人依次回答，庭审结束时法官同时依次宣读多个案件的判决书。第二种审理方式在诉讼效率上明显优于第一种庭审方式，因为就同样的问题，法官不需要进行多次发问。但是，这种庭审方式会对被告人造成一定程度的心理干预，可能会导致其在回答法官提出的问题时"人云亦云"，不利于被告人在庭审活动中独立思考和自由表达。[4]恰恰是由于程序上存

---

〔1〕　闵春雷："认罪认罚案件中的有效辩护"，载《当代法学》2017年第4期。

〔2〕　顾永忠："关于'完善认罪认罚从宽制度'的几个理论问题"，载《当代法学》2016年第6期。

〔3〕　马贵翔、蔡震宇："简易程序案件集中审理初探"，载《国家检察官学院学报》2014年第6期。

〔4〕　宋宝莲、李永航："公正和效率维度下的认罪认罚从宽制度"，载《江苏警官学院学报》2019年第1期。

在欠缺，往往容易导致控方利用资源优势压制被追诉人。[1]实践中，办案人员如何在个案中细化认罪认罚的法律后果，往往需要依据个案需要，调整告知尺度。认罪协商可能产生"坦白显性从宽，抗拒隐性从严"的"隐形胁迫"效应。实证研究显示，美国纽约市的被告人经由审判所受的宣告刑通常比接受辩诉交易者所受的宣告刑要重136%。[2]如果这仅仅是因为作出有罪答辩的被告人获得了辩诉交易的量刑优惠倒不足为怪，问题是经常有检察官为了迫使被告人同意进行辩诉交易而刻意加重控诉的刑罚以给被告人施加压力。换言之，如果被告人拒绝作出有罪答辩，其不仅无法享受辩诉交易所带来的定罪量刑上的宽容，还可能承受检察官在控诉和量刑上的报复。因此，被告人往往处于十分艰难的境地：要么放弃应有的获得法庭审判的宪法权利而选择有罪答辩，要么承担在审判中被判处重刑的风险。[3]进而使被追诉人存在程序上的受压迫性。

另一方面，实体公正维度下的认罪认罚从宽制度难以得到保障。第一，因为刑事速裁程序省略了法庭调查、法定辩论两个重要庭审环节，实践中甚至存在降低证明标准，[4]导致部分非法证据或瑕疵证据作为定案依据、一些原本证据不足的案件中被追诉人就有可能被定罪处刑等情形的发生。第二，因为刑事速裁程序在简化诉讼程序的同时也缩短了办案期限，致使可

---

〔1〕 龙宗智："完善认罪认罚从宽制度的关键是控辩平衡"，载《环球法律评论》2020年第2期。

〔2〕 王兆鹏：《美国刑事诉讼法》，北京大学出版社2014年版，第676页。

〔3〕 陈瑞华：《比较刑事诉讼法》，中国人民大学出版社2010年版，第421页。

〔4〕 孙长永教授曾对部分试点地区关于认罪认罚从宽制度的实施细则进行考察，从中发现，在中央政法委于2015年提出探索刑事诉讼案件多元化的证明标准以后，多数试点地区出台的实施细则实际上降低了刑事速裁程序案件的证明标准。（孙长永："认罪认罚案件的证明标准"，载《法学研究》2018年第1期。）

能发生检察官、法官在某些环节上认真细致程度欠缺。第三，控辩双方适用认罪认罚从宽制度之出发点不同，检察官倾向于减轻办案负担，而犯罪嫌疑人或被告人为避免长期等待诉讼结果而遭受心理煎熬，基于此可能发生检察机关引诱被追诉人违心认罪的情形。[1]

基于此，应从实体和程序两个层面上予以完善。首先，应进一步对符合认罪认罚从宽的量刑情节进行明确化和合理化。若仅仅说被追诉人认罪认罚便可从宽，却没有对应的具体的量刑情节，就很可能导致在适用上出现难题。这样一来，关于何种程度的认罪认罚可以从宽，就难以确立适当、公正的标准，刑罚适用也会过于随意。正如有学者指出："犯罪人认识到自己行为的错误，悔过自新，说明该犯罪人的再犯可能性有所减小，人身危险性降低，因而可以得到从宽处罚。但是，如果犯罪人恶意利用认罪认罚从宽制度达到其不当的目的，那么，在实体法上是缺乏从宽的根据的，裁判者不一定要给予其从宽的处罚。"[2]与此同时，不可否认的是，实践中不乏被害人有过错却得理不饶人的情形，对于此类被害人"只求重判、不求赔偿"或漫天要价的案件，若采取"一刀切"的方式，以被害人的非理性要求为借口而对被追诉人的主观悔罪态度予以否定，则可能出现"同案不同罚"的后果。针对此类案件，建议把赔偿要件放在首位，而被害人谅解则作为"从宽"的额外因素。如前所述，悔罪才是"认罚"的根本，在认可被追诉人悔罪态度的基础上，若其在力所能及的范围内自愿支付的赔偿金属合理数

---

〔1〕 李永航："检察环节律师参与下的认罪、量刑协商制度建构"，载《江苏警官学院学报》2017 年第 3 期。

〔2〕 王瑞君："'认罪从宽'实体法视角的解读及司法适用研究"，载《政治与法律》2016 年第 5 期。

额，那么即使未取得被害人谅解，也可对其适用认罪认罚从宽制度。[1]因此，对于认罪认罚从宽制度的量刑情节必须予以明确化和合理化。

其次，应进一步对认罪认罚所能获得的从宽量刑幅度进行明确化和合理化。如认罪时间不同影响从宽幅度。如果认罪认罚的时间对从宽幅度没有影响，犯罪人就会产生"早认罪不如晚认罪"的观望心理，这不利于及早分流案件、节省司法成本。[2]我国应在认罪认罚从宽制度试点过程中不断摸索，明确"在哪个环节认罪可以减轻处罚，在哪个环节认罪可以从轻处罚，使犯罪嫌疑人在认罪之后产生心理预期，从而由消极抵抗转变为积极配合"。[3]

再次，应建立认罪认罚与从宽处罚之间的强制性对应量刑法则，实现从宽幅度的层次差异。现实中，被害人的谅解通常分为两个方面：一是精神上得到抚慰；二是经济上获得赔偿。一般来说二者密不可分，主观上具有真实悔罪表示的被追诉人通常也会尽力赔偿被害人的损失。因此，在被害人提出合理请求时，谅解情节作为"从宽"的必备因素便具备了现实可行性。此时可以"谅解为主、赔偿为辅"的原则对被追诉人"认罚"的自愿性进行考察：一是考察被追诉人的悔罪是否发自内心，即是否存在"心不甘情不愿"的情况；二是审查是否充分赔偿以及赔偿不到位的原因，即区分"能赔而不赔"与实际无经济

---

〔1〕 黄艾婧："两岸比较视野下认罪认罚从宽制度中的被害人保护"，载《人民检察》2019年第14期。

〔2〕 参见北京市海淀区人民法院课题组："关于北京海淀全流程刑事案件速裁程序试点的调研——以认罪认罚为基础的资源配置模式"，载《法律适用》2016年第4期。

〔3〕 陈卫东、胡晴晴："刑事速裁程序改革中的三从关系"，载《法律适用》2016年第10期。

能力的不同情形。依据达成和解的不同诉讼阶段分别提出不同的从宽量刑建议。如在侦查阶段、审查起诉阶段、提起公诉阶段、审判阶段与被害人达成和解的，分别设置 30%、20%、10%、5% 的量刑从宽幅度，以层层递减的形式反映不同阶段的"认罚"所能带来的不同优惠，在此基础上再进行精准量刑。[1]

最后，基于程序方面欠缺弱势之分析，应进一步加强被追诉人在侦查程序中的权利保障，同时应合理设定认罪认罚事实的证明标准和证明责任分配。除此之外，还要保障认罪认罚从宽的法庭调查、辩论、救济程序的充分性。而所有这些方面的完善主要依赖于作为被追诉人利益维护者律师的有效辩护。认罪认罚案件中律师的有效辩护，是保障被告人认罪自愿性及程序自主性的关键，是程序正当性的核心要求。如何做到有效辩护？第一，辩护律师始终是程序选择的建议者而非决定者。律师应结合案情为被告人分析利弊、帮助其认真权衡，尊重被告人的程序选择权，而不是简单、轻率地替他做出决定，更不能强迫被告人选择某一程序。在美国的有罪答辩制度下，律师面临难言的困境和尴尬："若辩护律师拒绝强迫被告人进行有罪答辩，则律师已经失败了；因为随之而来的后果是被告人往往会被判处本来不必要的重刑，辩护律师本来有义务防止这一刑罚成为现实；然而，当辩护律师确实强迫被告人进行有罪答辩时，实际上也失败了：他破坏了律师与被告人之间的信赖关系，证实了被告人愤世嫉俗的猜疑，出卖了被告人的宪法权利，招致被告人的怨恨。"[2]第二，辩护方式由抗辩转向沟通和协商。量刑协商的实质在于控辩双方就被告人量刑方面的问题进行充分

〔1〕　黄艾婧："两岸比较视野下认罪认罚从宽制度中的被害人保护"，载《人民检察》2019 年第 14 期。

〔2〕　祁建建：《美国辩诉交易研究》，北京大学出版社 2007 年版，第 107 页。

沟通，以在量刑建议中吸收辩方的量刑意见，实现有效的量刑辩护。[1]第三，辩护律师应把握审前程序中的辩护契机。积极进行程序性辩护，申请取保候审或变更强制措施。积极进行实体性辩护，及时与检察官进行量刑协商，实现对被追诉人从宽处理的法律结果。第四，辩护律师始终是认罪认罚程序的积极参与者而非消极"见证人"。

二、底线思维——正义不能被讨价还价

刑事诉讼中的许多重要理论与实践问题最终都可化归为两大问题：诉讼公正与诉讼效率。从宏观层面上来看，整个刑事诉讼无非就是诉讼公正与诉讼效率二者的统一，而诉讼效率则恰恰又是实现诉讼公正的要求和手段。[2]至于公正和效率两个目标之间的地位及协调问题，必须认识到公正才是进行刑事诉讼的终极目的，而效率则是实现这一终极目的的手段。二者虽然密切相联，甚至相互包容，但二者在价值位次上应该是有先后之分的，因为刑事诉讼毕竟不同于以追求利润为唯一目的的经济活动，它还承载着更多的伦理、道德价值。我们不能为了提高诉讼的经济效益而放弃公正。那样的话，不但会代价过高，也与现代法治国家所推崇的"人权保障理念"相背离。[3]这是传统社会理念和法学观念之要求。

而随着经济社会的发展，法的价值观念也在发生着变化。

---

〔1〕 闵春雷："认罪认罚从宽制度中的程序简化"，载《苏州大学学报》2017年第2期。

〔2〕 陈卫东："公正和效率——我国刑事审判程序改革的两个目标"，载《中国人民大学学报》2001年第5期。

〔3〕 陈卫东："公正和效率——我国刑事审判程序改革的两个目标"，载《中国人民大学学报》2001年第5期。

公正成为人们所追求的首要但并非唯一的价值目标。正如罗尔斯所言："判断一个社会优劣的标准，除了正义的标准之外，也还有其他的标准，例如效率和稳定。"[1]在司法资源捉襟见肘的情况下，对司法公正的绝对追求已经不再是各国刑事司法制度的主流价值导向，如何达到司法公正与诉讼效率的平衡成了各国刑事司法制度现代化改革的最重要挑战。[2]在案件量畸高的负荷之下，提高刑事司法诉讼效率不但对国家司法资源的有效配置有着现实意义，同时也有助于实现整个司法之公正。这是因为：一方面，诉讼效率的提高意味着犯罪与刑罚间隔时间的缩短，从而对刑罚的威慑作用及预防作用达到增强之功效。另一方面，诉讼效率的提高还意味着被犯罪行为所破坏的社会关系能够更快得以修复，从而能够及时地补偿被害人（方）、维护社会安定及秩序，也意味着刑事诉讼程序带给被告人、被害人及其他诉讼参与人的负担和痛苦愈发短暂，从而降低了全社会负担诉讼的物质成本及情感成本。从此视角来看，诉讼效率与司法公正并非绝对对立，两者的冲突也并非不可调和，应当以辩证统一的目光来看待并处理两者的关系。[3]

基于此，刑事司法审判程序之改革不能一味地去追求公正，公正也不是刑事审判的唯一价值目标。其实，能否对效率进行充分的关注以及能否在公正与效益之间保持适当平衡也是衡量程序公正的一项重要标准。因为，"正义的第二种含义——也许

---

〔1〕［美］约翰·罗尔斯：《正义论》，谢延光译，上海译文出版社1991年版，第25页。

〔2〕［英］麦高伟、杰弗里·威尔逊：《英国刑事司法程序》，姚永吉译，法律出版社2003年版，第13页。

〔3〕叶青、吴思远："认罪认罚从宽制度的逻辑展开"，载《国家检察官学院学报》2017年第1期。

是最普通的含义——是效率"。缺乏效率的公正是毫无意义的。正如一句谚语所说:"迟来的正义就是非正义。"显然,"一个社会,无论多么'公正',如果没有效益,必将导致社会集体的贫困,那也谈不上什么公正,即使有这种'公正',也是社会和人们所不取的"。[1]陈朴生先生谓:"刑事诉讼制度之产生,其动机并非仅由于维持公共福祉与保障基本人权;为适应诉讼经济之要求,亦其基本原则之一,此观之美国联邦刑事诉讼规则应解为系保程序之简洁、诉讼遂行之公正,并除去不适当之费用与迟延;日本刑事诉讼法第一条定曰:'本法,系以就刑事案件为维护公共福祉,保障个人之基本人权,发见实情之真相,而正确且迅速实现刑罚法令之适用为目的'等语,其所谓'迅速','程序之简洁','除去不适当之费用',即本诉讼经济之要求,为刑事诉讼制度之基本原则。"[2]

就认罪认罚从宽制度而言,其本质上兼顾了司法公正与诉讼效率,是在满足底线公正的前提下,对诉讼效率最大化的追求。一方面,认罪认罚从宽制度是在充分赋予被告人程序选择权、律师帮助权、程序防御权及救济权的基础上建立起来的制度,尤为强调法院对被告人认罪协议自愿性和合法性的审查,充分彰显了对被告人主体地位的尊重与保障,因而并没有动摇刑事诉讼制度的底线正义。另一方面,认罪认罚从宽制度在控辩双方形成合意的基础上克减了被告人部分诉讼权利,以达到程序简化、效率提高之效果,是一种体现控辩平等和契约精神的正义。有学者指出,大约有80%以上的被告人认罪案件有望通过认罪认罚从宽制度实现审查起诉与法庭审理的简易化。[3]

---

[1] 张文显:《法学基本范畴研究》,中国政法大学出版社1993年版,第273页。

[2] 陈朴生:《刑事经济学》,正中书局1975年版,第332~333页。

[3] 陈卫东:"认罪认罚从宽制度研究",载《法学研究》2016年第2期。

从制度的预期效果来看，其也完全符合以审判为中心的诉讼制度改革的要求。通过认罪认罚从宽制度实现诉讼资源的合理配置，让有限的司法资源用以办理重大、疑难、复杂的案件，可以达到"好钢用在刀刃上"的效果。[1]

认罪认罚从宽制度在实施过程中之所以会引发正义与效率价值的冲突，其原因在于两种错位：第一种错位是控辩双方在刑事诉讼流程的不同阶段错位发力。国家希望通过该项改革，在审查起诉阶段基本完成对认罪认罚的犯罪嫌疑人的定罪和量刑问题，以提高审判阶段工作效率，减轻法院的工作负担、实现繁简分流。这可以理解为，认罪认罚案件的审理重心转到了审查起诉阶段，而辩方的思路未能跟上认罪认罚程序的改革步伐，习惯在审判阶段发力，展开辩护。第二种错位是控辩双方从案件审理的不同侧面错位发力。案件的审理分为定罪与量刑两个环节。认罪认罚的犯罪嫌疑人和被告人已经放弃了与国家的对抗，通过对抗式诉讼活动查明真相已不再是审判活动的重点，量刑成为双方关注的焦点。认罪认罚程序已将以量刑建议为中心的量刑协商作为制度的关键内核，而辩护人仍将定性问题作为辩护的重心。这两种错位导致了效率与正义的冲突：在审查起诉阶段，既增加工作环节，亦缺乏权利保障，后果是检察机关没有积极性，辩护人参与不了。在审判阶段，辩护人认为发挥作用的空间被压缩，检察机关的量刑建议失去应有效果，审判程序难以提速。[2]认罪认罚协商机制在本质上是以与被追诉人利益交换来取得判决，法官、检察官及被追诉人虽可能各

---

[1] 叶青："认罪认罚从宽并非'辩诉交易'"，载《上海法治报》2016年9月9日。

[2] 周新："认罪认罚从宽制度试点的实践性反思"，载《当代法学》2018年第2期。

取所需并皆大欢喜，但司法追求公平正义的目的可能被牺牲，故其使用不可过度损害司法公正性，以免违背刑事诉讼追求公平正义的终极目标，而对司法公信力造成损害。[1]

因此，注重程序简化，但不能无视基本诉权，即不能矫枉过正，以致刑事审判沦为清理积案的快速通道，却忽视被告人的正当程序权利。虽然辩诉交易制度的初衷是节省司法资源、加快司法进程，但"为了避免出现错案，法官还是会做很多工作。法官在诉讼程序中会反复询问被告人关于交易中是否存在威胁、是否出于自愿、是否受到不正当影响等问题"。[2]再如，根据《美国联邦刑事诉讼规则》的规定，法庭即使接受有罪答辩也不能不作调查，不能在查明答辩的事实基础之前仅根据答辩作出判决。[3]换言之，程序上的简化不能演变为对犯罪嫌疑人、被告人权利保障的简化。正如有学者指出，司法机关"要在保证法律主体基本权利前提下，本着简化程序而不简化权利的原则来降低司法活动的边际成本，提高司法效率并促进司法公正"。[4]我们不能为了一味求快而忽略被告人的基本诉权。

综合而言，无论如何，认罪认罚从宽制度的构建都应该保住制度的底线，即正义不能被讨价还价，不能被金钱购买。"依诉讼经济之原则，诉讼程序固应力求简化，节省不必要之劳费；惟程序过分简单，又难免影响被告之防御权之行使及真实之发见。故诉讼程序之简化，以不妨碍程序之公正及真实之发见为

---

〔1〕 吴巡龙：《刑事诉讼与证据法全集》，新学林出版股份有限公司 2008 年版，第 653 页。

〔2〕 参见祁建建："美国律协刑事司法标准之有罪答辩标准评析"，载《中国刑事法杂志》2016 年第 5 期。

〔3〕 American Federal Rules of Criminal Procedure 11 (f).

〔4〕 李本森："法律中的二八定理——基于被告人认罪案件审理的定量分析"，载《中国社会科学》2013 年第 3 期。

度。"〔1〕"故今刑事诉讼制度之趋向，莫不致力于简化程序，迅速裁判；但仍应与维持公共福祉与保障基本人权之目的，求其适当之调和。"〔2〕作为刑事诉讼程序创新的中国式认罪协商程序的构建，应保持正当程序的底线，否则其会成为程序虚无主义再次泛滥的最好借口，将使得刑事诉讼的过程极不严肃，法律的尊严荡然无存，司法的公正性令人怀疑。

三、正确处理与审判中心之间的关系

"审判中心主义，在理论上是指审判活动在刑事诉讼全过程应处于中心地位和关键作用"，"审判中心主义主要是解决审判活动与侦查、起诉、刑罚执行活动的外部关系，即审判居于中心地位，侦查、起诉、辩护、执行等诉讼活动都应当服务、服从于审判活动。而'庭审中心主义'实为对'以庭审为中心'的理论表述，是解决审判机关内部如何进行审判活动的"。〔3〕以审判为中心的刑事诉讼制度改革最终被落脚在刑事庭审实质化改革上，其目的是提升法庭审判发现疑点、理清事实、查明真相的能力。〔4〕基于此，大部分学者认为审判中心主义的核心是庭审实质化。

而目前制约刑事庭审实质化的制度和程序要素至少有以下五个方面：其一，司法决策的卷宗依赖，仍然是导致刑事庭审流于形式的"元凶"；其二，庭前会议的功能异化，即本应在庭审环节解决的事项被前移到了庭前会议阶段，导致法庭审理被

〔1〕 陈朴生：《刑事经济学》，正中书局 1975 年版，第 332~333 页。
〔2〕 陈朴生：《刑事经济学》，正中书局 1975 年版，第 334 页。
〔3〕 顾永忠："'庭审中心主义'之我见"，载《人民法院报》2014 年 5 月 16 日。
〔4〕 沈德咏："庭审实质化的六项具体改革措施"，载《法制日报》2016 年 9 月 5 日。

虚置乃至被替代；其三，当庭讯问的程序不当，对举证、质证环节造成了"喧宾夺主"的影响；其四，控辩对抗的效果不彰，特别是被告人难以获得有效的辩护，使得控辩双方在法庭上的"你来我往"效果非常有限；其五，审理期限的巨大压力，客观上也使得法官难以进行从容不迫的实质化审理。不仅如此，独具中国特色的政法体制实际上也构成了庭审实质化的关键制约因素。[1]

世界各国虽然在刑事司法体制、机制、制度等方面均存在差异，但却同样面临一些共性的问题，如与日俱增之案件压力、案多人少之现实矛盾，各国为减轻压力解决矛盾均试图探索刑事司法正式庭审之替代程序，由此也呈现出了检察自由裁量权和决策权扩张的趋同倾向。这种趋同主要基于两种思考：第一，节省司法资源之经济考量。将每个案件均纳入正式审判程序是任何一个国家都难以承受的，正式审判程序之司法资源的高耗费促使各国寻找其替代程序，但同时也要保证替代程序能够有效发挥作用，不至于有损公平正义。而检察主导的程序模式是严格证明要求和基本权利保障规则的产物，能够在一定程度上满足双重要求。第二，检察官自身职能与属性之考量。检察官作为刑事司法体系的守门员，通过审查起诉以及行使起诉权，"连接着警方侦查和法庭裁判这两端，有影响这一进程中每一个决定的权力"。[2]绝大多数法律体系中的检察官都不仅仅承担起诉职能。他们通常还有权指导、参与或领导侦查，选择程序，决定审判范围和导向，管理案件，制定政策。这些权力使得检

---

〔1〕 李奋飞："论刑事庭审实质化的制约要素"，载《法学论坛》2020年第4期。

〔2〕 [美] 艾瑞克·卢拉、玛丽安·L. 韦德主编：《跨国视角下的检察官》，杨先德译，法律出版社2016年版，引言第3页。

察官成了刑事司法体系中最强势的角色，进而成了主导多数替代程序的不二人选。[1]

为了应对刑事司法系统的超负荷，构建检察主导的替代程序已经成为一种世界趋势，进而引发了刑事司法的结构性变革，并正在由此形成一种新的刑事诉讼范式。[2]我国的认罪认罚从宽制度本质上也属于检察主导的替代程序。伴随着认罪认罚从宽制度的建立健全，我国也出现了"检察官法官化"的权力转移现象，并在实质上形成了一种检察主导的刑事案件处理模式。按照《刑事诉讼法》及相关司法解释的要求，在认罪认罚案件中，这种检察主导主要体现在：第一，起诉替代措施选择中的检察主导；[3]第二，轻罪快处程序中的检察主导；[4]第三，协商模式下的检察主导。[5]发挥主导作用的途径主要是：在审查逮捕期间或者重大案件提前介入时向侦查机关提出开展认罪认罚工作的意见或建议；将被追诉人认罪认罚情况纳入批准或者

〔1〕闫召华："检察主导：认罪认罚从宽程序模式的构建"，载《现代法学》2020年第4期。

〔2〕熊秋红："比较法视野下的认罪认罚从宽制度——兼论刑事诉讼'第四范式'"，载《比较法研究》2019年第5期。

〔3〕裁量权是检控权的应有之义，考察美国、德国、荷兰、日本等国之相关规定，检察官对于起诉或不起诉均享有一定的抉择权，甚至还享有直接决定许多替代措施（如限期履行一定的负担或指示、直接科处罚金等），这无疑在一定意义上赋予了检察官裁判性质的权力。（参见闫召华："检察主导：认罪认罚从宽程序模式的构建"，载《现代法学》2020年第4期。）

〔4〕最为典型的是德国、意大利、挪威等国的刑事处罚令制度，检察官通常在事实上享有对案件的处置权，而法官仅在形式上把关。（参见闫召华："检察主导：认罪认罚从宽程序模式的构建"，载《现代法学》2020年第4期。）

〔5〕在协商性司法模式下，更加依赖检察官在整个刑事诉讼过程中的积极斡旋和塑造诉讼结果方面的作用，而法官往往扮演"边缘化角色"，致使检察官的准法官角色凸显。（参见闫召华："检察主导：认罪认罚从宽程序模式的构建"，载《现代法学》2020年第4期。）

决定逮捕时的重要考量因素；在审查起诉阶段对认罪认罚的被追诉人依职权启动认罪认罚从宽程序，告知权利和相关法律规定，听取相关诉讼参与人的意见；对认罪认罚的被追诉人提出具体的量刑建议；决定认罪认罚案件的程序适用或者向人民法院提出程序适用或程序转换的建议；主持签署认罪认罚具结书；对被追诉人认罪认罚，但不需要判处刑罚的轻微刑事案件，依法作出不起诉决定；对符合有重大立功或案件涉及国家重大利益等特定条件的认罪认罚被追诉人，依法作出特别不起诉决定；审核公安机关对认罪认罚被追诉人拟作的特别撤案决定；检察机关指控的罪名和提出的量刑建议对法院产生"一般应当采纳"的效果；负责对认罪认罚案件办理全过程的监督。[1]

检察机关之所以能够实现"检察官法官化"之转向进而展现其"主导"地位，与我国刑事诉讼构造、专门权力配置和检察机关之特殊定位有关。认罪认罚从宽制度本质上是以从宽利益激励换取被追诉人的认罪认罚，进而实现诉讼程序的全程简化，特别是审判程序的简化。如果由法院来主导，则会因为法院之审判权无法介入侦查和审查起诉阶段，而只能将认罪认罚从宽案件之关键环节和重点工作放在庭审阶段，如此便会导致法院审判之低效并无法避免侦查和审查起诉阶段司法资源之耗费，与改革目的相悖。另外，还可能导致法官因积极追求认罪认罚而丧失其客观中立地位。如果由公安机关来主导，则会因为认罪认罚从宽是一个贯穿诉讼全程、统摄多种诉讼职能、兼容程序与实体的综合性制度安排，同时基于侦查阶段法定主义为主的原则导向，致使公安机关因缺乏从宽话语权而无权决定案件

---

[1] 闫召华："检察主导：认罪认罚从宽程序模式的构建"，载《现代法学》2020年第4期。

的走向和结果,进而无法保障整个认罪认罚从宽制度的实施。[1]而由我国检察机关作为认罪认罚从宽制度实施的主导者,主要是基于以下考虑:第一,检察机关掌握着相当强势的控诉权,虽受起诉法定原则之约束,但对于检察机关提起公诉和申请撤诉,法院则会选择必须开庭审理和通常准许撤诉。第二,检察机关是我国司法机关,同时也是宪法意义上的法律监督机关,承担的客观义务不亚于法院。检察机关基于其职责要求和地位设计很难实现完全当事人化的转变。检察机关除了是层层把关诉讼模式中审查起诉阶段的主导者,还要通过审查批准逮捕实现对强制措施的司法控制,同时担负着通过法律监督保障诉讼活动合法性的职责,有足够的能力和条件保障客观公正地履行认罪认罚从宽程序中的主导责任。第三,检察主导认罪认罚从宽程序有法律基础和现实基础。虽然我国通过规定法院统一定罪原则和取消免予起诉制度明确否定了检察机关的定罪权,但酌定不起诉以及附条件不起诉制度的存在足以表明,法律依然认可检察机关对于部分轻微案件的被追诉人,有权在认为其构成犯罪的情况下作程序上的灵活处理,包括附设被追诉人必须遵守的一定条件。除了不起诉外,检察机关还有量刑建议权。同域外一般意义上控辩双方的量刑建议或意见不同,在我国,量刑建议通常专指检察机关提出的量刑意见。其"是一项专属检察机关的法定职权",[2]甚至被看作是事前开展审判监督的重要途径。[3]

---

〔1〕 闫召华:"检察主导:认罪认罚从宽程序模式的构建",载《现代法学》2020年第4期。

〔2〕 潘申明、刘浪、周耀凤:《量刑建议:前沿理论与实战技能》,中国检察出版社2016年版,第6页。

〔3〕 参见林喜芬:"论量刑建议的运行原理与实践疑难破解——基于公诉精密化的本土考察",载《法律科学(西北政法大学学报)》2011年第1期。

检察主导程序模式中的检察主导既不是强调诉讼模式意义上检察机关阶段性的主导作用，也并非刻意凸显检察机关在实施认罪认罚从宽制度之检察环节中的主导地位，而是着眼于检察机关在整个认罪认罚从宽程序中最核心角色的基本定位。该定位适用于认罪认罚案件中的诉辩关系，当然也适用于诉侦关系、诉审关系。而且，相较而言，更为看重专门机关关系中的检察主导，更为重视检察机关在非检察环节中的主导作用。检察机关在非检察环节中的主导作用，或者更确切地说，检察机关的工作对其他专门机关工作发挥的引领性和"预决"性的作用才真正决定着认罪认罚从宽程序之检察主导的性质。第一，审判环节的检察主导主要体现在其"预决力"方面。审判环节认罪认罚从宽制度的适用主要有两种情形：一是在审判环节前启动，在审判环节继续推进。二是到审判环节才启动认罪认罚从宽程序。在这两种情形下，按照《刑事诉讼法》的要求，检察机关均应发挥主导作用。检察机关的主导作用主要体现于检察机关的指控意见对于审判机关裁判的制约力，或者说是对诉讼结果的"预决"力。第二，侦查环节的检察主导主要体现在"引领力"上。我国的诉侦关系模式已经为检察机关主导认罪认罚从宽程序中的侦查环节奠定了坚实基础：一是侦查是为起诉作准备的，检察机关通过行使审查起诉权，对公安机关搜集的材料和提出的意见审查把关，决定是否符合起诉条件，并可直接以不起诉终结公安机关移送的案件。二是检察机关通过行使审查批捕权，控制公安机关采取剥夺人身自由的强制措施。三是检察机关通过行使法律监督权，确保公安机关立案及侦查行为的合法性，纠正公安机关的违法行为。四是检察机关通过行使提前介入权，在一些重大案件中指导公安机关侦查，引导取证。通过合理地行使这些职权，检察机关成了审前程序中"当之无愧的主导者"。[1]而在认罪认罚从宽程序中，检察机关对侦查环节的主导作用侧重于引领，主要体现在三个方面：①犯罪嫌疑人在侦查环节认罪认罚的，公安机关只能告知权利、听取意见、记录在案、随案移送，既不能作出具体的从宽承诺，也无权以要求签署具结书的形式对认罪认罚作法律上的正式确认，而只能待由检察机关在审查起诉环节就认罪认罚的具体内容与辩方沟通，确定指控罪名和量刑建议，审查、认定具结书的内容。②在审查批捕和羁押必要性审查时，检察机关将认罪认罚情况作为社会危险性评价的重要考虑因素，通过不批捕没有社会危险性的认罪认罚者，或者建议变更为非羁押措施，直接参与和推动侦查环节的认罪认罚从宽工作。③按照《指导意见》第 24 条的规定，检察机关还可以在审查逮捕期间或者重大案件提前介入（听取意见）时向公安机关提出开展认罪认罚工作的意见或建议。对于该意见或建议，公安机关应当认真听取，积极开展相关工作。事实上，基于监督职责，检察机关还负有确保在整个侦查环节认罪认罚从宽程序合法运行的权力和责任。[2]

认罪认罚从宽程序的检察主导特征直接影响了审判环节的性质和功能，即不管认罪认罚案件最终在形式上适用何种审判程序进行，其本质上均是以检察机关提出建议，法院加以审查和核准的方式进行的，审判在一定程度上转变为审核。如此一来，在这一环节，法院的工作重点是审查认罪认罚的自愿性和具结书内容的真实性与合法性。其对案件事实或证据问题的关

---

〔1〕　朱孝清："检察机关在认罪认罚从宽制度中的地位与作用"，载《检察日报》2019 年 5 月 13 日。

〔2〕　闫召华："检察主导：认罪认罚从宽程序模式的构建"，载《现代法学》2020 年第 4 期。

注点也与非认罪认罚案件有明显不同。〔1〕就司法权配置层面而言，检察主导的认罪认罚从宽程序与"以审判为中心"的用力方向并不一致。因此，有学者认为，正在推行的认罪认罚从宽制度与以审判为中心诉讼制度的改革之间是"自我矛盾"的。〔2〕但检察主导的认罪认罚从宽程序与"以审判为中心"绝非完全对立。构建检察主导的认罪认罚从宽程序模式毕竟存在应对司法超负荷的无奈，其改革目的不仅不是否定"以审判为中心"，反而是要维护"以审判为中心"这种现代法治社会基本诉讼结构的有效运作。而且，从域外经验来看，创立检察主导的替代程序的国家普遍注重从两个方面控制该程序对"以审判为中心"的影响：一是严格限制该程序适用的案件范围；二是严格区分事实与法律，不在法律中明确规定检察建议对法官的刚性约束力。〔3〕

以审判为中心的诉讼制度是对所有案件及被告人获得公正审判的基础和保障，任何人都有获得公正审判的权利，据此要求司法机关对其案件进行实质性的审判，以维护其合法权益、维护司法公正、维护社会公平正义。但是，公正审判权既然是赋予被追诉人的诉讼权利，那么作为权利主体，被追诉人便可以放弃或减少相关的诉讼权利，自愿认罪认罚并借此获得从宽处理或处罚。认罪认罚从宽制度恰恰迎合了这一实际需要，成为被追诉人自愿放弃和自愿选择的结果。在此情形下，只要确

---

〔1〕 闫召华："检察主导：认罪认罚从宽程序模式的构建"，载《现代法学》2020年第4期。

〔2〕 张建伟："审判中心主义的实质内涵与实现途径"，载《中外法学》2015年第4期。

〔3〕 闫召华："检察主导：认罪认罚从宽程序模式的构建"，载《现代法学》2020年第4期。

保被追诉人是确实有罪的人并且放弃与选择确系自愿，就可以不必对所涉案件进行实质化审判，而采用简化、简易的程序并对其进行从宽处理或处罚。显然，以审判为中心的诉讼制度与认罪认罚从宽制度都是以公正审判权为核心的诉讼制度，前者是主张并行使公正审判权的产物，后者是放弃或减少公正审判权的结果，两者之间呈现为应然要求与实然需要的关系。[1]

程序上的大幅简化必然会导致被追诉人诉讼权利尤其是程序性权利的"克减"。因此，认罪基础上的程序简化必须具备相应的正当化基础。这种正当性基础的来源之一是完善实体权利供给机制，确保量刑减让的实质贯彻，以此作为"对价"换取被追诉人"部分诉讼权利的放弃"；来源之二就是保证被追诉人享有实质性的程序选择权和反悔权，这种"实质性"既要求被追诉人明智、明知和自愿，也需要选择对象具备实质意义上的可选择性——对被追诉人而言必须具备相应的选择价值，被追诉人得以在不同的价值之间进行权衡和抉择。不难想象，如果作为选择对象之一的"完整意义上的诉讼程序"无法满足被追诉人获得实质化审判的诉求，那么被追诉人作为一个正常的理性人必然会以认罪认罚程序作为唯一选择，以此"被迫"换取量刑"优惠"待遇，从这个意义上讲，被追诉人实际上是没有选择权的。以审判为中心的制度改革的重要目的之一就是实现庭审实质化，以严格、规范的诉讼程序和系统、完善的证据规则来给予被追诉人最大化的司法"武装"。这对于认罪认罚案件程序从简的正当性有着明显的支撑作用，能够确保被追诉人在选择认罪认罚时得以"深思熟虑"，也可保障被追诉人在行使反

---

〔1〕 顾永忠、肖沛权："'完善认罪认罚从宽制度'的亲历观察与思考、建议——基于福清市等地刑事速裁程序中认罪认罚从宽制度的调研"，载《法治研究》2017年第1期。

悔权时没有"后顾之忧"。[1]

但与此同时，我们必须警惕认罪认罚从宽制度之检察主导的过分表现。认罪认罚从宽制度的确立与实施在很大程度上展现出了一种"检察主导"的格局。"检察官在大量的案件中事实上已经演变为决定是否科处制裁以及制裁的严厉性或宽大程度的官员"，[2]成了"法官之前的事实裁判者"。[3]至少在部分程序中刑事诉讼权力出现了"从法官决定向检方决定的强烈转变"。检察官的支配地位从推进程序延伸到决定实体结果，从审前阶段拓展到审判阶段，进而形成了一种检察主导的刑事司法运行模式。[4]而这种过分表现之"倾向"则凸显了检察主导之风险的存在。

第一，主导权滥用风险。检察主导的认罪认罚从宽程序本质上属于里恩教授所谓的"替代程序"。在这一程序中，"虽然法院可能参与最后阶段的制裁，但发挥核心作用的是检察官"。[5]居于主导地位的检察机关在替代程序中可谓"大权独揽"。而且，与域外"替代程序"相比，我国的认罪认罚从宽程序由于三个特点的存在而更有可能放大检察机关滥用主导权的

---

〔1〕 陈卫东："认罪认罚从宽制度的理论问题再探讨"，载《环球法律评论》2020年第2期。

〔2〕 参见〔德〕托马斯·魏根特："换了名字的法官：比较视野下的检察官角色"，载〔美〕艾瑞克·卢拉，玛丽安·L.韦德主编：《跨国视角下的检察官》，杨先德译，法律出版社2016年版，第359页。

〔3〕 〔瑞士〕古尔蒂斯·里恩：《美国和欧洲的检察官——瑞士、法国和德国的比较分析》，王新玥等译，法律出版社2019年版，第1、8页。

〔4〕 闫召华："检察主导：认罪认罚从宽程序模式的构建"，载《现代法学》2020年第4期。

〔5〕 〔瑞士〕古尔蒂斯·里恩：《美国和欧洲的检察官——瑞士、法国和德国的比较分析》，王新玥等译，法律出版社2019年版，第8页。

风险：①我国法律直接规定了认罪认罚案件中量刑建议对法院裁判的刚性约束。②我国不区分轻罪、重罪，只要被追诉人认罪认罚，就可以适用检察主导的程序模式，予以从宽处理。③检察机关是法律监督机关，但其法律监督权是外向型的，即检察机关自身不是法律监督的对象。[1]

第二，认罪真实性保障风险。在检察主导的程序模式下，对于案件的证据审查和事实认定问题，审查起诉环节发挥关键作用，审判环节只是审核把关。通常认为，认罪认罚从宽制度虽然改变了程序的推进方式，但并未降低而且也不应该降低认罪认罚案件的证明标准。[2]但应当看到，认罪认罚案件证明标准的内涵以及评判方式已经发生了微妙而又十分重要的变化，即检察机关主导着案件证据与事实的审查认定，而且，这一工作主要是在审查起诉环节完成，法院事实上不再担负通过审判查明案件事实的主要责任。表现在庭审环节，检察机关在法庭上的举证责任被显著减轻了，"在一定意义上甚至可以说，在认罪认罚案件中，检察机关在法庭上的举证责任基本被免除"，"至于公诉人出庭参与庭审，基本上只是走个过场而已"。[3]因为，就被追诉人而言，只有认罪认罚才能适用从宽程序，其对事实和证据的异议权受到了限制。而就法院而言，在审查检察机关的指控事实和证据时，方向特定、程序迅速、内容简略、结论受限，这些因素均有可能导致案件办理质量的下降。如果检察机关自身再不能准确理解认罪认罚案件中事实认定方式的转变，认识

---

〔1〕　闫召华："检察主导：认罪认罚从宽程序模式的构建"，载《现代法学》2020年第4期。

〔2〕　参见肖沛权："论认罪认罚案件的证明标准"，载《法学杂志》2019年第10期。

〔3〕　孙长永："认罪认罚案件的证明标准"，载《法学研究》2018年第1期。

不到自己在认罪认罚案件认罪真实性保障中的主导地位和关键作用，而仍然把自己简单定位为类似于非认罪认罚案件中的控方角色，无疑更会使认罪认罚案件中的事实保障陷于"两不管"的危险境地。[1]

第三，从宽激励功能异化风险。检察主导的程序模式严格控制了公安机关的程序性权力。对于认罪认罚案件，公安机关在程序处理上只能"如实记录""随卷移送"，充当"搬运工"的角色。这意味着，至少在侦查环节，从宽很难成为公安机关激励被追诉人认罪认罚的有效手段。这进一步导致，在实践中，公安机关普遍缺少适用认罪认罚从宽制度的积极性，仍然依赖带有强制性的机制确保取供效果，而审查起诉环节适用认罪认罚从宽制度时被追诉人基本上都已在侦查环节认罪。换言之，在大多数情况下，检察机关以从宽处罚的量刑建议"交换"的并非是被追诉人认罪认罚，而仅仅是被追诉人同意程序简化或者不上诉。而在域外，辩诉交易也好，认罪协商也好，官方让步的主要目的都是换取被追诉人的有罪答辩或自愿认罪。因此，公安机关程序参与的过度弱化不仅人为地限制了认罪认罚从宽制度的适用效果，也会严重制约甚至可能异化认罪激励这一认罪认罚从宽制度的核心功能，并可能影响到从宽处罚本身的正当性。[2]

四、正确把握认罪认罚从宽与辩诉交易制度的关系

根据前文所述可知，无论是谈及认罪认罚从宽制度的理论

---

[1] 闫召华："检察主导：认罪认罚从宽程序模式的构建"，载《现代法学》2020年第4期。

[2] 闫召华："检察主导：认罪认罚从宽程序模式的构建"，载《现代法学》2020年第4期。

依据还是实践运行，以及辅助性制度的建设方面均未绕开与辩诉交易制度的对比性探究。由此可见，认罪认罚从宽制度与辩诉交易制度之间必然存在极为相似之处，但在认罪认罚从宽制度构建之时却应在明辨区别的基础上进行有选择性的借鉴。对于认罪认罚从宽制度的构建，有学者认为"要确立'认罪认罚从宽'制度，就要引入控辩协商制度，使得控辩双方在被告人自愿认罪的基础上就量刑问题进行协商，在给予被告人一定'量刑优惠'的前提下，法院做出宽大的刑事处罚"。[1]并进一步指出："作为刑事司法改革的有机组成部分，认罪认罚从宽制度的确立，并不仅仅意味着刑事诉讼程序走向进一步的简易化，而且以英美辩诉交易为蓝本，确立了中国式的控辩协商机制。"[2]而这一观点则将二者之间的关系推至一个更高的层次，直接认为认罪认罚从宽制度的构建是以辩诉交易制度为蓝本确立的。但就我国认罪认罚从宽制度的建立和实践现实而言，不可否认在某种程度上借鉴辩诉交易制度之合理之处，但将辩诉交易制度提升到认罪认罚从宽制度构建所依据的蓝本之高度却难以与事实相符。

因为我国《刑事诉讼法》奉行实质真实的原则，要求即使是在被告人认罪的情况之下，案件也要达到事实清楚，证据确实、充分的证明标准，法院才能据此作出有罪判决。而英美法系国家的辩诉交易制度并没有将"案件事实清楚，证据确实、充分"作为启动交易程序的必要条件，而是要求接受以辩诉协议为基础的被告人有罪答辩必须有事实基础。此外，在英美法

---

[1] 陈瑞华："'认罪认罚从宽'改革的理论反思——基于刑事速裁程序运行经验的考察"，载《当代法学》2016年第4期。

[2] 陈瑞华："刑事诉讼的公力合作模式——量刑协商制度在中国的兴起"，载《法学论坛》2019年第4期。

系国家，法官对事实基础的审查具有浓厚的形式性，仅以被告人认罪答辩涵盖的犯罪事实为准，而且不会为查清案件事实进行开庭审理。[1]可以说，英美法系国家的辩诉交易程序并不强调要"事实清楚，证据确实、充分"，很多的案件甚至是在案件事实不清、证据不足的不确定情况下，为提高司法效率、节约司法资源而采取的措施。由此可见，辩诉交易制度建立的基础是形式真实原则，其在案件事实调查清晰程度以及证明标准的要求方面与我国刑事诉讼法所坚守的原则要求相差甚远。与此同时，我国刑法同时又奉行罪刑法定和罪责刑相适应的基本原则，在定罪方面确立了严格的犯罪构成要件，而在量刑上也确立了明确的量刑种类和量刑幅度制度，法院即使享有从轻、减刑或免除刑罚方面的自由裁量权，但整体而言也无法逾越法律所规定之幅度范围。基于此，控辩双方在定罪上并不存在协商之可能，在量刑上同样也不具有较大的协商余地和妥协空间。正因为如此，按照主流的刑事法学观点，辩诉交易被视为一种不符合中国刑事司法传统的制度，难以被引入中国的刑事司法制度。[2]

并且，从现实的制度规定和实践模式来看，"认罪认罚从宽制度其实就是中国式的控辩协商机制"这一说法应该是存在疑问的。事实上，所谓的认罪认罚从宽协商，究其本质而言，属于控辩合意。其直接目的是在控辩双方之间达成有关认罪和量刑的一致意见，而在这种合意达成的过程之中则带有一定的协商成分，但这种协商只是一种非充分和完全意义的且有严格边

---

〔1〕 郭明文："论审判阶段的程序分流——以被告人认罪案件处理程序为视角"，载《暨南学报（哲学社会科学版）》2007年第3期。

〔2〕 陈瑞华："美国辩诉交易程序与意大利刑事特别程序之比较（下）"，载《政法论坛》1995年第4期。

界限制的控辩协商，其协商的程序内容更加偏向于控方单方的合意邀约和辩方的自主同意。[1]综合而言，认罪认罚从宽制度与辩诉交易制度之共性都存在公权力与被追诉人进行协商之内涵，但是，可协商之内容和深度则存在差异。因为辩诉交易制度在美国出现之初衷便是为了提高办案效率，进而改善因犯罪率畸高而导致的案件积压之困境。因此，其主要表现形式是由控辩双方就案件事实、量刑甚至罪名等事项所达成的协议，而这份协议通常暗含一种"双赢"的效果。我国的认罪认罚从宽制度则表现为控方与被追诉人之间进行协商，而所协商之内容仅限于量刑方面，并且是以认罪为前提进而获得一定的"量刑优惠"。由此可见，我国认罪认罚从宽制度与辩诉交易制度之间确实存在一定的共性之处，但同时制度依据、协商范围、协商程度等具体方面却存在很大的差别。因此，对于如何处理认罪认罚从宽制度与辩诉交易制度之间的关系，应该是在深入剖析二者之间的共性与差别的前提下，实现择其善者而从之的选择性借鉴，以服务于我国认罪认罚从宽制度之构建。

（一）认罪认罚从宽制度与辩诉交易制度的共性之处

1. 保障被追诉人获得快速审判之权利的目的相同

根据《公民权利和政治权利国际公约》第9条第3款之规定："任何因刑事指控被逮捕或拘禁的人，应被迅速带见审判官或其他经法律授权行使司法权力的官员，并有权在合理的时间内受审判或被释放。"悬而未决的等待会"给犯人带来无益而残酷的折磨"，[2]而快速审判之要求既符合司法认知之规律又有助

---

〔1〕　陈卫东："认罪认罚从宽制度的理论问题再探讨"，载《环球法律评论》2020年第2期。

〔2〕　〔意〕贝卡利亚：《论犯罪与刑罚》，黄风译，中国法制出版社2002年版，第65页。

于增强刑罚惩戒之效能。正如法经济学家波斯纳所言，"对公平正义的追求，不能无视代价"，[1]司法机关在追寻真相的过程中，不可能（也不应当）像自然科学研究者那样为了探索真相而皓首穷经，因为即使司法系统等得起，被害人、犯罪嫌疑人和被告人、社会也耗不起。刑事审判必须在有限的时间内给被害人、被告人和社会一个明确的结果。被害人渴求救济和心灵安抚，被告人渴求"尘埃落定"的宣判，社会公众渴求对恶行予以及时惩戒，推迟刑罚"造成的印象不像是惩罚，更像是表演"。[2]而通过辩诉交易制度的实施，被告人可以避免因案件调查而必须接受额外的对人身自由予以限制的审前程序，也可以避免等待审判结果的焦虑和不确定性。[3]进而使自身能够尽快地获得审判之权利，并且通过辩诉交易还可以使自身避免面临刑罚未知之风险。通过认罪认罚从宽制度的实施，基于被追诉人的自愿认罪和认罚，适用相对简易之程序，减少普通程序中某些环节，进而节约时间，使得被追诉人不仅能够在此基础上获得"量刑优惠"，还能够尽最大可能实现审判之快速化，保障被追诉人之合法权利。

2. 被害人利益表达制度化是相同的考虑因素

无论是认罪认罚从宽制度还是辩诉交易制度，两者均对被害人的利益保护予以重视，并且被害人利益表达之制度化的确立则是基于相同的考虑因素。就辩诉交易制度而言，在制度发

---

〔1〕 转引自熊秉元：《正义的成本——当法律遇上经济学》，东方出版社2013年，第31页。

〔2〕 ［意］贝卡利亚：《论犯罪与刑罚》，黄风译，中国法制出版社2002年版，第66页。

〔3〕 参见张智辉主编：《辩诉交易制度比较研究》，中国方正出版社2009年版，第2页。

展伊始，明确被害人之所以愿意接受辩诉交易往往是基于三个方面的考虑：第一，基于经济因素的考虑。在英美法系国家的审判程序中，在通常情况下，比较昂贵的作证费用往往首先是由被害人垫付的，尽管法院在案件审结之后会支付相应的费用，但对于很多被害人而言，短期内承担如此一笔费用往往会造成不小的压力。第二，基于时间因素的考虑。庭审时间往往是一种巨大的时间成本，即使庭审本身耗时不长，而被害人往返法院以及因此而承担的误工成本则同样是相当昂贵的。第三，基于风险因素的考虑。被害人如果不接受辩诉交易，基于案件事实和证据的掌握情况同样会使其面对很大的败诉风险。[1]而在我国的刑事诉讼案件中，尤其是在公诉案件中，被害人除了可以提起附带民事诉讼，其诉讼地位与证人几乎毫无差别。为了满足被害人利益表达之诉求，我国开始实行刑事和解制度，而认罪认罚从宽制度自然而然地吸纳了刑事和解程序的合理性，同样关注被害人的利益诉求。而这一关注所考虑的主要因素同样是经济因素、时间因素和风险因素。

3. 两种制度能够得以实施之前提均是被追诉人自愿

辩诉交易制度实施之前提便是控辩双方交易的达成，而交易的达成自然是控辩双方经过协商之后的结果，这一协商的开展必须基于被追诉人自愿。被追诉人自愿原则被视为辩诉交易的"帝王条款""合法性源泉"，防范辩诉交易中国家权力滥用的根本性条款，公正、平等地进行辩诉交易的前提和基础。[2]如果缺失被追诉人自愿这一前提，那么交易的达成便只可能是一种强

---

[1]　参见［美］乔治·费希尔：《辩诉交易的胜利——美国辩诉交易史》，郭志媛译，中国政法大学出版社2012年版，第154页。

[2]　参见张智辉主编：《辩诉交易制度比较研究》，中国方正出版社2009年版，第3页。

迫或欺骗的结果，对于刑事诉讼而言是一种"侮辱"。进而可能由此而导致基于辩诉交易而采用的庭审程序终止或者基于被追诉人提出异议，进而重新适用其他更为复杂的程序，最终导致辩诉交易制度缓解案件压力之追求无法实现。与此相似，我国现行《刑事诉讼法》第52条规定"不得强迫任何人证实自己有罪"，《最高人民法院、最高人民检察院、公安部、国家安全部、司法部关于在部分地区开展刑事案件认罪认罚从宽制度试点工作的办法》第1条从正面强调了自愿性原则，第2条从反面罗列了因不具有自愿性而不能适用认罪认罚从宽制度的情形。《指导意见》对于被追诉人认罪认罚之自愿性的要求更为明显，全文中关于"自愿"的使用达24次之多，足见我国对于被追诉人自愿的重视程度。被追诉人自愿同样是整个认罪认罚从宽制度实施之前提，如果没有被追诉人的自愿认罪认罚，便根本不可能启动认罪认罚从宽程序，也更不可能达成量刑协议，即使基于胁迫或欺骗而达成量刑协议，也会因被追诉人自愿因素的缺失而引发整个案件程序回转，同样难以实现其提升司法效率之功效。

4. 量刑决定权的主体是审判机关

无论是认罪认罚从宽制度还是辩诉交易制度，其量刑的最终决定权仍然掌握在法院手中。即使在辩诉交易中控方享有很大的自由协商权限，在认罪认罚从宽程序中检察机关具有一定的主导作用，但是最终的量刑裁判权仍然是由审判机关予以行使的。这是司法最终裁决原则的体现，也是非经法院依法审判任何人不得被定罪量刑要求的体现。在美国的辩诉交易制度中，法院对是否接受控辩双方关于罪名的协商以及如何量刑拥有最终决定权，法官对接受还是拒绝辩诉双方提交的答辩协议拥有决定权；如果接受，就应当通知被告人其协议中商定的处置意见将在判决和量刑中予以体现；如果拒绝，则应当通知辩诉双方其协议被拒绝并将此情况记录在案。[1]虽然审判机关的法官对辩诉交易之结果和认罪认罚协商之结果存在一定的"容忍义务"，但是是否接受这一结果的最终决定权仍然在审判机关法院手中。《指导意见》规定了法院对于量刑建议的采纳权和量刑建议的调整权。虽然在规定排除情形和"明显不当"时，法院一般是"应当"予以采纳，即对法院的审判权在一定程度上产生限制，但是绝非否认法院的最终裁判权，即主体仍是作为审判机关的法院。

（二）认罪认罚从宽制度与辩诉交易制度之区别

1. 二者的立法依据不同

认罪认罚从宽制度基于我国职权主义刑事诉讼模式而存在，在整个的协商过程中，国家司法机关仍是占据主导地位。并且，对于制度的启动、程序的选择以及量刑幅度的优惠均以国家司法机关为主导。而作为触犯刑法之被追诉人，虽然协商之前提是基于其自愿认罪认罚，协商过程中也会相应保护其自愿的真实性，但在协商范围和内容方面仅限于量刑的轻重，而不可对罪名等提出协商建议，即使提出也无法获得回应。总之，被追诉人在整个认罪认罚过程中处于一种相对被动的地位。而美国的辩诉交易制度则基于美国当事人主义诉讼模式而存在。在此种模式之下，控辩双方之权利存在对等性，作为被追诉人一方享有完全的辩护权利，尤其是律师发挥的作用非常明显，进而使得整个辩诉交易的过程呈现出了强烈的对抗性色彩。而二者之间的地位则显得处于同一层次，无所谓何方更为主动和更为被动。基于此，认罪认罚从宽与辩诉交易制度的本质区别根源

---

[1]　参见冀祥德：《建立中国控辩协商制度研究》，北京大学出版社 2006 年版，第 9~12 页。

于职权主义与当事人主义的不同。辩诉交易制度是纯粹的当事人主义的控辩协商制度，认罪认罚从宽制度则更应该说是职权主义的评价原则与当事人主义的协商机制的混合体。更进一步讲，辩诉交易制度的本质属性是控辩双方各取所需、不涉及道德评价的"交易"，而认罪认罚从宽制度的本质属性是国家专门机关对被追诉人合道德行为的"奖励"。[1]

2. 协商内容之范围和限度存在差异

根据目前现有法律文件的规定，我国认罪认罚从宽制度中协商范围或者说事项仅限于"量刑"问题，而并未涉及"定罪"领域。由此可见，我国对于可协商之范围具有明确的限定。除此之外，还同时对于检察官在认罪认罚从宽案件中的自由裁量权予以限制，使整个协商之范围和限度被控制在法律规定的合理区间之内，以避免"同案或类案不同判"情形的发生，进而确保制度实施之公平正义。而美国辩诉交易制度中控辩双方所进行协商之事项则既包括量刑又包括罪名。并且，控方的检察官拥有很大的自由裁量权，只要控辩双方就交易达成合意，检察官便可以决定选择较轻或较少的罪名对被追诉人提起公诉。由此可见，美国的辩诉交易包括控罪交易和判刑交易，在控罪交易中，检察官可以撤销起诉书记载的多项罪状中的一项或多项，控罪和判刑在司法实践中往往同时进行。[2]协商范围和限度的扩张必然会对控辩双方之间达成合意有利，因为控辩双方攻防的张力扩大可选择性便增强，进而有利于交易中"让步"的实现。而这种制度设定可能更为注重司法效率提升前提下公平正义的实现。

---

〔1〕 孙锐、张剑："认罪认罚从宽与辩诉交易制度的本质区别及其对检察官角色的影响"，载《中国检察官》2020年第6期。

〔2〕 陈瑞华：《比较刑事诉讼法》，中国人民大学出版社2010年版，第418页。

我国《刑法》第3条规定："法律明文规定为犯罪行为的，依照法律定罪处刑；法律没有明文规定为犯罪行为的，不得定罪处刑。"我国高度重视罪刑法定原则的消极、积极两方面内容。除了规定罪刑法定的消极内涵，还格外强调"法律明文规定为犯罪行为的，依照法律定罪处罚"。从消极内涵来看，罪刑法定原则的功能是去罪化，旨在防止国家在欠缺法律根据时刑罚擅断、任意追究个人的刑事责任。其服务于刑法的自由保障功能。从积极内涵来看，罪刑法定原则强调刑法惩罚犯罪的积极扩张功能，强调必须严格依照刑法的规定来惩罚犯罪，是对国家本位思想的强化。[1]可见，罪刑法定原则的积极内涵在某种程度上限制了对罪名进行商榷的余地。我国的认罪认罚从宽制度中的"可协商之宽"应该被理解为，"宽不是要法外施恩，严也不是无限加重，而是要严格依照刑法、刑事诉讼法以及相关刑事法律，根据具体的案件情况来惩罚犯罪"。[2]

除此之外，对于从宽的标准和限度明确程度也不同。域外辩诉交易制度对认罪认罚的时间点和内容、认罪态度对定罪量刑的影响都有明确规定。譬如，英国实行逐级折扣制度，通过区分认罪时间对量刑折扣力度的影响来督促那些明知自己有罪的被告人及早作出有罪答辩，从而节省司法资源。"被告人作出有罪答辩的阶段越早，所能享受到的量刑折扣就越大"，[3]"如果有罪答辩是在最后一刻或审判过程中作出的，或是在被告人

---

〔1〕 劳东燕：《罪刑法定本土化的法治叙事》，北京大学出版社2010年版，第174页。

〔2〕 张远煌主编：《宽严相济刑事政策与刑法改革研究》，中国人民公安大学出版社2010年版，第165页。

〔3〕 周欣：《欧美日本刑事诉讼——特色制度与改革动态》，中国人民公安大学出版社2002年版，第60页。

意识到定罪是不可避免时才作出的，甚至可以不给予被告人的这种'策略性'答辩以任何量刑上的优惠"。[1]而目前我国对于认罪认罚从宽制度之从宽限度和执行标准还尚未通过法律予以明确，但无论如何明确，其范围必然会被限制在法定刑限度之内。

3. 证明标准之间存在差异

我国认罪认罚从宽案件之证明标准仍然是"案件事实清楚，证据确实、充分"。美国辩诉交易案件则只要双方进行了辩诉交易之后，被告作了有罪答辩，检察官则只需证明被追诉人实施了犯罪的基础实施即可，且证据方面不要求达到确实、充分。由此可见，二者在证明标准方面遵循完全不同的要求。但是，对于我国认罪认罚从宽制度是否也可以直接采用类似辩诉交易制度之标准，前文已经做过详细阐释，目前并不具有直接移植其证明标准之可能。因为域外辩诉交易中关于"事实"的交易，会给我国社会公众带来"以钱买刑""司法不公"等负面感受，从而加剧社会阶层之间的矛盾。辩诉交易制度在美国能够发展壮大，并不代表其关于"事实"的妥协在我国也能收效良好。虽然我国法律明确规定侦查终结、审查起诉、审理宣判等都要达到"事实清楚，证据确实、充分"的证明标准，但在司法实践中还是出现了个别虚置法律条文并最终酿成冤假错案的现象，以致"亡者归来""真凶再现"时，司法机关在民意面前显得非常被动。在此背景下，如果还对"事实不清，证据不足"的案件适用认罪认罚从宽程序，就等于认可"认罪从轻"的错误

---

[1] 张吉喜："被告人认罪案件处理程序的比较法考察"，载《时代法学》2009年第3期。

做法。[1]因此，在我国整体刑罚观念尚未实现重大转变之前，在法律尚未明确改变"案件事实清楚，证据确实、充分"这一证明标准之前，对于辩诉交易之证明标准的研究只能属于储备性或比较性研究。

4. 两种制度下协商协议是否具有合同效力不同

"根据美国最高法院判例以及州的规定，被告人应该了解认罪答辩的直接后果，也就是明确的、即时的、多数情况下自动发生的且与量刑的性质或者刑期有关的影响。"[2]在辩诉交易达成后，控辩双方有依照"合同"内容履行各自职责的义务。如果一方违约，另一方就没有义务履行相关约定。譬如，"被告不遵守协商时，检察官亦无须履行协商的约定，若已履行可请求法院恢复原状"。[3]如果"被告人没有享受到对辩诉交易所预期的起诉或判决让步，抑或检察官未能谋求辩诉交易承诺的让步或又对这些让步提出了反对意见"，[4]则被告人有权撤回答辩。美国律师协会对辩诉交易中有罪答辩的撤回规定了两类理由：一是被告人对辩诉交易的性质没有准确的认知；二是控方违反约定或其他原因导致被告人在辩诉交易中约定的权利不能实现。[5]与此相比，我国认罪认罚从宽制度的"契约""合同"意味并不突出。有学者指出，我国认罪认罚从宽制度并不完全具备（辩诉交易）这种预期利益的明确性，在职权主义的影响

---

〔1〕 参见樊崇义、李思远："认罪认罚从宽程序中的三个问题"，载《人民检察》2016年第8期。

〔2〕 祁建建：《美国辩诉交易研究》，北京大学出版社2007年版，第47页。

〔3〕 王兆鹏：《美国刑事诉讼法》，北京大学出版社2014年版，第678页。

〔4〕 See American Bar Association, ABS Standards for Criminal Justice Pleas of Guilty Third Edition.

〔5〕 See American Bar Association, ABS Standards for Criminal Justice Pleas of Guilty Third Edition.

下，有时从轻或从宽处理更像国家对被告人一种额外的恩惠，被告人并没有讨价还价的余地，实难称为"交易"或是"合同"。[1]

5. 两种制度中检察官角色地位不同

辩诉交易制度中的检察官是内驱动力过大的交易受益者，其可以一方面减轻工作负担，尽管"辩诉交易是否是对不断增长的案件数量的一种对策是可以讨论的"，[2]但是关于辩诉交易可以减轻检察官的工作负担，这一点并无争议。[3]另一方面可以避免败诉风险。因为审判程序会适用各种严格的证据排除规则，证人法庭表现的不可控性以及法官和陪审团成员个人阅历、性格、爱好等主观因素的差异可能会对案件审理产生不同程度的影响，从而导致案件审理过程中存在非常大的不确定性，辩诉交易可以帮助检察官避免由上述因素所导致的败诉风险。

认罪认罚从宽制度中的检察官是内驱动力不足的奖励提议者。认罪认罚从宽制度中的检察官只是基于被追诉人如实供述、积极悔罪而提出从宽量刑建议的"奖励提议者"而非"协商受益者"。因为，一方面，控辩协商不仅未能为检察官减轻工作负担，反而增加了工作负担。尤其是在审查起诉阶段，为被追诉人提供值班律师、与其进行协商、提供确定刑量刑建议、要求其签署具结书等工作。而被追诉人的程序选择权的行使则可能致使检察官因控辩协商而可能获得的减少工作负担的"利益"

---

〔1〕 参见樊崇义、李思远："认罪认罚从宽程序中的三个问题"，载《人民检察》2016年第8期。

〔2〕 〔美〕乔治·费希尔：《辩诉交易的胜利——美国辩诉交易史》，郭志媛译，中国政法大学出版社2012年版，第36页。

〔3〕 〔美〕乔治·费希尔：《辩诉交易的胜利——美国辩诉交易史》，郭志媛译，中国政法大学出版社2012年版，第33页。

瞬间落空。另一方面，我国检察官的败诉风险很小，几乎不存在通过辩诉协商避免败诉风险的利益。因为即使不存在控辩协商，大部分被追诉人也会作出一定的有罪供述。另外，我国对于证据排除的概率很小，法官与检察官可能接触到的证据基本一致，并且其心证都主要依据案卷形成。因此，形成不同或者差异巨大判决结果的可能性很小。[1]

五、制度建设应持有的态度——审慎前行

实际上，综观各国（地区）之刑事司法，基于被追诉人主动认罪认罚而获得实体权利处罚优待之供给，其程序机制之设置基本可以被分为两种：一种是交易协商供给机制，即刑罚之优待是控辩双方在一定的证据基础上讨价还价的结果，比如英美法系的辩诉交易制度；另一种是法定职权供给机制，即刑罚之优待是检察官依职权申请、法官依职权确定的结果，二者的职权行为都是基于较为明确、刚性的法律规定，比如大陆法系的处罚令制度。如前所述，选择交易协商供给机制的背景因素，主要是考虑到其庞大的案件数量和高昂的普通审判程序成本。因此，在制度设计方面便存在"慎用"普通审判程序的强烈愿望。其动力平衡机制则在于，控辩双方均面临审判结果之不确定的风险，而且双方都有规避这一风险的愿望，交易结案则被双方认为是有利的。[2]其制度保障机制则是质量较高的律师协助使被追诉人具有与控方基本平衡的交易能力，能够较好地保证交易的自愿性和平等性。虽然各现代国家（地区）都面临着

---

〔1〕 孙锐、张剑："认罪认罚从宽与辩诉交易制度的本质区别及其对检察官角色的影响"，载《中国检察官》2020 年第 6 期。

〔2〕 参见 [美] 伦斯特洛姆主编：《美国法律辞典》，贺卫方等译，中国政法大学出版社 1998 年版，第 190 页。

数量庞大的刑事案件，但大陆法系国家（地区）主要选择了法定职权供给机制。其原因主要在于：普通审判程序本身便相对简略，诉讼成本压力相对较小，相较于英美法系之诉讼程序具有更大的"可用性"，并且审判结果的可预期性相对较高，[1]基于不确定性而诱使双方进行协商之可能性较低。尽管有学者认为，在德国这样的大陆法系国家，辩诉交易式的认罪协商制度的发展已经是无法扭转的趋势，但同时也不得不承认其中存在不少令人忧虑之处。[2]其他一些国家或地区近年来也借鉴了美国的辩诉交易制度，建立了协商程序，但适用的案件范围还非常有限。[3]至于其适用效果，同样也是毁誉参半。由此可见，虽然刑事司法之国际趋势存在相互借鉴融合之倾向，但具体到不同国家或地区对各自所借鉴之供给机制仍持有一种忧虑之下的"戒心"。认罪认罚从宽制度作为对两种供给机制借鉴基础之上的融合，难免会对其均存在一定的适用忧虑。

排除针对制度所固有缺陷之适用忧虑，还需要警惕制度建设和实施过程中可能发生的"腐败弊政"。腐败弊政的出现往往以法律规定之自由裁量范围为限，正是因为法律之无法明确才可能导致存在腐败之空间。认罪认罚从宽制度的设计与实施是法律确定性与控辩双方协商性的统一，法律确定自然规避腐败之可能，然而协商之存在则可能为腐败提供了空间。尤其是在协商地位之平等性、协商过程之自愿性和真实性等保障措施存在欠缺的情况下，认罪认罚从宽制度之结果可能转变为检察机

---

〔1〕 参见［美］梅利曼：《大陆法系》，顾培东，禄正平译，法律出版社2016年版，第81页。

〔2〕 参见张丽卿：《刑事诉讼制度与刑事证据》，中国检察出版社2016年版，第81页。

〔3〕 参见王兆鹏：《新刑诉·新思维》，中国检察出版社2016年版，第128页。

关对被追诉人的"强迫之果"或者控辩双方之间的"讨价之果",然而无论是哪一种都可能因协商之滥用而变为"腐败之果"。正如宾格汉姆勋爵所言:"政府藐视法治的情况时有发生,而且看起来都那么相似,例如半夜来敲门、突然失踪、庭审走过场等等。"对于认罪协商程序这样一个本身有着诸多争议而很容易被滥用的制度,我们在热情地拥护她的时候,更应当保持清醒的头脑。审慎地面对认罪协商程序,从技术层面最大限度地防止其被滥用,是我们在制度设计之初就应该有的态度。[1]因此,在提倡认罪认罚从宽制度之协商程序运用之时,更应该从技术层面为其设置充分的保障性措施,在保证协商之自愿性、真实性的前提下,既要给协商提供较为充分的协商空间,又要给协商情形提供较为明确的层次化、区别化指引,进而实现认罪认罚从宽制度实施之合法性。

除此之外,认罪认罚从宽制度实施过程中应避免检察权对审判权侵蚀之可能。《刑事诉讼法》关于认罪认罚制度下量刑建议的修改,实质上可能反映了在认罪认罚程序机制下量刑决策权的历史性转移,检察机关在刑事诉讼中尤其是在认罪认罚案件中的地位越发凸显,甚至可能会导致我国刑事诉讼的既有面貌也由此发生一定改变。如果将量刑权力看作是一种主张性权力,那么这种权力当然可以行使,但这种权力行使是否妥当,仍需经历一个长期验证的过程。从目前的实践来看,这种转移有利也有弊。量刑建议这场轰轰烈烈的、引人注目的改革,通过观察其实践,不管是从效率角度还是公正角度,这一制度未

---

〔1〕〔英〕伊丽莎白·特鲁斯:"法治是我一生的信仰——英国司法部长伊丽莎白·特鲁斯就职演讲",汪子洁译,载《人民法院报》2016年8月19日。

必达到了其宣称的价值和意义。[1]甚至会产生一种检察机关之量刑建议权对法院审判权的倒逼现象。基于我国目前刑事司法之现实，以及规避种种可能导致刑事司法运行错失公正之风险，对于整个认罪认罚从宽制度的建设与实践仍然应该保持一种审慎前行的态度。

---

[1] 左卫民："量刑建议的实践机制：实证研究与理论反思"，载《当代法学》2020年第4期。

References 参考文献

一、著作类

[1] ［美］米尔建·达马斯卡："国际刑事法院中的协商性司法"，载徐静村主编：《刑事诉讼前沿研究》（第6卷），张吉喜译，中国检察出版社2007年版。

[2] ［美］德肖维茨：《最好的辩护》，唐交东译，法律出版社2016年版。

[3] ［德］克劳斯·罗克辛：《德国刑法学 总论1》，王世洲译，法律出版社2005年版。

[4] ［意］贝卡利亚：《论犯罪与刑罚》，黄风译，中国法制出版社2002年版。

[5] ［意］恩里科·菲利：《实证派犯罪学》，郭建安译，中国人民公安大学出版社2004年版。

[6] ［英］威廉姆·威尔逊：《刑法理论的核心问题》，谢望原等译，中国人民大学出版社2015年版。

[7] ［美］库利：《人类本性与社会秩序》，包凡一等译，华夏出版社1999年版。

[8] ［日］高桥则夫：《规范论和刑法解释论》，戴波、李世阳译，中国人民大学出版社2011年版。

[9] ［美］乔治·费希尔：《辩诉交易的胜利——美国辩诉交易史》，郭志媛译，中国政法大学出版社2012年版。

[10] ［美］伦斯特洛姆主编：《美国法律辞典》，贺卫方等译，中国政法大学出版社1998年版。

[11] ［美］梅利曼：《大陆法系》，顾培东、禄正平译，法律出版社2016

年版。

［12］［日］西原春夫：《刑法的根基与哲学》，顾肖荣等译，法律出版社
2004 年版。

［13］［美］罗尔斯：《正义论》，何怀宏等译，中国社会科学出版社 1988
年版。

［14］［美］金勇义：《中国与西方的法律观念》，陈国平等译，辽宁人民
出版社 1989 年版。

［15］［德］汉斯·约格·阿尔布莱希特：《德国刑事诉讼法典》引言，岳
礼玲、林静译，中国检察出版社 2016 年版。

［16］［英］麦高伟、杰弗里·威尔逊主编：《英国刑事司法程序》，姚永
吉等译，法律出版社 2003 年版。

［17］［美］哈伯特·L. 帕克：《刑事制裁的界限》，梁根林等译，法律出
版社 2008 年版。

［18］［美］肯尼斯·卡尔普·戴维斯：《裁量正义》，毕洪海译，商务印
书馆 2009 年版。

［19］世界各国刑事诉讼法编辑委员会：《世界各国刑事诉讼法·美洲卷》，
中国检察出版社 2016 年版。

［20］［美］斯黛丽、弗兰克：《美国刑事法院诉讼程序》，陈卫东、徐美
君译，中国人民大学出版社 2002 年版。

［21］［德］克劳思·罗科信：《刑事诉讼法》（第 24 版），吴丽琪译，法
律出版社 2003 年版。

［22］［日］田口守一：《刑事诉讼法》，刘迪等译，法律出版社 2000 年版。

［23］［美］理查德·A. 波斯纳：《联邦法院：挑战与改革》，邓海平译，
中国政法大学出版社 2002 年版。

［24］［美］斯蒂芬诺斯·毕贝斯：《刑事司法机器》，姜敏译，北京大学
出版社 2015 年版。

［25］［美］韦恩·R. 拉费弗、杰罗德·H. 伊斯雷尔、南西·J. 金：《刑
事诉讼法》（下册），卞建林等译，中国政法大学出版社 2003 年版。

［26］［美］理查德·波斯纳：《法理学问题》，苏力译，中国政法大学出
版社 2002 年版。

［27］［美］理查德·波斯纳：《法官如何思考》，苏力译，北京大学出版社2009年版。

［28］［日］田口守一：《刑事诉讼的目的》，张凌、于秀峰译，中国政法大学出版社2011年版。

［29］［美］艾瑞克·卢拉，玛丽安·L. 韦德主编：《跨国视角下的检察官》，杨先德译，法律出版社2016年版。

［30］［德］托马斯·魏根特："换了名字的法官：比较视野下的检察官角色"，载［美］艾瑞克·卢拉、玛丽安·L. 韦德主编：《跨国视角下的检察官》，杨先德译，法律出版社2016年版。

［31］［瑞士］古尔蒂斯·里恩：《美国和欧洲的检察官——瑞士、法国和德国的比较分析》，王新玥等译，法律出版社2019年版。

［32］［意］贝卡利亚：《论犯罪与刑罚》，黄风译，中国法制出版社2002年版。

［33］［德］魏根德：《德国刑事诉讼法典》，岳礼玲、林静译，中国检察出版社2016年版。

［34］［美］约翰·罗尔斯：《正义论》，谢延光译，上海译文出版社1991年版。

［35］张丽卿：《刑事诉讼制度与刑事证据》，中国检察出版社2016年版。

［36］北京市人民检察院：《检察机关主导和主体作用例证指导》，中国检察出版社2018年版。

［37］卓泽渊：《法的价值总论》，人民出版社2001年版。

［38］陈光中主编：《公正审判与认罪协商》，法律出版社2018年版。

［39］卢建平主编：《刑事政策学》（第2版），中国人民大学出版社2013年版。

［40］邱兴隆：《刑罚理性导论——刑罚的正当性原论》，中国政法大学出版社1998年版。

［41］周光权：《刑法总论》（第2版），中国人民大学出版社2011年版。

［42］陈金林：《积极一般预防理论研究》，武汉大学出版社2014年版。

［43］张明楷：《责任刑与预防刑》，北京大学出版社2015年版。

［44］高一飞：《刑事简易程序研究》，方正出版社2002年版。

[45] 曾粤兴：《刑罚伦理》，北京大学出版社 2015 年版。

[46] 邱兴隆：《关于惩罚的哲学——刑罚根据论》，法律出版社 2000 年版。

[47] 马明亮：《协商性司法——一种新程序主义理念》，法律出版社 2007 年版。

[48] 陈兴良：《刑法的人性基础》（第 3 版），中国人民大学出版社 2006 年版。

[49] 王立峰：《惩罚的哲理》，清华大学出版社 2006 年版。

[50] 魏汉涛：《刑法从宽事由共同本质的展开》，法律出版社 2012 年版。

[51] 孙勤：《刑事和解价值分析》，中国人民公安大学出版社 2009 年版。

[52] 罗大华主编：《刑事司法心理学的理论与实践》，群众出版社 2002 年版。

[53] 李春雷：《中国近代刑事诉讼制度变革研究》，北京大学出版社 2004 年版。

[54] 邱仁宗：《20 世纪哲学名著导读》，湖南出版社 1991 年版。

[55] 陈瑞华：《程序正义理论》，中国法制出版社 2010 年版。

[56] 胡铭：《超越法律现实主义——转型中国刑事司法的程序逻辑》，法律出版社 2016 年版。

[57] 王兆鹏：《美国刑事诉讼法》，北京大学出版社 2005 年版。

[58] 詹建红：《刑事诉讼契约研究》，中国社会科学出版社 2010 年版。

[59] 陈严法：《认罪认罚从宽制度研究》，法律出版社 2017 年版。

[60] 祁建建：《美国辩诉交易研究》，北京大学出版社 2007 年版。

[61] 卞建林：《诉讼法学研究》（第 22 卷），中国检察出版社 2018 年版。

[62] 胡云腾：《认罪认罚从宽制度的理解与适用》，人民法院出版社 2018 年版。

[63] 樊崇义：《检察制度原理》，法律出版社 2009 年版。

[64] 李寿伟：《中华人民共和国刑事诉讼法解读》，中国法制出版社 2018 年版。

[65] 王兆鹏：《新刑诉·新思维》，元照出版有限公司 2005 年版。

[66] 王爱立：《〈中华人民共和国刑事诉讼法〉修改与适用》，中国民主

法制出版社 2019 年版。

［67］何秉松主编：《刑法教科书》（2000 年修订·上卷），中国法制出版社 2000 年版。

［68］陈兴良：《教义刑法学》，中国人民大学出版社 2010 年版。

［69］何家弘：《短缺证据与模糊事实》，法律出版社 2012 年版。

［70］陈光中、宋英辉：《刑事诉讼法学》，中国人民公安大学出版社、人民法院出版社 2004 年版。

［71］郎胜主编：《刑事诉讼法修改与适用》，新华出版社 2012 年版。

［72］陈瑞华：《比较刑事诉讼法》，中国人民大学出版社 2010 年版。

［73］祁建建：《美国辩诉交易研究》，北京大学出版社 2007 年版。

［74］张文显：《法学基本范畴研究》，中国政法大学出版社 1993 年版。

［75］陈朴生：《刑事经济学》，正中书局 1975 年版。

［76］吴巡龙：《刑事诉讼与证据法全集》，新学林出版股份有限公司 2008 年版。

［77］熊秉元：《正义的成本——当法律遇上经济学》，东方出版社 2013 年版。

［78］张智辉主编：《辩诉交易制度比较研究》，中国方正出版社 2009 年版。

［79］冀祥德：《建立中国控辩协商制度研究》，北京大学出版社 2006 年版。

［80］劳东燕：《罪刑法定本土化的法治叙事》，北京大学出版社 2010 年版。

［81］张远煌主编：《宽严相济刑事政策与刑法改革研究》，中国人民公安大学出版社 2010 年版。

［82］周欣：《欧美日本刑事诉讼——特色制度与改革动态》，中国人民公安大学出版社 2002 年版。

［83］李冠煜：《量刑基准的研究——以责任和预防的关系为中心》，中国社会科学出版社 2014 年版。

［84］潘申明、刘浪、周耀凤：《量刑建议：前沿理论与实战技能》，中国检察出版社 2016 年版。

二、论文类

［1］叶青、吴思远："认罪认罚从宽制度的逻辑展开"，载《国家检察官学院学报》2017 年第 1 期。

［2］左卫民："认罪认罚何以从宽：误区与正解——反思效率优先的改革

主张",载《法学研究》2017 年第 3 期。

[3 闵春雷："认罪认罚从宽制度的适用困境及理论反思",载《法学杂志》2019 年第 12 期。

[4] 孙锐、张剑："认罪认罚从宽与辩诉交易制度的本质区别及其对检察官角色的影响",载《中国检察官》2020 年第 6 期。

[5] 韩旭："认罪认罚从宽制度实施检察机关应注意避免的几种倾向",载《法治研究》2020 年第 3 期。

[6] 汪海燕、付奇艺："认罪认罚从宽制度的理论研究",载《人民检察》2016 年第 15 期。

[7] 陈明："认罪认罚从宽制度的理论探究",载《犯罪研究》2016 年第 4 期。

[8] 顾永忠、肖沛权：" '完善认罪认罚从宽制度' 的亲历观察与思考、建议——基于福清市等地刑事速裁程序中认罪认罚从宽制度的调研",载《法治研究》2017 年第 1 期。

[9] 顾永忠："关于 '完善认罪认罚从宽制度' 的几个理论问题",载《当代法学》2016 年第 6 期。

[10] 陈卫东："认罪认罚从宽制度研究",载《中国法学》2016 年第 2 期。

[11] 魏晓娜："完善认罪认罚从宽制度：中国语境下的关键词展开",载《法学研究》2016 年第 4 期。

[12] 沈德咏："论以审判为中心的诉讼制度改革",载《中国法学》2015 年第 3 期。

[13] 秦宗文："认罪认罚从宽制度的效率实质及其实现机制",载《华东政法大学学报》2017 年第 4 期。

[14] 张泽涛："认罪认罚从宽制度立法目的的波动化及其定位回归",载《法学杂志》2019 年第 10 期。

[15] 庄永廉等："检察环节认罪认罚从宽制度的适用与程序完善",载《人民检察》2016 年第 9 期。

[17] 张明楷："论预防刑的裁量",载《现代法学》2015 年第 1 期。

[18] 卢建平："刑事政策视野中的认罪认罚从宽",载《中外法学》2017 年第 4 期。

[19] 董坤："审判阶段适用认罪认罚从宽制度相关问题研究"，载《苏州大学学报（哲学社会科学版）》2020 年第 3 期。

[20] 赵恒："量刑建议精准化的理论透视"，载《法制与社会发展》2020年第 2 期。

[21] 郭云忠："刑事司法中的母爱主义"，载《法律科学》2009 年第 2 期。

[22] 梁根生："非刑罚化——当代刑法改革的主体"，载《现代法学》2006 年第 6 期。

[23] 熊秋红："认罪认罚从宽的理论审视与制度完善"，载《法学》2016年第 10 期。

[24] 宋宝莲、李永航："公正和效率维度下的认罪认罚从宽制度"，载《江苏警官学院学报》2019 年第 1 期。

[25] 项振华："美国司法价值观的新发展——评'辩诉交易'"，载《中外法学》1996 年第 2 期。

[26] 陈卫东："公正和效率——我国刑事审判程序改革的两个目标"，载《中国人民大学学报》2001 年第 5 期。

[27] 白月涛、陈艳飞："论程序性从宽处罚——认罪认罚从宽处罚的第三条路径探索"，载《法律适用》2016 年第 11 期。

[28] 陈瑞华："'认罪认罚从宽'改革的理论反思——基于刑事速裁程序运行经验的考察"，载《当代法学》2016 年第 4 期。

[29] 周新："认罪认罚从宽制度试点的实践性反思"，载《当代法学》2018 年第 2 期。

[30] 叶青："以审判为中心的诉讼制度改革之若干思考"，载《法学》2015 年第 7 期。

[32] 刘少军："被追诉者刑事程序选择权初探"，载《政法论丛》2004 年第 5 期。

[33] 陈卫东、胡之芳："关于刑事诉讼当事人处分权的思考"，载《政治与法律》2004 年第 4 期。

[34] 刘政："刑事被告人程序选择权的缺失分析与制度构建"，载《法学杂志》2010 年第 4 期。

[35] 左卫民："量刑建议的实践机制：实证研究与理论反思"，载《当代

法学》2020 年第 4 期。

[36] 冀祥德："域外辩诉交易的发展及其启示"，载《当代法学》2007 年第 3 期。

[37] 韩旭："2018 年刑诉法中认罪认罚从宽制度"，载《法治研究》2019 年第 1 期。

[38] 赵恒："论从宽的正当性基础"，载《政治与法律》2017 年第 11 期。

[39] 樊崇义："认罪认罚从宽与无罪辩护"，载《人民法治》2019 年第 23 期。

[40] 高童非："我国刑事司法制度中的卸责机制——以法院和法官为中心"，载《浙江工商大学学报》2019 年第 5 期。

[41] 国家检察官学院刑事检察教研部课题组、孙锐："检察机关认罪认罚从宽制度改革试点实施情况观察"，载《国家检察官学院学报》2018 年第 6 期。

[42] 陈明："认罪认罚从宽制度的理论探究"，载《犯罪研究》2016 年第 4 期。

[43] 张吉喜："被告人认罪案件处理程序的比较法考察"，载《时代法学》2009 年第 3 期。

[44] 李本森："法律中的二八定理——基于被告人认罪案件审理的定量分析"，载《中国社会科学》2013 年第 3 期。

[46] 高童非："契约模式抑或家长模式？——认罪认罚何以从宽的再反思"，载《中国刑事法杂志》2020 年第 2 期。

[47] 秦宗文："认罪案件证明标准层次化研究——基于证明标准结构理论的分析"，载《当代法学》2019 年第 4 期。

[48] 谢秋红："被告人程序选择权的界定及其正当性探析"，载《重庆工商大学学报（社会科学版）》2007 年第 3 期。

[49] 彭世忠："程序选择权及其法经济学思考"，载《西南政法大学学报》2003 年第 6 期。

[50] 苏力："从契约理论到社会契约理论——一种国家学说的知识考古学"，载《中国社会科学》1996 年第 3 期。

[51] 左卫民："认罪认罚何以从宽：误区与正解——反思效率优先的改革

主张", 载《法学研究》2017 年第 3 期。

[52] 朱孝清："认罪认罚从宽制度的几个问题", 载《法治研究》2016 年第 5 期。

[53] 程芳："认罪概念的刑事一体化思考", 载《刑法论丛》2014 年第 4 期。

[54] 陈瑞华："论量刑建议", 载《政法论坛》2011 年第 2 期。

[55] 陈瑞华："'认罪认罚从宽'改革的理论反思——基于刑事速裁程序运行经验的考察", 载《当代法学》2016 年第 4 期。

[56] 陈光中、马康："认罪认罚从宽制度若干重要问题探讨", 载《法学》2016 年第 8 期。

[58] 陈瑞华："辩护权制约裁判权的三种模式", 载《政法论坛》2014 年第 5 期。

[59] 白月涛、陈艳飞："论程序性从宽处罚——认罪认罚从宽处的第三条路径探索", 载《法律适用》2016 年第 11 期。

[60] 王瑞君："'认罪从宽'实体法视角的解读及司法适用研究", 载《政治与法律》2016 年第 5 期。

[61] 祁建建："'认罪认罚从宽制度中的律师'研讨会综述", 载《中国司法》2016 年第 7 期。

[62] 闵春雷："认罪认罚案件中的有效辩护", 载《当代法学》2017 年第 4 期。

[63] 杨波："论认罪认罚案件中值班律师制度的功能定位", 载《浙江工商大学学报》2018 年第 3 期。

[64] 黄艾婧："两岸比较视野下认罪认罚从宽制度中的被害人保护", 载《人民检察》2019 年第 14 期。

[65] 陈国庆："试论构建中国式的认罪协商制度", 载《环球法律评论》2006 年第 5 期。

[66] 李翔："重罪案件刑事和解与刑法基本原则的价值冲突及融合", 载《北方法学》2013 年第 5 期。

[67] 刘思齐："论司法正义视角下的被害人量刑意见", 载《甘肃社会科学》2015 年第 6 期。

[68] 裴炜："英国认罪协商制度及对我国的启示"，载《比较法研究》2017 年第 6 期。

[69] 董坤："认罪认罚案件量刑建议精准化与法院采纳"，载《国家检察官学院学报》2020 年第 3 期。

[70] 韩旭："认罪认罚从宽制度实施检察机关应注意避免的几种倾向"，载《法治研究》2020 年第 3 期。

[71] 张明楷："责任主义与量刑原理——以点的理论为中心"，载《法学研究》2010 年第 5 期。

[72] 李韧夫、陆凌："《联邦量刑指南》之于美国确定刑改革"，载《中南民族大学学报（人文社会科学版）》2014 年第 2 期。

[73] 李本森："认罪认罚从宽试点中审查起诉的若干问题"，载《中国检察官》2019 年第 1 期。

[74] 陈国庆："刑事诉讼法修改与刑事检察工作的新发展"，载《国家检察官学院学报》2019 年第 1 期。

[75] 闫召华："论认罪认罚案件量刑建议的裁判制约力"，载《中国刑事法杂志》2020 年第 1 期。

[76] 陆洲、陈晓庆："认罪认罚从宽制度的沟通之维"，载《湖北大学学报（哲学社会科学版）》2017 年第 6 期。

[77] 谭世贵："论刑事诉讼模式及其中国转型"，载《法制与社会发展》2016 年第 3 期。

[78] 杨立新："认罪认罚从宽制度理解与适用"，载《国家检察官学院学报》2019 年第 1 期。

[79] 张斌："'一般应当'之'应当'与否——兼论《刑事诉讼法》第 201 条的理解与调整"，载《中国人民公安大学学报（社会科学版）》2020 年第 2 期。

[81] 苗生明、周颖："认罪认罚从宽制度适用的基本问题——《关于适用认罪认罚从宽制度的指导意见》的理解和适用"，载《中国刑事法杂志》2019 年第 6 期。

[83] 胡铭："刑事政策视野下的刑讯问题"，载《环球法律评论》2007 年第 2 期。

[84] 孙远："论认罪认罚案件的证明标准"，载《法律适用》2016 年第 11 期。

[85] 李奋飞："论'确认式庭审'——以认罪认罚从宽制度的入法为契机"，载《国家检察官学院报》2020 年第 3 期。

[86] 闵丰锦："一般不应抗诉：认罪认罚后'毁约'上诉的检察谦抑"，载《河南财经政法大学学报》2020 年第 3 期。

[87] 张薇、李磊："认罪认罚从宽案件上诉权的限定问题"，载《人民法院报》2018 年 7 月 18 日。

[88] 闵丰锦："刑事诉讼中的假认罪现象探究——从聂树斌认罪说起"，载《天府新论》2018 年第 5 期。

[89] 谢登科、周凯东："被告人认罪认罚自愿性及其实现机制"，载《学术交流》2018 年第 4 期。

[90] 卢君、谭中平："论审判环节被告人认罪认罚'自愿性'审查机制的构建"，载《法律适用》2017 年第 5 期。

[91] 史立梅："认罪认罚从宽程序中的潜在风险及其防范"，载《当代法学》2017 年第 5 期。

[92] 赵东平："论美国九步审讯法中的'夸大策略'及其借鉴意义"，载《暨南学报》2014 年第 10 期。

[93] 姚莉："认罪认罚程序中值班律师的角色与功能"，载《法商研究》2017 年第 6 期。

[94] 闫召华："虚假的忏悔：技术性认罪认罚的隐忧及其应对"，载《法制与社会发展》2020 年第 3 期。

[95] 李奋飞："美国死刑冤案证据剖析及其启示"，载《中国人民大学学报》2013 年第 6 期。

[96] 史立梅："美国有罪答辩的事实基础制度对我国的启示"，载《国家检察官学院学报》2017 年第 1 期。

[97] 孙长永："认罪认罚案件的证明标准"，载《法学研究》2018 年第 1 期。

[98] 李奋飞："刑事误判治理中的社会参与——以美国无辜者计划为范例"，载《比较法研究》2016 年第 1 期。

[100] 韩旭：“认罪认罚从宽制度实施检察机关应注意避免的几种倾向”，载《法治研究》2020年第3期。

[101] 左卫民：“认罪认罚何以从宽：误区与正解——反思效率优先的改革主张”，载《法学研究》2017年第3期。

[102] 高通：“刑事速裁程序证明标准研究”，载《法学论坛》2017年第2期。

[103] 山东省高级人民法院刑三庭课题组、傅国庆：“关于完善刑事诉讼中认罪认罚从宽制度的调研报告”，载《山东审判》2016年第3期。

[104] 张勇：“推进刑案速裁 促进繁简分流”，载《人民法院报》2015年9月24日。

[105] 廖大刚、白云飞：“刑事案件速裁程序试点运行现状实证分析——以T市八家试点法院为研究样本”，载《法律适用》2015年第12期。

[106] 陈光中、马康：“认罪认罚从宽制度若干重要问题探讨”，载《法学》2016年第8期。

[107] 陈永生：“法律事实与客观事实的契合与背离——对证据制度史另一视觉的解读”，载《国家检察官学院学报》2003年第4期。

[109] 樊崇义、李思远：“认罪认罚从宽制度的理论反思与改革前瞻”，载《华东政法大学学报》2017年第4期。

[110] 林钰雄、杨云骅、赖浩敏：“严格证明的映射：自由证明法则及其运用”，载《国家检察官学院学报》2007年第5期。

[111] 王维：“论严格证明及其相关问题”，载《广东社会科学》2006年第5期。

[112] 闵春雷：“严格证明与自由证明新探”，载《中外法学》2010年第5期。

[113] 祁建建：“美国律协刑事司法标准之有罪答辩标准评析”，载《中国刑事法杂志》2016年第5期。

[114] 苗生明、周颖：“认罪认罚从宽制度适用的基本问题——《关于适用认罪认罚从宽制度的指导意见》的理解和适用”，载《中国刑事

法杂志》2019 年第 6 期。

[115] 王庆刚："认罪认罚从宽的制度属性与司法适用——综合制度属性视野下对'从宽'的理解与适用"，载《法律适用》2019 年第 13 期。

[116] 熊秋红："比较法视野下的认罪认罚从宽制度——兼论刑事诉讼'第四范式'"，载《比较法研究》2019 年第 5 期。

[117] 祁建建："美国辩诉交易中的有效辩护权"，载《比较法研究》2015 年第 6 期。

[118] 顾永忠："关于'完善认罪认罚从宽制度'的几个理论问题"，载《当代法学》2016 年第 6 期。

[119] 马贵翔、蔡震宇："简易程序案件集中审理初探"，载《国家检察官学院学报》2014 年第 6 期。

[120] 龙宗智："完善认罪认罚从宽制度的关键是控辩平衡"，载《环球法律评论》2020 年第 2 期。

[121] 李永航："检察环节律师参与下的认罪、量刑协商制度建构"，载《江苏警官学院学报》2017 年第 3 期。

[122] 王瑞君："'认罪从宽'实体法视角的解读及司法适用研究"，载《政治与法律》2016 年第 5 期。

[123] 北京市海淀区人民法院课题组："关于北京海淀全流程刑事案件速裁程序试点的调研——以认罪认罚为基础的资源配置模式"，载《法律适用》2016 年第 4 期。

[124] 陈卫东、胡晴晴："刑事速裁程序改革中的三从关系"，载《法律适用》2016 年第 10 期。

[125] 黄艾婧："两岸比较视野下认罪认罚从宽制度中的被害人保护"，载《人民检察》2019 年第 14 期。

[126] 闵春雷："认罪认罚从宽制度中的程序简化"，载《苏州大学学报》2017 年第 2 期。

[127] 陈卫东："公正和效率——我国刑事审判程序改革的两个目标"，载《中国人民大学学报》2001 年第 5 期。

[128] 张建伟："审判中心主义的实质内涵与实现途径"，载《中外法学》

2015 年第 4 期。

[129] 周新："认罪认罚从宽制度试点的实践性反思"，载《当代法学》2018 年第 2 期。

[130] 顾永忠、肖沛权："'完善认罪认罚从宽制度'的亲历观察与思考、建议——基于福清市等地刑事速裁程序中认罪认罚从宽制度的调研"，载《法治研究》2017 年第 1 期。

[131] 左卫民："量刑建议的实践机制：实证研究与理论反思"，载《当代法学》2020 年第 4 期。

[132] 肖沛权："论认罪认罚案件的证明标准"，载《法学杂志》2019 年第 10 期。

[133] 陈瑞华："'认罪认罚从宽'改革的理论反思——基于刑事速裁程序运行经验的考察"，载《当代法学》2016 年第 4 期。

[134] 陈瑞华："刑事诉讼的公力合作模式——量刑协商制度在中国的兴起"，载《法学论坛》2019 年第 4 期。

[135] 郭明文："论审判阶段的程序分流——以被告人认罪案件处理程序为视角"，载《暨南学报（哲学社会科学版）》2007 年第 3 期。

[136] 陈瑞华："美国辩诉交易程序与意大利刑事特别程序之比较（下）"，载《政法论坛》1995 年第 4 期。

[137] 孙锐、张剑："认罪认罚从宽与辩诉交易制度的本质区别及其对检察官角色的影响"，载《中国检察官》2020 年第 6 期。

[138] 林喜芬："论量刑建议的运行原理与实践疑难破解——基于公诉精密化的本土考察"，载《法律科学》2011 年第 1 期。

[139] 李奋飞："论刑事庭审实质化的制约要素"，载《法学论坛》2020 年第 4 期。

[140] 熊秋红："比较法视野下的认罪认罚从宽制度——兼论刑事诉讼'第四范式'"，载《比较法研究》2019 年第 5 期。

[141] 闫召华："检察主导：认罪认罚从宽程序模式的构建"，载《现代法学》2020 年第 4 期。

[142] 闵春雷："认罪认罚从宽制度的适用困境及理论反思"，载《法学杂志》2019 年第 12 期。

[144] 左卫民："刑事诉讼的经济分析"，载《法学研究》2005 年第 4 期。

[145] 杨立新："认罪认罚从宽制度理解与适用"，载《国家检察官学院学报》2019 年第 1 期。

[146] 洪浩、方姚："论我国刑事公诉案件中被追诉人的反悔权——以认罪认罚从宽制度自愿性保障机制为中心"，载《政法论丛》2018 年第 4 期。

[147] 赵赤："对认罪认罚后'反悔'的案件提出抗诉应当慎重"，载《检察调研与指导》2017 年第 4 期。

[148] 鲍键、陈申骁："认罪认罚案件被告人上诉的检察监督"，载《人民检察》2019 年第 12 期。

[149] 叶青："认罪认罚从宽并非'辩诉交易'"，载《上海法治报》2016 年 9 月 9 日。

[150] 曹东："论检察机关在认罪认罚从宽制度中的主导作用"，载《中国刑事法杂志》2019 年第 3 期。

[151] 董坤："认罪认罚从宽制度下'认罪'问题的实践分析"，载《内蒙古社会科学（汉文版）》2017 年第 5 期。

[152] 王秀梅、陈志娟："认罪认罚案件的精准量刑探究"，载《中国人民公安大学学报（社会科学版）》2020 年第 2 期。

三、报纸及其他类

[1] 每周社评："在认罪认罚从宽制度中发挥主导作用"，载《检察日报》2019 年 5 月 20 日。

[2] 刘卉："确定刑：认罪认罚从宽制度下量刑建议精准化之方向"，载《检察日报》2019 年 7 月 29 日。

[3] 周斌："共同凝聚中国社会治理的法治智慧——检察机关承担主导责任、推动实施认罪认罚从宽制度全面深入落实纪实（上）"，载《法制日报》2019 年 7 月 12 日。

[4] 范跃红："认罪认罚了，量刑从宽建议为何未采纳"，载《检察日报》2019 年 9 月 21 日。

[5] 吴宏耀："量刑建议：承载认罪认罚从宽重要制度功能的'基石'"，载《检察日报》2019 年 6 月 10 日。

［6］岳阳："认罪认罚案件被告人上诉及其应对"，载《检察日报》2020年6月11日。

［7］张伟、徐晨馨："认罪认罚制度中的新问题"，载《人民法院报》2019年5月10日。

［8］钟亚雅："认罪认罚被从宽处理后又想上诉获减刑"，载《检察日报》2019年4月9日。

［9］王恩海："认罪认罚动机不是抗诉理由"，载《上海法治报》2019年4月24日。

［10］储槐植、闫雨："'赎罪'——既遂后不出罪存在例外"，载《检察日报》2014年8月12日。

［11］孟建柱："完善司法管理体制和司法权力运行机制"，载《人民日报》2014年11月7日。

［12］丁国锋等："刑事速裁一审终审呼声渐高"，载《法制日报》2015年11月2日。

［13］钟安安："北京：刑事速裁案件首推'认罪协商'机制"，载《民主与法制时报》2016年2月16日。

［14］顾永忠："'庭审中心主义'之我见"，载《人民法院报》2014年5月16日。

［15］沈德咏："庭审实质化的六项具体改革措施"，载《法制日报》2016年9月5日。

［16］朱孝清："检察机关在认罪认罚从宽制度中的地位与作用"，载《检察日报》2019年5月13日。

［17］［英］伊丽莎白·特鲁斯："法治是我一生的信仰——英国司法部长伊丽莎白·特鲁斯就职演讲"，汪子洁译,，载《人民法院报》2016年8月19日。

［18］黄世钊："全国人大代表莫华福建议：出台法律援助律师工作办法推进认罪认罚从宽制度落实"，载《广西法治日报》2020年5月25日。

［19］卢莹："美国辩诉交易制度中被害人占有一席之地"，载《检察日报》2018年7月24日。

四、外文类

[1] Stephen C. Thaman, "Plea-Bargaining, Negotiating Confessions and Consensual Resolution of Criminal Cases", *Electronic Journal of Comparative Law*, 2007 (11).

[2] M. Damaska, "Negotiated Justice in International Criminal Courts", *Journal of International Criminal Justice*, 2004 (2).

[3] C. Ronald Huff, Arye Rattner and Edward Sagarin, *Convicted but Innocent: Wrongful Conviction and Public Policy*, Sage Publications, 1996.

[4] See Sally Lipscombe and Jacqueline Beard, "Reduction in Sentence for a Guilty Plea", http://researchbriefings.files.parliament.uk/documents/ SN05974/···, last visit on July 9, 2016.

[5] "Code for Crown Prosecutors: Section 9.5", http://www.cps.gow.uk/ publications/code_ for_ crown_ prosecutors/guiltypleas.html, last visit on 2019-03-05.

[6] Brian L. Cutler, Keith A. Findley and Timothy E. Moore, "Interrogations and False Confessions: A Psychological Perspective", 18 *Canadian Criminal Law Review*, 157 (2014).

[7] Andrew D. Leipold, "How the Pretrial Process Contributes to Wrongful Convictions", 42 *American Criminal Law Review*, 1154 (2005).

[8] Richard M. Ryan and Edward L. Deci, "Self-Determination Theory and the Facilitation of Intrinsic Motivation, Social Development, and Well-Being", *American Psychologist*, Vol. 55, No. 1 (Feb., 2000).

[9] Sherry F. Colb, "Oil and Water: Why Retribution and Repentance Do Not Mix", *Quinnipac Law Review*, Vol. 22, No. 59 (2003).

[10] See John Tasioulas, "Repentance and the Liberal State", *Ohio State Journal of Criminal Law*, Vol. 4, No. 2 (Spr., 2007).

[11] See Folker Bittmann, "Consensual Elements in German Criminal Procedural Law", 15 German L. J. (2014).

[12] See Thomas Weigend and Jenia Lontcheva Turner, "The Constitutionality of Negotiated Criminal Judgments in Germany", 15 German L. J.,

（2014），at footnote 14.

[13] See Folker Bittmann, "Consensual Elements in German Criminal Procedural Law", 15 German L. J. (2014).

[14] See Stefan Konig and Stefan Harrendorf, "Negotiated Agreements and Open Communication in Criminal Trials: The Viewpoint of the Defense", 15 German L. J. (2014).

[15] Markus Dirk Dubber, "American Plea Bargains, German Lay Judges, and the Crisis of Criminal Procedure", 49 Stan. L. Rev. (1996~1997).

[16] See Stephen A. Saltzburg and Daniel J. Capra, *American Criminal Procedure: Cases and Commentary*, 6th ed., West Group, 2000.

[17] See Stephanos Bibas, "Harmonizing Substantive-Criminal-Law Values and Criminal Procedure: The Case of Alford and Nolo Contendere Pleas", 88 Cornell L. Rev. (2002~2003).

[18] Model Code of Pre-Arraignment Procedure, §350.4 (4).

[19] Cf. Federal Rules of Criminal Procedure (As amended to Dec. 1, 2016), Rule 11 (b) (3).

[20] Cf. Federal Rules of Criminal Procedure (As amended to Dec. 1, 2016), Rule 11 (d), (e) and Rule 32 (j).

[21] American Federal Rules of Criminal Procedure 11 (f).

[22] See American Bar Association, ABS Standards for Criminal Justice Pleas of Guilty Third Edition.